Petra Bollweg

Lernen zwischen Formalität und Informalität

Petra Bollweg

Lernen zwischen Formalität und Informalität

Zur Deformalisierung von Bildung

VS VERLAG FÜR SOZIALWISSENSCHAFTEN

Bibliografische Information der Deutschen Nationalbibliothek
Die Deutsche Nationalbibliothek verzeichnet diese Publikation in der
Deutschen Nationalbibliografie; detaillierte bibliografische Daten sind im Internet über
<http://dnb.d-nb.de> abrufbar.

1. Auflage 2008

Alle Rechte vorbehalten
© VS Verlag für Sozialwissenschaften | GWV Fachverlage GmbH, Wiesbaden 2008

Lektorat: Monika Mülhausen

VS Verlag für Sozialwissenschaften ist Teil der Fachverlagsgruppe
Springer Science+Business Media.
www.vs-verlag.de

Das Werk einschließlich aller seiner Teile ist urheberrechtlich geschützt. Jede Verwertung außerhalb der engen Grenzen des Urheberrechtsgesetzes ist ohne Zustimmung des Verlags unzulässig und strafbar. Das gilt insbesondere für Vervielfältigungen, Übersetzungen, Mikroverfilmungen und die Einspeicherung und Verarbeitung in elektronischen Systemen.

Die Wiedergabe von Gebrauchsnamen, Handelsnamen, Warenbezeichnungen usw. in diesem Werk berechtigt auch ohne besondere Kennzeichnung nicht zu der Annahme, dass solche Namen im Sinne der Warenzeichen- und Markenschutz-Gesetzgebung als frei zu betrachten wären und daher von jedermann benutzt werden dürften.

Umschlaggestaltung: KünkelLopka Medienentwicklung, Heidelberg
Druck und buchbinderische Verarbeitung: Krips b.v., Meppel
Titelfoto: Gerd Kösters, Hannover
Gedruckt auf säurefreiem und chlorfrei gebleichtem Papier
Printed in the Netherlands

ISBN 978-3-531-16005-4

Meinen geliebten Eltern

Statt eines Vorworts

„*Sie sehen nicht das Kind, wie es ist, sondern im Grund nur das Kind und sich selbst, eins aufs andere bezogen. Und wenn sie selbst von sich abstrahieren könnten, es interessierte sie gar nicht, wie das Kind an und für sich ist, sondern einzig, wie man aus ihm etwas anderes bilden könnte*"

(Siegfried Bernfeld [1925] 1973: 37).

„*Ich gehöre sicher nicht zu denjenigen, die das Leben nicht meistern können, wenn sie nicht über eine mehr oder weniger plausible Theorie über die Art und Weise verfügen, wie diese Welt ins rechte Lot gebracht werden könne*"

(Carl Mennicke 2001: 13).

„*Die materialistische Lehre von der Veränderung der Umstände und der Erziehung vergisst, daß die Umstände von den Menschen verändert und der Erzieher selbst erzogen werden muß. Sie muß daher die Gesellschaft in zwei Teile – von denen der eine über ihr erhaben ist – sondieren. Das Zusammenfallen des Änderns der Umstände und der menschlichen Tätigkeit oder Selbstveränderung kann nur als revolutionäre Praxis gefasst und rationell verstanden werden*"

(Rudi Dutschke 2003: 79).

Danke

Ein Bildungsroman ist nach Karl Morgenstern einerseits bildend, „weil er des Helden Bildung in ihrem Anfang und Fortgang bis zu einer gewissen Stufe der Vollendung darstellt", andererseits bildet er, „weil er gerade durch diese Darstellung des Lesers Bildung, in weiterem Umfange als jede andere Art des Romans, fördert" (Morgenstern 1820; zit. in Stanitzek 2000: 117). Es stellt sich die Frage, ob die hier vorliegende Arbeit dieser Literaturgattung zuzurechnen ist. Ohne die hierfür erforderlichen Kategorien bspw. der Romantheorie weiter zu bemühen: Nein, es ist kein Roman, auch weil es nur eine Möglichkeit ist, um der Leserin und des Lesers Bildung zu fördern. Es ist aber keinesfalls *die* bessere oder beste Möglichkeit. Damit wäre alles gesagt. Aber: Die vorliegende Arbeit hat Heldinnen und Helden. In Bildungsromanen agieren diese als Protagonistinnen und Protagonisten im Vordergrund, bei diesem Werk, das das Ende eines langen Promotionsprozesses markiert, agierten sie im Hintergrund. Es sind diese, meine Heldinnen und Helden, denen ich an dieser Stelle von ganzem Herzen danken möchte.

Ich bleibe gefühlt und real unendlich dankbar: Karin Bock und Georg Cleppien, die es mir ermöglichten, unterscheiden zu lernen; Hans-Uwe Otto, der mich mit den sonntäglichen Gesprächen die wir führten, immer wieder motivierte und entscheidend meine (nicht nur akademische) Entwicklung begleitete und begleitet; Mathias Schmidt-Flößer, der mir viele Türen geöffnet hat und mir als Reflexionsstütze zur Seite stand; Sabine Andresen, die mich während des Entstehungsprozesses der Arbeit auf den wesentlichen Argumentationsweg brachte; den Kolleginnen und Kollegen der Arbeitsgruppe 8 Soziale Arbeit der Fakultät für Erziehungswissenschaft (ehemals Pädagogik) an der Universität Bielefeld, die immer ein offenes Ohr für mich und meine manchmal komplexen Ideen hatten und haben. Mein besonderer Dank hier gilt Veronica Horbach, die mit viel Energie und Geduld die Aufgabe übernommen hat das Manuskript zu redigieren. Daniel Krenz-Dewe danke ich für die Überarbeitung des Literaturverzeichnisses. Danken möchte ich auch Monika Mülhausen vom VS Verlag, die mir jederzeit versiert mit Rat und Tat zur Seite stand.

Ich bleibe gefühlt und real unendlich dankbar: Christine, Kaja, Anica und Kristin, die mich mit ihrer Freundschaft immer wieder reich beschenken. Sie haben mich besonders für die Phase des Schreibprozesses von meinen sozialen Pflichten entbunden und waren doch immer bei mir: Mit euch wachsen! Danke an Nico, Wibke, Katrin und Stephan, meinen wunderbaren Mitbewohnerinnen und meinem Mitbewohner, die mich immer wieder auf den Boden der Tatsachen zurückholen: Mit euch leben! Danken möchte ich auch Dirk und den Kolleginnen, Kollegen und Kindern des Ferienprojektes „Indianer! Ein Mitmach-

Abenteuer für Indianerkids" des Familienzentrums Nordstadt (Hannover): Mit euch lernen!
Der zeitloseste und tiefste Dank gilt Maria, Dieter, Stephanie, Thomas, Sabrina und Florian, meiner wunderbaren Familie, die gefühlt alles mit ihrer Liebe möglich macht: Durch euch!

Bielefeld, im Juli 2008

Petra Bollweg

Inhalt

1.	Einleitung	13
2.	**Deformalisierung von Bildung**	**18**
2.1	Lebenslanges Lernen	20
3.	**Diachrone Perspektive auf Deformalisierung**	**26**
3.1	Sachliche Dimension	28
3.1.1	Kulturelle und materielle Reproduktion	33
3.1.2	Soziale Integration	35
3.2	Zeitliche Dimension	37
3.3	Soziale Dimension	40
3.3.1	Sozialisation	45
3.4	Quintessenz	46
4.	**Synchrone Perspektive auf Deformalisierung**	**48**
4.1	Reformulierung des Bildungsbegriffs	52
4.2	Ganztagsschule und Ganztagsbildung	57
4.3	Etablierung eines empirisch ausgerichteten Bildungsbegriffs	62
4.3.1	Lernorte und Lernwelten	64
4.4	Terminologische Unterscheidung	74
4.4.1	Der Faure-Report: Wie wir leben lernen	77
4.4.2	Schwerpunkte der Unterscheidung zwischen formell und informell	80
4.4.3	Begriff und Dimensionen des informellen Lernens	82
4.4.4	These der Parallelisierung von Lernort und Bildungsdimension	86
4.5	Quintessenz	89
5.	**Unterscheiden lernen**	**92**
5.1	Der Formbegriff in der Pädagogik	93
5.2	Der Formbegriff der Distinktionstheorie	102
5.2.1	Was ist die Form?	106
5.2.2	Konditionierte Koproduktion	107
5.2.3	Grenze der Form	109
5.2.4	Re-entry und crossing	113

6.	**Typen der Unterscheidung**	116
6.1	Luhmann: Sozialität	120
6.2	Schülein: Subjektivierende Institutionen	133
6.3	Wouters: Generation	143
6.4	Kistler: Interaktion	150
6.5	Quintessenz	158
7.	**Lernen**	161
7.1	Lernen als Fähigkeit	162
7.2	Lernen als Notwendigkeit	169
7.3	Lernen als Zugang	171
7.4	Quintessenz	175
8.	**Lernen unterscheiden**	178
8.1	Lernen im Modus von Entscheidung und Begrenzung	181
8.2	Lernen im Modus von Verbindlichkeit und Befreiung	183
8.3	Lernen im Modus von Freiwilligkeit und Verpflichtung	187
8.5	Quintessenz	190
9.	**Lernen zu unterscheiden: Konsequenzen für die Kinder- und Jugendhilfe**	194
	Literatur	203

1. Einleitung

> *„Gewiß kann ich dir sagen, was so ist, doch wird es dich nicht weiser machen. Indem du es gesagt kriegst, weißt du es immer noch nicht. Bestenfalls könntest Du es glauben. Doch Glauben ist nicht Wissen. Schlimmstenfalls könntest du es lernen. Doch Lernen ist nicht Wissen"*
> (George Spencer-Brown 1999: xi).

Mit der Veröffentlichung der ersten PISA-Ergebnisse 2000 konnte, auch forciert durch ihre massenmediale Aufbereitung und Verbreitung, der Eindruck gewonnen werden, dass Schule die einzige pädagogische Realität darstellt. Die Bedeutung und der Beitrag nicht-schulischen Lernens und der hier angestoßenen Bildungsprozesse wurden zunächst nur reduziert und im Hinblick auf schulischen Lernerfolg wahrgenommen.[1] Mit der „(Wieder-)Entdeckung informellen Lernens" (Nahrstedt et al. 2002: 45) werden jedoch Bestrebungen deutlich, die eigenständigen Leistungen nicht schulischer Pädagogik in den Blick zu nehmen und ihr Verhältnis zu schulischem Lernen und schulischer Bildung zu bestimmen (vgl. Otto/Rauschenbach 2004).

Die Bezeichnungen informelles Lernen und informelle Bildung, denen in den aktuellen Lern- und Bildungsdiskursen der Stellenwert einer vernachlässigten Dimension zugeschrieben wird (vgl. Rauschenbach/Düx/Sass 2006), verweist zum einen auf die komplexen, unter der „Leitbildformel der Wissensgesellschaft" (Stroß 2001: 97) subsumierbaren Veränderungsprozesse für Lernen insgesamt. Zum anderen werden darunter Vorgänge gefasst, die für die Phase des Aufwachsens das „Lernen in flexibilisierten Welten" (Tully 2006 a,b) abbilden und bilanzieren. *Die Beschäftigung mit dem Begriff und der Bedeutung des informellen kann jedoch auch als Reaktion auf die an Lernen und Bildung formulierten Anforderungen und Erwartungen interpretiert werden, die bislang als for-*

---

[1] Die Verwendung von Bindestrichen bspw. bei den Begriffen non- bzw. nicht-formell oder nicht-schulisch, ist in der vorliegenden Literatur nicht einheitlich. Dies verweist m.E. auf eine fehlende Auseinandersetzung mit der Bezeichnung *nicht*, die aktuell, wenn es um Lernen und Bildung geht, zumeist aus einer dichotomen Perspektive heraus ein Defizit beschreibt. Da im Rahmen dieser Arbeit der Versuch unternommen wird, beide Seiten einer Form (etwas und nicht etwas) als gleichwertig zu erfassen, wird im Folgenden kein Bindestrich zwischen Begriffen wie non und nicht (formell, schulisch etc.) verwendet. Abweichungen davon werden im Text explizit inhaltlich begründet. Davon ausgenommen sind die Schreibweisen der Autorinnen und Autoren, sofern sie sich auf einen eigenständigen Begriff beziehen sowie die Verwendung des Bindestrichs in Originalzitaten.

mell organisiert galten und mit deren Gestaltung traditionell Bildungsinstitutionen wie die Schule beauftragt waren. Diese scheinen jedoch nicht in der Lage zu sein, sich auf die sich verändernden gesellschaftlichen Anforderungen und Erwartungen in angemessenem Umfang einstellen zu können (vgl. BMFSFJ 2006).

Der Bildungsbegriff, mit dem ein Selbst- und Weltverhältnis artikuliert wird, ist kein eindimensionaler, sondern ein vielschichtiger, wechselseitiger und voraussetzungsvoller Prozess, wobei sich das ihm zugrunde liegende Verständnis von Generation zu Generation verändert (vgl. Böhm 1994). Aktuell verweisen die Veränderungen des Arbeitsmarktes, die im Bereich der Erwachsenenbildung eine Unterscheidung zwischen informellen, nonformellen und formellen Lern- und Bildungsformen angeregt haben, gleichermaßen darauf, wie sich die bisherige (pädagogische) Orientierung an Altersgruppen zugunsten einer Orientierung an Basiskompetenzen ausrichtet. Diese Kompetenzen, die die Anforderungen und Erwartungen für Arbeitsplatzfähigkeit forcieren, spiegeln auch die Einflussfaktoren wider, mit denen entgrenztes Lernen für Kinder und Jugendliche neue Begrenztheiten und Begrenzungen provoziert. Als positive Programmatik verweist der Begriff der Entgrenzung auf mehr Möglichkeiten und mehr Räume für Lernen und Bildung, die zumeist als offen und ortlos beschrieben werden. Symptomatische Begriffe hierfür sind Eigenregie, Eigenverantwortung, Eigensinn und Eigenzeit. Die scholastische Lesart, die Lernen und Bildung mit Schule gleichsetzt und Fremdsteuerung und artifizielle Umgebungen betont, findet in entgrenzten, informellen Bereichen ihr argumentatives Pendant. Symptomatisch dafür sind Fragen nach dem Verhältnis von Selbstbestimmung und Fremdbestimmung, von Freiwilligkeit und Verpflichtung sowie von Befreiung und Verbindlichkeit, die für die Phase des Aufwachsens im Hinblick auf Möglichkeiten und Bedingungen thematisiert werden. Die hier geführte Debatte wird nicht nur isoliert vorangetrieben, weil sie primär durch den ganzen Charme sozialpädagogischer Überlegungen gestaltet wird, sie ist auch in sich einseitig, weil sie sich ausschließlich mit einem Vergleich zufrieden gibt: dem Vergleich zwischen Schule und nicht Schule. Die dem Vergleich zugrunde gelegte Unterscheidung zwischen formell und informell, beschreibt eine Matrix, die sich auf der *informellen* Seite durch die Betonung von Selbstbestimmung, Freiwilligkeit und Befreiung – fast automatisch – mit dem humanistischen Bildungsideal verknüpft und als Ressource persönlicher Entwicklung thematisiert wird, während die gegenüberliegende *formelle* Seite die Notwendigkeit von Lernen und Bildung hervorhebt. Dem Bemühen, Lernen und Bildung als empirisch messbare Prozesse und Ergebnisse darzustellen, wie es bspw. mit dem Zwölften Kinder- und Jugendbericht (BMFSFJ 2006) angestrebt wurde, ist entgegenzuhalten, dass es sich hier um nicht standardisierbare Prozesse handelt, eben weil sie sich nicht als Teile oder als Ganzes finalisieren lassen.

Die Verwendung des empathischen Begriffs Bildung (vgl. Stolz 2006) versperrt den Blick, so eine These, auf dringend zu klärende Fragen, wie sie sich u.a. mit dem Konzept des Lebenslangen Lernens stellen. Dieses richtet sich nicht mehr an spezifischen Altersgruppen aus (Stichwort: Bildungsmoratorium), sondern zwingt gleichermaßen alle Menschen, permanent zu lernen. Die Konsequenzen daraus wurden bislang zumeist im Hinblick auf Professionalisierung und Ausbildungssituationen diskutiert (vgl. Homfeldt/Schulze-Krüdener 2000). Auch dies kann somit als ein nur einseitiger Ansatz verstanden werden.

Mit der vorliegenden Arbeit verbindet sich daher die Absicht, die Einseitigkeit der Debatte aufzubrechen und auf ein Fundament zu stellen, welches sich nicht am Vergleich zwischen Schule und nicht Schule erschöpft. *Die zentrale These ist, dass sich eine einseitig geführte Auseinandersetzung um Lernen und Bildung die Chance nimmt, gemeinsame Form(en) zu entwickeln, in denen und mit denen Lernen möglich ist. Die vorfindbaren Institutionen Familie, Kinder- und Jugendhilfe und Schule als subjektivierende Institutionen öffentlich verantworteter Bildungsorte stellen dabei nur die beobachtbaren objektiven, sozialen wie kulturellen Rahmenbedingungen dar. Mit ihnen verbinden sich spezifische Bedingungen, die im Hinblick auf ihre Schwerpunkte voneinander unterscheidbare Perspektiven einnehmen und mit jeweils eigenen Differenzierungen argumentieren.* Davon ausgehend, dass sich in allen Bereichen formelle und informelle Zustände nachweisen lassen, wird es möglich, diese Zustände auch im Hinblick auf ihre jeweilige spezifische Form herauszuarbeiten.

Das, was im Kontext dieser Arbeit als Lernen bestimmt wird, orientiert sich an dem, was an unterschiedlichen Orten beobachtbar bzw. nicht beobachtbar erscheint, weil davon auszugehen ist, dass eben dieses Potenzial in der aktuellen Debatte ausgeblendet bleibt. Damit wird die Perspektive auf reale sachliche, zeitliche und soziale Optionen und Ressourcen gelenkt, wie sie sich Kindern und Jugendlichen tagtäglich eröffnen, aber auch verschließen, wenn sie lernen, zu unterscheiden zwischen dem *was geht* und dem *was nicht geht*.

Aufbau der Arbeit

Ziel des ersten Teils dieser Arbeit ist es, aufzuzeigen, wie sich der Blick auf die Lernorte verengt. Daran anschließend wird dargestellt, in welcher Dimension (sachlich, zeitlich und sozial) welche Lücken entstehen bzw. welche relevanten Aspekte für Lernen und Bildung ausgeblendet werden und deformalisierend wirken (Kap. 2 bis 4). Im Rahmen dieser Arbeit wird davon ausgegangen, dass sich durch den Vergleich zwischen Schule und nicht Schule die Perspektive verengt, d.h., es werden zentrale Aspekte für Lernen insgesamt und in der Sozialen Arbeit, hier exemplarisch die Kinder- und Jugendhilfe, ausgeblendet. Daher wird der Versuch unternommen, die Kinder- und Jugendhilfe entlang verschiedener Dimensionen unter sachlichen, zeitlichen und sozialen Aspekten auszurichten. Im Anschluss an die kurze Quintessenz des ersten Teils wird im zweiten Teil zunächst gefragt, welche gemeinsame Form ihnen von pädagogischer Seite zugrunde gelegt werden kann, um dann der Frage nachzugehen, wie überhaupt Form(en) entstehen (Kap. 5). Daran anschließend werden, davon ausgehend dass Formen das Ergebnis von Unterscheidung sind, vier Typen der Unterscheidung vorgestellt. Zusammengenommen beschreiben sie den Rahmen, in dem sich pädagogisches Handeln vollzieht (Kap. 6). Im dritten Teil dieser Arbeit wird dann ein alternatives Modell vorgeschlagen, in welchem die unterschiedlichen Dimensionen in ein spezifisches, an die aktuellen Bedingungen angepasstes Raster eingefügt werden. Hier wird das Hauptaugenmerk auf *Lernen als kleinster gemeinsamer Nenner von Sozialisation, Erziehung und Bildung* gelenkt. Dieses Raster scheint m.e. für pädagogische Realitäten insgesamt verbindlich, weil es die Rahmenbedingungen pädagogischen Handelns bestimmt (Organisation, Institution, Generation und Interaktion). Mit der Voranstellung des Lernbegriffs wird es hier möglich, den verengten und verengenden Blick, der mit dem Vergleich zwischen Schule und nicht Schule einhergeht, zu überwinden. Damit wird zudem eine Positionierung ermöglicht, die sich nicht nur einfach auf sachliche, zeitliche oder soziale Verortung bezieht, sondern zentrale Unterscheidungsaspekte und Widersprüchlichkeiten jenseits davon mit thematisiert. Während hier bislang eine „radikale Temporalisierung des menschlichen Erfahrens unvermeidlich auch die Frage nach der Zeit auf den Weg gebracht hat" (Prange 2004: 407), geht es hier darum, das Tempo zu verlangsamen. Mit einer Metapher ausgedrückt: Nicht die Concorde wird das Fortbewegungsmittel sein, um sich auf der Metaebene den veränderten Anforderungen und Erwartungen zu vergewissern. Vielmehr ist es das Segelflugzeug, das mit vergleichbaren Messinstrumenten auskommt, jedoch über die gleiche Welt gleitet und es damit ermöglicht, auch das nicht Wahrnehmbare zu bemerken. Auf eine ganz eigene Art wird damit die Unterscheidung formell und informell, als „[e]ndlich-Gegebenem zu dem wodurch es gegeben wird und sich zeigt", bestimmbar durch das, was zurückkommt und zwar „als Differenz in der Zeit selber" (ebd.: 408).

Was im Rahmen dieser Überlegungen nicht thematisiert wird, ist die Frage nach Chancengleichheit oder Gerechtigkeit durch Bildung. Damit bleiben wesentliche Aspekte ausgeblendet wie zum Beispiel die Bedeutung von Zertifizierung oder Zertifikaten. Zudem wird die Frage nach dem Zusammenhang von sozialer Herkunft und schulischem Erfolg nur angerissen, nicht aber umfassend bearbeitet. Die Beantwortung würde m.E. nur den Blick auf die zu bearbeitende Fragestellung versperren. Gleichwohl stellt dies eines der zentralen Probleme dar, die *im Zeitalter des Lebenslangen Lernens* gelöst werden müssen.

Mit dem Perspektivenwechsel von Bildung auf Lernen (Kap. 7) verbindet sich auch der Versuch, die Debatte insgesamt in eine andere Richtung zu lenken, die nicht bildungstheoretisch aufgeladen ist, sondern eher ein pragmatisches Ziel verfolgt, nämlich was es heißen könnte, lebenslang mit der Kinder- und Jugendhilfe zu lernen.² Dazu wurden spezifische Begriffe ausgewählt (Fähigkeit, Notwendigkeit und Zugang), die als erste zaghafte Versuche zu interpretieren sind, eine eigenständige, sozialpädagogisch ausgerichtete Lernform zu implementieren und an unterschiedlichen Modi auszurichten (Kap. 8 und Kap. 9). Auch hier bleiben viele Ansätze und Konzepte ausgeblendet wie sie bspw. von Klaus Mollenhauer (etwa 1987) oder Michael Winkler (2006) vorgestellt worden sind. Diese sind für weitere Analysen ebenso hilfreich und gewinnbringend wie eine kritische Auseinandersetzung mit der Ökonomisierung der Sozialpädagogik (Dollinger/Raithel 2006). Dies ist ebenfalls an anderer Stelle zu thematisieren.

---

2   Im Folgenden wird die Bezeichnung Kinder- und Jugendhilfe beibehalten. Der Begriff der Sozialen Arbeit verweist auf eine Vielzahl von Handlungsfeldern und pädagogischen Realitäten, deren Zielgruppe nicht Kinder und Jugendliche, junge Erwachsene und Familien sind (Altenpflege, Drogenberatung, Strafgefangenenhilfe oder (Wieder-)Eingliederungshilfen etc.). Der Begriff der Kinder- und Jugendhilfe verweist zwar deutlich auf den Aspekt der Hilfe und damit noch deutlicher auf das damit verbundene Fürsorgeimage (vgl. Böllert 2004). Aber in Abgrenzung zu den internationalen Studien zu formellem, nonformellem und informellem Lernen und formeller, nonformeller und informeller Bildung hebt der Begriff Kinder- und Jugendhilfe die Altersgruppe hervor, um die es eigentlich geht: nämlich Kinder und Jugendliche. Wenn im Rahmen dieser Arbeit der Begriff Soziale Arbeit verwendet wird, so bezieht er sich auf die Personen und Personengruppen, die durch das SGB VIII/KJHG erfasst, geschützt und unterstützt werden.

2. Deformalisierung von Bildung

> *„Wir bemerken eine Seite einer Ding-Grenze um den Preis, der anderen Seite weniger Aufmerksamkeit zu widmen. ... Schenkten wir beiden Seiten die gleiche Aufmerksamkeit, müssten wir ihnen den gleichen Wert beimessen, und dann würde die ... Grenze verschwinden"*
> (Spencer-Brown 1999: 189).

Zwar gibt es bislang noch keinen Konsens, was sich hinter dem Begriff der Wissensgesellschaft verbirgt (vgl. Stroß 2001), jedoch wird im Kontext einer Pädagogik der Wissensgesellschaft (vgl. Höhne 2003) auf die Zeitdiagnose mit der Einführung einer (neuen) pädagogischen Semantik reagiert. Mit dieser Semantik, die Lernen und Bildung als lebenslangen Prozess und lebenslange Aufgabe bestimmt, wird das Konzept „Lernen fürs Leben" erweitert durch das an gesellschaftliche Veränderungsprozesse angepasste Konzept des „Lebenslangen Lernens", in dem der Mensch als „permanent unfertig" erscheint (vgl. Baltes 2001: 24; 2000). Damit verändert sich jedoch die Grundlage, die über einen langen Zeitraum hinweg die Tradition bildungstheoretischer Diskurse begründete.

Gegenstand bildungstheoretischer Diskurse war u.a. die thematische Auseinandersetzung mit der sich zyklisch verändernden Form von Bildung, der spezifische Unterscheidungen zugrunde gelegt wurden (vgl. Prange 2004). Die Konkretisierung, hier verstanden als *Umsetzung in der pädagogischen Praxis* erfolgte zum Beispiel über die Institutionalisierung von Notwendigkeiten (Schule, Hochschule, Berufsausbildung, Jugendberufshilfe, Volkshochschule, Erwachsenenbildung etc.), die mit der Einführung spezieller Methodiken (Unterricht, Didaktik, Curricula, Gruppenarbeit, Einzelarbeit etc.) einherging. Die Thematisierung und Konkretisierung der Bildungsform in voneinander unterscheidbaren Dimensionen machte es bislang möglich, zum Beispiel zwischen Lernendem und Lehrendem, zwischen dem was notwendig und dem was entbehrlich ist, zwischen Verbindlichkeit und Befreiung sowie zwischen Allgemeinbildung und beruflicher Bildung zu unterscheiden (vgl. Langewand 1994). Diese Unterscheidung war bislang Ordnungs- und Orientierungsmodus und begründete u.a. die Ausdifferenzierung des Bildungswesens, die Segmentierung des Bildungskonzeptes und gab (sozial-)pädagogische Ziele vor. Als solches waren diese Errungenschaften immer wieder Gegenstand der Thematisierung von Bildung und wurden ob der kritischen Auseinandersetzung immer wieder den sich verändernden Notwendigkeiten und Unterscheidungsmodi angepasst (vgl. Prange 2004;

Thiersch 2004; Langewand 1994). Gegenwärtig stellt sich die Frage, welche Veränderungen sich durch das Konzept des Lebenslangen Lernens auf die bislang zugrunde gelegte Unterscheidung der Form der Bildung auswirken und welche möglichen Konsequenzen sich daraus ableiten lassen.

Hierfür steht der Begriff der Deformalisierung, der sich allgemein auf die Veränderungen der bisher (noch) Bestand habenden Verhältnisse bezieht, die zur Bestimmung von Bildung als einer Form führt, zu *der* erzogen und gebildet wird (vgl. Prange 2004). Der Begriff der Deformalisierung wird hier in Anlehnung an Peter Kistler (2002) verwendet, der mit ihm Tendenzen von Veränderung(en) beschreibt. Im Zusammenhang mit der „Interaktiven Produktion von Formalität und Informalität" (ebd.; vgl. Kap. 6) geht der Autor davon aus, dass sich allein durch die Aussage *etwas verändert sich* noch nicht bestimmen lässt, in welche Richtung sich die Veränderungen entwickeln. Es geht ihm zunächst einmal nur darum, Beeinflussungstendenzen auf ihre soziale Bedeutung hin zu untersuchen. Wenn im Folgenden der Deformalisierungsbegriff verwendet wird, dann umfasst er die Veränderungen, die gleichermaßen Einfluss auf sozial- wie bildungstheoretische Überlegungen nehmen und die diachrone und synchrone Bestimmung von Bildung prägen.

Zwar steht eine sozial- und bildungstheoretisch fundierte Debatte um Lernen und Bildung noch aus (vgl. Stolz 2006), es scheint jedoch für den hier zu entfaltenden Rahmen erforderlich, darauf hinzuweisen, dass Lernen und Bildung nicht einfach voraussetzungslos passiert. Lernen als 'Aneignung der sozialen und dinglichen Welt' (vgl. Meder 2002: 9) hat immer etwas mit sozialen Settings, sozialen Institutionen und sozialen Verhältnissen zu tun. Dabei ist immer eine bestimmte Sozialität Anlass und bietet Gelegenheit, eröffnet und behindert Möglichkeiten für Lernen und formuliert Bedingungen und Regeln des Zugangs. Da jedoch eine Sozialität nicht statisch zu verstehen ist, sondern sich dynamisch und kontinuierlich verändert, ändern sich auch die Anlässe, Gelegenheiten, Möglichkeiten und Bedingungen für Lernen und Bildung.

Daher gilt es in einem ersten Schritt zu fragen, worauf sich die Veränderungen im Kontext des Lebenslangen Lernens beziehen und was sie provoziert. Daran anschließend wird der Frage nachgegangen, welche Relevanz diese haben, um dann mögliche Deformalisierungen abzuleiten.

2.1 Lebenslanges Lernen

> „...so here we go it doesn't pay / it won't protect me no more / when I get up I break it down / I'll double back and for sure / I go back to zero/get up / I swallow a lot if the pressure is up... "
>
> (Beatsteaks 2004)[3]

Die Idee vom Lebenslangen Lernen hat bereits eine längere Geschichte, die sich insgesamt in drei Phasen unterteilen lässt (vgl. Tutschling 2006).

In der ersten Phase verband sich mit der Idee gegen Ende des 19. Jahrhunderts das Vorhaben, die Unwissenheit und Unbeweglichkeit der „armen Klassen der Gesellschaft" (ebd.: 152) abzubauen, Lernen sollte altersübergreifend, auch außerhalb von Unterricht, ermöglicht werden.

In den 1960er und 70er Jahren, der zweiten Phase, forderten besonders die Reformpädagogik und die antiautoritären Bildungsentwürfe eine auf autonome Wissensaneignung zielende Abkehr vom vorgeschriebenen Bildungskanon. Begriff und Bedeutung von Selbstbestimmung wurde „zum Fluchtpunkt sozialrevolutionärer Hoffnung – die dann meist im sozialpädagogischen Alltag versandeten" (ebd.).

Wenn aktuell, in der dritten Phase, vom Lebenslangen Lernen gesprochen wird, dann wird das Konzept jedoch eher als Anleitung und Aufforderung verstanden, „auf der Höhe der Zeit zu bleiben und so seine Arbeitsmarktfähigkeit zu erhalten" (ebd.). Lernen, Bildung und die „von den hehren Bildungsidealen lediglich ummantelte Funktion der Schule, fungible Arbeitskräfte zu fabrizieren" (ebd.), scheinen derzeit jedoch mehr Veränderungen zu provozieren und Konsequenzen nach sich zu ziehen als in den Vorgängerphasen. Lebenslanges Lernen wird zu einem Imperativ, einer Verpflichtung, einer Notwendigkeit, weil es nicht nur darum geht, die Arbeitsmarktfähigkeit der Einzelnen[4] zu erhalten. In der Diskussion wird das Konzept auf die Frage des Überlebens bezogen (vgl. BMBF 2001, 2004).

Unter dem Label der Wissensgesellschaft (vgl. Bittlingmayer/Bauer 2006) verknüpfen sich mit dem Konzept des Lebenslangen Lernens somit soziale Fra-

---

3   Beatsteaks: I don't care as long as you sing. Album: Smacksmash © 2004 Epitaph Europe/The Netherlands (Warner Music Group).
4   Dass eine Vielzahl der im Rahmen dieser Arbeit beschriebenen verberuflichten wie nicht verberuflichten sozialen Handlungs- und Arbeitsfelder mehrheitlich von Frauen gestaltet werden, ist wohl unumstritten. Zur Reduktion der Geschlechtervielfalt in der Schriftsprache wird daher im Folgenden die weibliche Schreibweise gewählt. Diese bezieht sich gleichermaßen auf (Sozial-) Pädagogen, Lehrer, Schüler, Lerner etc. Ausgenommen davon sind die in Originalzitaten verwendeten Benennungen.

gen mit bildungspolitischen Bestrebungen. Der Konzeptrahmen basiert auf der Erkenntnis, dass alle Menschen nicht nur in Bildungsinstitutionen, sondern „ihr Leben lang ... auch am Arbeitsplatz, zu Hause, im Verkehr, im Umgang mit Partnern, Konkurrenten, Nachbarn, Fremden, im Verein, im Hobbybereich usw." lernen (vgl. BMBF 2004: 7). Damit verbunden ist die Forderung, dass Lernen insgesamt „in allen Formen und an allen Orten anerkannt und unterstützt wird" (ebd.). Unterschieden wird ein (kindliches) Lernen, das auf „natürlicher Wissbegierde" beruht, von einem Lernen, das sich ausdrückt über ein lebensnotwendiges „Selbstbehauptungs- und Partizipationsstreben in einer komplexen, oft undurchsichtigen, gefährdeten und bedrohlichen Umwelt" (ebd.). Das Konzept des Lebenslangen Lernens, über dessen Notwendigkeit allgemein Konsens besteht (vgl. exemplarisch dafür Dohmen 2001; BMFSFJ 2006), wirkt sich nachhaltig auf die Modelle kontrollierter Entwicklung (vgl. Höhne 2003) aus, auf das sich bislang die Ausgestaltung des Erziehungs- und Bildungswesens bezog. Es scheint eine Pädagogik der Wissensgesellschaft erforderlich, die sich nicht mehr an der Unterscheidung zwischen den verschiedenen Lebensaltern, zwischen Kindheit und Jugend, zwischen schulischem und außerschulischem Lernen, zwischen allgemeiner und beruflicher Bildung, zwischen Autonomie und Imperativ orientieren und ausrichten kann. Inzwischen hat sich für dieses Phänomen der Begriff der Entgrenzung etabliert, mit dem darauf hingewiesen wird, dass Lernen und Bildung nicht mehr nur an einem Ort, nicht mehr nur zu einer Zeit und nicht mehr nur über einzelne Inhalte möglich ist, sondern in räumlicher, zeitlicher und sozialer Hinsicht losgelöst erscheint (vgl. Böhnisch/Schröer 2001; Kirchhöfer 2000, 2002; BMFSFJ 2006).

Das Konzept des Lebenslangen Lernens verknüpft sich im Hinblick auf die entgrenzten Notwendigkeiten nicht mehr nur mit Schule, sondern verweist auch darauf, außerhalb davon zu lernen, weil Schule nicht (mehr) die Inhalte vermitteln kann, die für ein Überleben in der Wissensgesellschaft erforderlich sind (vgl. BMFSFJ 2006). Zentrales Argument für eine institutionenübergreifende Auseinandersetzung ist nach Thomas Rauschenbach (2006) die *zeitliche Entgrenzung* von Bildung, die sich auf die Aussage stützt, dass Lernen und Bildung nicht erst mit dem Eintritt in die Schule beginnt, sondern von Anfang an und unter der Perspektive des Lebenslangen Lernens jederzeit erfolgt. Zudem wird mit der Programmatik von „Bildung ist mehr als Schule" (BJK 2002) ebenfalls eine *örtliche Entgrenzung* konstatiert, weil sie in institutionenübergreifender Perspektive Schule zu einer, aber nicht mehr der einzigen Möglichkeit für Bildung bestimmt.[5] Zu der *örtlichen Entgrenzung* gesellt sich eine *sachliche Entgrenzung*, wenn Lernen und Bildung auf die außerschulischen Bereiche und Möglichkeiten verweist und sich zum Beispiel darin zeigt, „dass sich nicht nur Schularten und

---

5 In diesem Zusammenhang ist auch das Vorhaben des Zwölften Kinder- und Jugendberichtes (BMFSFJ 2006) anzusiedeln, eine Topographie „relevanter Bildungsorte und Lerngelegenheiten zu entwerfen" (Rauschenbach 2006: 78).

Schulabschlüsse zunehmend entkoppeln – Hauptschulabschlüsse mithin nicht nur an Hauptschulen erlangt werden, sondern dass schulische Abschlüsse teilweise ganz von der Schule abgekoppelt sind: Das zeigt vor allem die in den neuen Bundesländern steigende Zahl derjenigen, die ihren Hauptschulabschluss in einem Berufsvorbereitungsjahr erworben haben" (ebd.: 78). Letztlich sei bei der *sachlichen Entgrenzung* von Bildung davon auszugehen, dass „im späteren Leben deutlich mehr Bildungsinhalte benötigt [werden] als die, die Regelschule im Unterricht vermittelt" (ebd.).

Das mit dieser Einsicht verbundene „anarchische Moment", interpretiert als „Machen Sie doch, was Sie wollen", eröffnet nach Stefan Kaufmann (2006) „ganz ohne Frage Spielräume" (ebd.: 188).[6] Dahinter verberge sich allerdings eine „doppelbödige Regierungstechnik: als die Freiheit, sich spontan und kreativ der allgemeinen Dynamik anzupassen", bei der es darum geht, sich permanent selbst zu „readressieren" (ebd.). Wenn Entgrenzung aber nur auf allgemeine, flexible Anpassung zielt, dann geht es nicht um eine *Ent*grenzung, sondern um eine *Grenzverschiebung*. Hier stellt sich dann die Frage, welche Grenzverschiebungen sich aufzeigen lassen. Dieser Frage wird im Folgenden kurz nachgegangen.

Grenze zwischen schulischem und außerschulischem Lernen

Eine erste Grenze verschiebt sich zwischen schulischem und außerschulischem Lernen, da Lernen gleichermaßen Lernen innerhalb wie außerhalb von Bildungsinstitutionen umfasst (vgl. Büchner/Krah 2006). Annahme ist hier, dass unterschiedliche Bildungsformen und -orte nicht nur in einem „komplexen Wechselwirkungsverhältnis zueinander" (ebd.: 123) stehen, sondern in der Summe der Einwirkung erst das ausmachen, „was Heranwachsende für ihre Lebensbewältigung, ihre Selbständigkeitsentwicklung, ihre Identitätsfindung sowie den Erwerb von Basiskompetenzen und sozialen Schlüsselqualifikationen brauchen, um kulturell teilhabefähig und sozial anschlussfähig zu sein" (ebd.). Es stellt sich die Frage, wer darüber entscheidet, was Basiskompetenzen sind und in welcher Summe diese benötigt werden, damit Heranwachsende ihr Leben bewältigen können. Ab wann ist die Selbständigkeitsentwicklung und Identitätsfindung abgeschlossen und ab welchem (Zeit- bzw. Umschlags-)Punkt haben Lernende die Fähigkeit zur kulturellen Teilhabe und zum sozialem Anschluss erlangt.

---

6 Stefan Kaufmann benennt das Internet als Beispiel (vgl. ebd.).

Grenze zwischen (Lern-)Anfang und (Lern-)Ende

Eine zweite Grenzverschiebung lässt sich mit der im Lebenslangen Lernen verwendeten Metapher des „permanent unfertigen Menschen" (Baltes 2001: 25) konstatieren. Wenn sich die Notwendigkeit des Lernens nicht nur auf eine bestimmte Lebensphase beschränkt, sondern alle (Lebens-)Phasen gleichermaßen umfasst, dann beginnt Bildung „mit der Geburt [und] reicht weit über das Schulpflichtalter hinaus" (Büchner/Krah 2006: 123). Daraus lässt sich die Konsequenz ableiten, dass Lern- und Bildungsprozesse nicht nur nicht abgeschlossen werden können, sondern grundsätzlich als offen und ungewiss gedacht werden müssen (vgl. Hörster 1995). Dies wirft jedoch die Frage auf, wer, wenn die klassischen Modelle kontrollierter Entwicklung obsolet sind, eigentlich kontrolliert, ob die Prozesse *noch nicht* beendet oder etwas *nicht mehr* gelernt werden muss. Einzige Kontrollmöglichkeit scheinen nur noch gelingende Lebensbewältigung, empirisch nachprüfbare Basiskompetenzen und Schlüsselqualifikationen sowie die aktive Teilhabe am kulturellen und sozialen Leben in der Gesellschaft zu sein. Wenn jemand sein Leben *gelingend* bewältigt, wenn jemand *erfolgreich* seine Basiskompetenzen und Schlüsselqualifikationen bspw. auf dem Arbeitsmarkt einsetzt oder wenn jemand zivilgesellschaftlich *engagiert* ist, dann kann davon ausgegangen werden, dass er erfolgreich gelernt hat (vgl. Thiersch 2004; Mack 2006).

Grenze zwischen Lernerin und Lehrerin

Im „Masterplan des Lebens" (Baltes 2000: 179), der nicht mehr nur eindimensional und kontinuierlich auf traditionelle, den Lebenslauf bestimmende Sequenzen wie Familie-Schule-Beruf bezogen ist, deutet sich schließlich eine dritte Grenzverschiebung an. Die in Modellen institutionell kontrollierter Entwicklung zugrunde gelegte Vorstellung von Erziehung und Sozialisation, aber auch die Vorstellung von Lernen und Bildung und das damit verbundene (pädagogische) Wissen verliert in dem Maße an Bedeutung und Aussagekraft, wie die mit den gesellschaftlichen Veränderungen einhergehenden Prozesse immer weniger kontrolliert und damit an Institutionen rückgebunden werden können (vgl. Höhne 2003; Meder 2002). Das Verhältnis zwischen Lernerin und Lehrerin verschiebt sich. Kinder, Jugendliche und Erwachsene sind gleichermaßen Lernende. Hier stellt sich jedoch die Frage, was gelernt wird, welcher Lernstoff bzw. -form zugrunde liegt und wer die Lernziele vorgibt.

Besonders für die Phase des Aufwachsens, in denen das Lebenslange Lernen seinen Anfang nimmt, wirken die Veränderungen und Grenzverschiebungen nachhaltiger in Bezug auf die Wahrnehmung von Möglichkeiten und Bedingungen, innerhalb derer verstärkt alle und – nicht nur die institutionellen – Lernorte, Lernwelten oder Lerndimensionen in den Blick genommen und auf den Prüfstand gestellt werden (vgl. Matejovski 2000). Dies geschieht unabhängig davon, ob die jeweiligen Möglichkeiten konkret (institutionalisiert und nicht institutionalisiert), inszeniert (künstlich und natürlich), beobachtbar (kontrollierbar und nicht kontrollierbar) oder bewusst (imaginär und real) sind. Damit verschieben sich die Grenzen zwischen traditionell voneinander unterscheidbaren Lern- und Bildungsorten und erfordern eine an imaginäre bzw. virtuelle Bedingungen angepasste Wahrnehmung und Verhältnisbestimmung von (Lern- und Bildungs-) Möglichkeiten (vgl. Mielenz 2002).

Ein Beitrag dazu sieht Thomas Rauschenbach et al. (BMBF 2004) in der terminologischen Unterscheidung zwischen formellem, nonformellem und informellem Lernen und formeller, nonformeller und informeller Bildung. Formelles Lernen und formelle Bildung wird bspw. mit der Institution Schule verknüpft und damit mit vorstrukturierten, durchorganisierten und pädagogisch kontrollierten Bereichen, die explizit eben *dem* Lernen und *der* Bildung gewidmet sind, gleich gesetzt (vgl. ausführlich dazu Kap. 4.4). Mit der terminologischen Unterscheidung und der darüber postulierten zeitlichen, örtlichen und sachlichen Entgrenzung verbinden sich nicht nur Hinweise auf die besonderen Bedingungen von Lernen und Bildung an unterschiedlichen Orten. Die terminologische Unterscheidung provozierte auch eine Gleichsetzung von Lern- mit Bildungsformen: Informelles Lernen = informelle Bildung, nonformelles Lernen = nonformelle Bildung und formelles Lernen = formelle Bildung (vgl. Stolz 2006). Daran angekoppelt ist die Frage, wo welche Lernprozesse wie möglich sind und wo welche Bildungsergebnisse bzw. -abschlüsse damit erworben werden. Infolge dessen konkretisiert sich formelles Lernen und formelle Bildung in formalisierten Bildungsinstitutionen (Schule) und nonformelles Lernen und nonformelle Bildung in weniger formalisierten Institutionen (z.B. Kinder- und Jugendhilfe). Informelles Lernen und informelle Bildung wird in nicht formalisierten Institutionen wie Familie, Gleichaltrigengruppe, aber auch den Medien angesiedelt (vgl. exemplarisch Thiersch 2004; Tully 2006; BMFSFJ 2006). Diese Gleichsetzung von institutionellem Lernort und institutionalisierter Bildungsform erfasst jedoch nur die formal systematisierte Logik. Unklar bleibt hierbei, dass zum Beispiel in der Schule auch informelles Lernen parallel und außerhalb des planmäßigen, curricular strukturierten Unterrichts, in den Pausen und auf dem Schulhof erfolgt[7] oder in der Kinder- und Jugendhilfe auch Lernen zum Beispiel in der Jugendberufshilfe formalisiert ist und damit formelle Bildung erworben wird.

Deshalb wird es im Folgenden darum gehen, darzustellen, worauf sich die terminologische Unterscheidung zwischen Lernort und Bildungsform gründet.

---

7 An dieser Stelle sei angemerkt, dass nur wenige Veröffentlichungen, aus denen die Unterscheidung zwischen Formalitätsgraden explizit hervorgeht, angeführt werden können, so zum Beispiel: BMBF 2004; Otto/Rauschenbach 2004; Diehm 2004; du Bois-Reymond 2005.

Über die diachrone Perspektive auf Deformalisierung werden in einem ersten Schritt die historischen Entwicklungen des Bildungsbegriffs über verschiedene Einflussfaktoren dargestellt. Daran anschließend werden die Bestrebungen skizziert, die sich gegenwärtig um ein neues Bildungsverständnis bemühen. Ziel ist es, konkrete Versuche darzustellen, die:

1. sich um eine Reformulierung des Begriffs bemühen;
2. sich als Reaktion auf sozialstrukturelle Veränderungen (Ganztagsschule) bestimmen lassen;
3. sich auf einen empirisch ausgerichteten Bildungsbegriff konzentrieren und
4. eine institutionenübergreifende Perspektive einnehmen, um Lernen und Bildung aus Sicht der Lernenden insgesamt zu erfassen (vgl. BMFSFJ 2006; Breidenstein 2006; Wagner-Willi 2005).

3. Diachrone Perspektive auf Deformalisierung

> *"Denn auf welche Art, mit welchem Trick entfesselt man dieses bunte Treiben? Indem man es begrenzt, in Zeit und Raum; man muß eine Straße auf beiden Seiten dafür sperren, und man muß mit dem Glockenschlag ein Ziel setzen"*
>
> (Adolf Muschg 2004: 67).

Die aktuellen Lern- und Bildungsdiskurse üben eine gewisse Faszination aus. Sich auf sie einzulassen und mitzumischen scheint nicht nur eine nahezu unmögliche Aufgabe zu sein, weil allein die systematische Aufarbeitung der historischen Debatte zum Bildungsbegriff zu einer Lebensaufgabe werden kann. Auch der Umfang der im Kontext dieser Debatte veröffentlichten (Fach-)Literatur lässt vermuten, dass eigentlich alles, was es zu Bildung zu sagen gibt, bereits gesagt oder geschrieben wurde. Sich mit Inhalt und Gehalt des Bildungsbegriffes auseinanderzusetzen scheint somit obsolet. Und um sich als Bildungsbürger auszuweisen, scheint nicht mehr erforderlich zu sein als Dietrich Schwanitz (2002) Provokation zu folgen und sich mit seiner Ausführung zu „Bildung. Alles, was man wissen muß" (ebd.) zu begnügen.

Wissenschaft und wissenschaftliche Wissensbestände ruhen sich aber nicht auf dem bisher Erreichten aus. Wissenschaft steht als doppeltes Unterfangen (vgl. Merten 1998) in einem sachlich-systematischen und einem sozial-gemeinschaftlichen Bezug zu den Dingen, die sich verändern und verändert haben. Anders ausgedrückt: Verändert sich Welt und verändern sich Kontexte, dann gehört es zum Wissenschaftsgeschäft, diese Veränderung über methodologisch begründete Instrumente fassbar, kommunizierbar und auch verstehbar zu machen. In dem Moment, in dem Wissenschaft aber die Veränderungsprozesse empirisch fassbar, kommunizierbar und verstehbar macht, verändern sich die Wissensbestände innerhalb der Wissenschaft.

Es geht somit um die Frage, wie Wissenschaft sich ihrem jeweiligen Gegenstand nähert, nämlich in einer gegenwartsbezogenen synchronen und einer historischen diachronen Perspektive (vgl. ebd.: 13). Synchrone und diachrone Perspektiven verbinden sich unter der Annahme, dass sich Gegenwart nur retrospektiv begreifen lässt.[8] Die diachrone Perspektive auf Lernen und Bildung markiert

---

8   Wissen kann nicht erfunden werden, es entsteht nicht „einfach". Wissenschaft entwickelt sich weiter durch die erneute oder andere Verknüpfung von Wissensbeständen. Oder um es phänomenologisch (z.B. S. Kierkegaard) auszudrücken: Leben wird rückwärts verstanden und vorwärts gelebt. Hans-Uwe Otto und Bernd Dewe haben dies zum Beispiel als die Vorgängigkeit

dabei das (gegenstandsbezogene) Feld des aktuellen Diskurses. In diesem Kontext werden Lernen und Bildung auf unterschiedlichen Ebenen *dinglich, erfahrbar* und *beobachtbar* und konkretisieren sich etwa über Begriffe wie *Institution, Schule, Konzept, Form* oder *Setting*. Die synchrone Perspektive führt dazu, dass die historischen Ergebnisse kontinuierlich einem Vergleich unterzogen werden, wenn zum Beispiel danach gefragt wird, ob Bildung „unvermeidbar und überholt" oder „ohnmächtig und rettend" (Gruschka 2001: 621) ist.[9] Die synchrone Perspektive erfordert es, Thematisierung und Konkretisierung zu hinterfragen und in Zusammenhang mit aktuellen Verhältnissen im Kontext ihrer Veränderung zu bringen. Als solches stellt sie ein ergänzendes Moment für Thematisierung und Konkretisierung dar. Dieses Moment wird in der aktuellen Debatte nur verkürzt berücksichtigt: Lernen und Bildung scheinen in der synchronen Perspektive etwas gänzlich anderes zu sein. Hierfür steht die Bezeichnung zeitgemäß (vgl. Otto/Oelkers 2006). Symptomatisch dafür ist zum Beispiel die Frage nach der anderen Seite der Bildung (vgl. Otto/Rauschenbach 2004). Notwendig ist hierzu die Kenntnis bzw. das Wissen, dass es das *eine* gibt, das vom *anderen* unterschieden werden kann. Des Weiteren wird darauf hingewiesen, dass das *andere* nicht identisch ist mit dem *einen* als dem Ausgangspunkt der Unterscheidung. Was aber unterscheidet hier die eine von der anderen Seite? Um dieser Frage nachzugehen, wird im Folgenden zwischen sachlicher, zeitlicher und sozialer Dimension unterschieden, in denen sich das Reden von Bildung vollzieht (vgl. Langewand 1994). Exemplarisch für bildungstheoretische Auseinandersetzung in sachlicher, zeitlicher und sozialer Dimension von Bildung werden die dichten Ausführungen von Alfred Langewand als pädagogische Grundvorgänge (vgl. Lenzen 1994) genutzt.[10] Langewands Thematisierung ermöglicht es, die historischen Einflussfaktoren auf den Begriff darzustellen, um dann, daran anschließend, die synchronen Teilaspekte zu beschreiben, die auf Begriff und Verständnis von Bildung einwirken.

---

der Praxis vor der Wissenschaft beschrieben (vgl. dies. 1996).
9   Oder wie Andreas Gruschka formuliert: „Wer antritt tritt auch ein, etwa in eine Tradition" (ebd.).
10 Vergleichbar finden sich die Dimensionen auch bei Dietrich Benner (1990), Dieter Lenzen (1997), Stephan Sting (2002) und auch bei Klaus Mollenhauer (etwa 1985). Insofern kann mit Langewand davon ausgegangen werden, dass sich das Reden von Bildung in diesen Dimensionen regelmäßig vollzieht (vgl. ebd.).

3.1 Sachliche Dimension

> *„Eines Tages kommt das Kind völlig durcheinander nach Hause und kann nur noch herausbringen, daß die Erde sich spalten wird. Hat er doch, kam später heraus, von einem Koram oder Koran oder irgendsowas gehört und noch von zwei von diesen Salamandern ... Mein Sohn hat die ganze Woche gelegen und phantasiert, er war todkrank, ich musste ihn dann von der Schule nehmen"*
> (Maarten 't Hart 2005: 96).

Die sachliche Dimension, in der zwischen Bildungsinhalt und Bildungsgehalt unterschieden wird, orientiert sich an den Aspekten was und wie, in und mit Bildung vermittelt wird (vgl. Langewand 1994). Die Frage nach dem *was* hebe hervor, dass es Inhalte gibt, die besser als andere Inhalte geeignet erscheinen vermittelt zu werden und sich daraus der bildende Gehalt des Inhaltes ergibt. Als solches begründet die sachliche Dimension die Reflexion an einem Anderen, wobei verschiedene Faktoren, wie die Idee von *(personaler) Autonomie, Kategorialisierung, Verwissenschaftlichung* und die Vorstellung von *Höherbildung*, Einfluss auf die Bestimmung und Reflexion des Anderen nimmt. Grundlage hierfür bilden zunächst philosophisch-anthropologische Spekulationen, wobei im 18. Jahrhundert der Frage danach, wie Bildung möglich ist, lediglich ein theoretisches Verständnis von Bildung zugrunde lag (vgl. ebd.: 78). Hier wurde der Versuch unternommen, die sachliche Dimensionierung in den Kontext pädagogischer Praxis zu stellen und es wurde möglich, „Gehalt, Chancen und Akzeptabilität von »Bildung« konkret, zustimmend oder ablehnend" (ebd.: 94) zu thematisieren. Umgekehrt wurde das, „was der praktische Pädagoge als real bzw. wünschens- oder verdammenswert affirmierte" (ebd.) als sachlicher Anspruch an die Bildungstheorie zurückgegeben. Dieses Wechselverhältnis stützte sich auf Fragen nach den Dispositionen der subjektiven Verfassung der zu Bildenden, die als *personale Autonomie* thematisiert wurde und einen ersten Einflussfaktor für die Unterscheidung zwischen Bildungsinhalt und -gehalt darstellte.

(Personale) Autonomie

Der Frage nach den Dispositionen des Subjektes wurde im Hinblick darauf nachgegangen, dass bzw. ob „sie ... in dieser oder jener Form vorliegen [müssen]" (ebd.). Das Hauptaugenmerk lag somit nicht auf den Bedingungen, die das Subjekt umgaben, in denen und mit denen das Subjekt lernt, sondern stellten die Einzelne mit ihren individuellen Eigenschaften in den Mittelpunkt. Zentraler Aspekt war nicht die Ermöglichung von Bildung, sondern die Frage nach ihrer zeitlichen Erscheinung. Dies wiederum eröffnete die Möglichkeit empirischer, auf das Subjekt konzentrierter Forschung. Allgemein wird in der sachlichen Dimension auf das Problem verwiesen, welches sich aus der Konfrontation zwischen autonomer Selbstbezüglichkeit des *Ich* und heterogener Fremdbestimmung des *nicht Ich* als die das *Ich* umgebende Welt ergibt (vgl. ebd.: 94). Diesem Problem wird unter zwei Aspekten nachgegangen, und zwar einerseits über die Strukturierung der Bildungsinhalte, die die Einzelne benötigt, um sich selbst zu verwirklichen und andererseits über die Auswahl diesen Prozess unterstützender Inhalte. Die Strukturierung muss, so Langewand, quasi „*durch sich selbst*, d.h. durch Gründe, bestimmt sein" und „*Akte der Selbstbestimmung* unterstützen" (ebd.). Im Gegensatz dazu zeichnet sich der Bildungsgehalt „als bildende Struktur der Lerninhalte" durch die Aspekte aus, die sich aus dem auf sich selbst verweisenden „Grundsatz der Autonomie" (ebd.) ableiten lassen. Dieser Grundsatz besagt, dass sich der Mensch als Mensch bzw. Person nur allgemeine Bildung zueignen kann, während spezielle Bildung den Menschen nur als bloßes Mittel (Kant) in Betracht zieht (vgl. ebd.: 78). Erst mit der Überwindung der „Monokultur des Ethischen" (ebd.: 79) richtet sich die Unterscheidung zwischen Bildungsinhalt und -gehalt an der Pluralität von Aspekten aus. Unter der Annahme, dass nicht nie nur etwas Bestimmtes gelernt werden kann, sondern in diesem Lernen immer auch noch etwas Anderes (mit-) gelernt wird, erweitert sich die Perspektive und ermöglicht die Frage danach, warum nicht dieses Andere insgesamt zum Gegenstand bildungstheoretischer Überlegungen gemacht wird. In diesem Zusammenhang wird Bildung im Rekurs auf Wolfgang Klafki definiert als das „»Entschlossensein einer dinglichen und geistigen Wirklichkeit für einen Menschen« und zugleich »Erschlossensein dieses Menschen für seine Wirklichkeit«" (ebd.; Klafki 1963: 43).[11]

---

11 Thomas Höhne (2003) verweist auf die im 18. Jahrhundert entstandenen Modelle institutionell kontrollierter Entwicklung (gemeint sind hier etwa gegenwärtige Begrifflichkeiten wie Bildung, Lernen, Erziehung und Sozialisation), „die ihren Status als systematisches Wissen in modernen, europäischen Gesellschaften durch die Pädagogik erhalten [haben]" (ebd.: 229). Im „modernen pädagogischen Paradigma institutionalisierter Entwicklungskontrolle bzw. Entwicklungssteigerung" werde die „Produktivität der Subjekte" hervorgehoben, wenn bspw. der Begriff der (pädagogischen) „Führung" durch den Begriff der „Fremdsteuerung" ersetzt, der Begriff der „Entwicklung" mit dem Begriff der „Selbstentwicklung" verknüpft und eine Kopplung an „teleologische Größen wie Reifung, Charakter, Kompetenz und Bildung" (ebd.) erfolge.

Kategorialisierung

Als zweiten Einflussfaktor benennt Langewand die Kategorialisierung von Bildung, die im 19. Jahrhundert zu einer Neuauslegung des Bildungsbegriffs führte. Aus der These, dass eine „sachliche Fundierung des Bildungsgedankens auf Konzepte einer moralischen Autonomie allein ... nicht mehr [trägt]", wurde gefolgert, dass im Kontext einer Bildungsgesellschaft Integration nicht mehr ausschließlich über Moral erfolgt, „sondern durch Institutionalisierung und Verrechtlichung" (ebd.: 79). Die hier zugrunde gelegte Bildungsidee strebte philosophische Höhen an, richtete sich an pluralen Aspekten allgemeiner und spezieller Bildung (Humboldt) aus und beschäftigte sich zum Beispiel nicht mit der Bedeutung des Lehrpersonals. Bildung in der kategorialen Welt- und Selbstinterpretation bezieht sich auf eine wechselseitige Erschließung von „Ich und Welt" (ebd.: 69).[12]

Verwissenschaftlichung

Die Vorstellung einer höheren Bildung als dritter Einfluss nehmender Faktor, speist sich tendenziell aus der Verwissenschaftlichung des gesamten menschlichen Lebens und aus der Anerkennung der Existenz der lebensweltlichen Bedeutung von Wissenschaft.[13] Der Begriff der Verwissenschaftlichung umfasst hier das Lehren und Lernen von wissenschaftlich korrekten Inhalten sowie die grundlegend veränderten Sichtweisen auf Mensch und Welt durch wissenschaftliche Ergebnisse.[14] Dies speist sich aus dem Einfluss der Wissenschaften auf das Denken und Handeln als Mittel zu irgendwelchen Zwecken und der Einsicht, dass allein wissenschaftlich produziertes Wissen als wahres, rationales Wissen gilt und damit die wissenschaftliche Weltsicht die vernünftigste Weltsicht ist. In wissenschaftlichen Aussagen werden so „nur Bedingungen benannt, die vorliegen müssen, damit menschliches Sehen möglich ist" (ebd.: 81). Dies wiederum führt zu der These, dass es scheinbar keine von der Wissenschaft unberührte Welt gibt, während andererseits die möglichen Bedingungen auf ein empirisch überprüfbares Maß reduziert werden.[15] Dies jedoch ersetzt aber die Bedingungen,

---

12 Langewand behauptet, dass Humboldt dies so gesagt hätte (vgl. ebd.).
13 Hier wird gleichermaßen auch die Frage nach dem „bildenden" Sinn aufgeworfen. Wissenschaftskritik verknüpft sich mit Bildungstheorie (vgl. ebd.).
14 Ein aktuelles Beispiel für Verwissenschaftlichung findet sich im Zwölften Kinder- und Jugendbericht (BMFSFJ 2006, aber exemplarisch auch bei Rauschenbach 2006 und Rauschenbach/Düx/Sass 2006).
15 Langewand verweist auf die hier zusammentreffenden, unterschiedlichen Perspektiven: „Fragt die Bildungstheorie in der jeweiligen Situation ihrer Zeit nach dem »bildenden Sinn von Wissenschaft«, nach ihrer »bildenden Bedeutung« oder ihrer praktischen, lebensweltlichen Fundierung, so ist die bildungstheoretische Frage von vornherein auf der Ebene der Theorie der

den Akt des menschlichen Sehens selbst, nicht. Damit wird die Unterscheidung zwischen wissenschaftlicher Aussage und der in der wissenschaftlichen Aussage unvermittelt vorausgesetzten Wirklichkeit benannt: „Wird diese Differenz überspielt und gerade in diesem Überspielen der Prozeß der Verwissenschaftlichung gesehen, wächst sich die Wissenschaft zur Gefährdung der menschlichen Gesamtpraxis aus" (ebd: 81f.).[16]

Höherbildung

Als vierten Einflussfaktor benennt Langewand materiale Bildungstheorien. Unter Ausblendung der Differenz von Bildungsinhalt und Bildungsgehalt wird der Gehalt an bestimmte Inhalte geknüpft. Materiale Bildungstheorien stellen Fehlformen bildungstheoretischer Reflexion dar, wenn sich damit die Annahme verbindet, dass die Aneignung, zum Beispiel kultureller und historischer Wissensbestände bzw. Inhalte, den Einzelnen zu einer *gebildeten* Person werden lassen. Davon abgegrenzt werden formale Bildungstheorien als fehlgehende Bildungsreflexion, die auf der Annahme basieren, dass es im Erlernen von Sachverhalten und Kompetenzen gar nicht um Inhalte gehe. Wenn hier die Wahrung und Förderung von zum Beispiel Kräften, Kompetenzen und Vermögen zentral ist, die in den Lernenden gewahrt und gefördert werden, dann sind alle Inhalte funktional gleichwertig. Dies gilt auch für Fähigkeiten, Fertigkeiten und Verfahren, die sich

---

Wissenschaften angesiedelt, und versteht man unter »Kritik« so etwas wie »unvoreingenommene Prüfung« (also nicht: bloße Ablehnung!), dann ist jede bildungstheoretische Interpretation der Wissenschaften immer auch Kritik von Wissenschaft" (ebd.: 80). Bildungstheorie als Wissenschaftskritik sei seit der letzten Hälfte des 20. Jahrhunderts Wissenschaftskritik und Bildungstheorie zugleich. Ausgehend von einer zunehmenden Verwissenschaftlichung aller Lebensbezüge wird in der bildungstheoretischen Interpretation eine grundlegende Reflexion relevant, die den Gehalt der Bildung im Hinblick auf wissenschaftliche Grundsätze aufschließt: Wissenschaftliches Wissen ist hypothetisch (fallibilistische Natur) und schließt damit jeglichen Dogmatismus aus, wissenschaftliches Wissen entwickelt sich (Historizität) und wird gesellschaftlich vermittelt (Unmöglichkeit der Emanzipation von der Entstehungs- und Entdeckungsgeschichte) und wissenschaftliches Wissen zeichnet sich durch allgemeine, geregelte Zusammenhänge zwischen einzelnen Sachverhalten und Phänomenen aus. Um diese Sachverhalte und Phänomene zu beschreiben werden „in allgemeinen Ausdrücken die einschlägigen Relationen" (ebd.: 81) benannt.

16 Eine Interpretation neuzeitlicher Wissenschaften aus der Perspektive der Bildungstheorie, muss neben der innerszientifischen, historisch-gesellschaftlichen und transzendentalkritischen Interpretationsebene letztlich auch die Fragen nach der Umsetzung stellen, „wie zu handeln sei" (ebd.: 82). Mit Verweis auf Dietrich Benner (1990) werde hier unter Anerkennung der menschlichen Praxis betont, dass sich die Bildungstheorie „im Durchgang durch die ersten drei Ebenen bewußt sein muß, daß ihre Selbstverständnisse nicht szientifisch unterlaufen werden dürfen, aber auch nicht ohne wissenschaftliches Wissen erlangt werden können" und verbindet sich mit der Vorstellung, die Geschichte „offen zu halten für vielleicht bessere Möglichkeiten" (Langewand 1994: 82; Benner 1990).

31

Lernende an den Inhalten aneignen und die dann *ihre Bildung* ausmachen (vgl. ebd.: 82). In der Unterscheidung zwischen funktionaler und methodischer Bildungstheorie zielt letztere auf das Verfahren, während erstere auf die Entfaltung der Kräfte setzt. Funktionale und methodische Bildungstheorie werden zur formalen Bildungstheorie, wenn sie die Inhalte und Materialien nur als gleichgültige Mittel zum jeweiligen Zweck sehen. Formale Bildungstheorien verweisen in der Pädagogik auf konjunkturelle Schwankungen, die mit Zeiten gesellschaftlicher Krisen oder Umbrüchen korrespondieren. Langewand vermutet, dass damit eine Auseinandersetzung mit dem Bildungsbegriff vermieden wird: „Wo das kulturelle, politische und moralische Selbstverständnis einer Gesellschaft gefährdet ist oder zerbricht, zieht man sich offenbar gern auf inhaltsgetreue Positionen zurück" (ebd.: 83; Stolz 2006).[17]

Die hier dargelegten Einflussfaktoren und Vorstellungen von höherer Bildung verweisen insgesamt auf zwei Desiderate:

1. Es wird ein Subjektbegriff verwendet, der durch seine anthropologisierende Tendenz und unter Einbeziehung dekonstruktivistischer Überlegungen nur auf Höherbildung und Entfaltung aller Kräfte abzielt. Diese können sich aber nur an dem orientieren, was dem abendländischen autonomen Subjekt gegenübersteht, nämlich ein Anderes, dem der Status des Subjektes diskursiv aberkannt wird und als Folge davon als „nicht intelligibel" gilt (vgl. Stolz 2006: 124; Butler 2001, 2005). Ausgeblendet bleibe, „dass das Subjekt als »das Unterworfene« ... selbst ein essenziell mit spezifischen gesellschaftlichen Herrschaftsstrukturen verknüpftes Konstrukt ist und keineswegs als Vorgriff auf eine herrschaftsfreie Gesellschaftsordnung begriffen werden kann" (Stolz 2006: 124).

2. Da sich Bildungsprozesse nur sehr bedingt finalisieren lassen, verweist die Frage, *was* Heranwachsende heute lernen sollten um ihr Leben selbstständig meistern zu können, im Hinblick auf die Unterscheidung zwischen Bildungsinhalt und Bildungsgehalt auf die zu enge Thematisierung des *wie* sie lernen (vgl. Ziehe 1994).[18] Was eignen sich Kinder und Jugendliche heute über welche Inhalte wie an? Wenn das, was Heranwachsende heute lernen müssen um klar zu kommen, nicht mehr automatisch dem entspricht, was zum Beispiel noch vor 20 Jahren auf der

---

17 Der Bildungsbegriff als „veraltete Reflexionssemantik des Erziehungssystems" (ebd.; Luhmann/Schorr [1979] 1999) zielt unter Berücksichtigung der Humboldtschen Konzeption gleichermaßen auf zu generelle und zu spezifische Auslegung: „Zu generell, weil die Vorstellung, der schulische Unterricht ermögliche Bildung als Verschränkung von Eigentümlichkeit (Individualität) und Universalität (Allgemeinheit des Wissens), nicht verständlich machen kann, was das Schulsystem konkret leistet; zu spezifisch, weil der Fluchtpunkt des »Gebildeten« im Wissenschaftssystem gesucht wurde (Universität) und nicht etwa im beruflichen Leben überhaupt" (Langewand 1994: 83).

18 Die bedingte Finalisierung gilt nach Ziehe auch für Erziehungsprozesse (ebd.: 258).

Agenda stand, stellt sich auch die Frage, um welche Inhalte es heute geht. So ergibt sich nach Thomas Ziehe der Zugang zu den großen Themen der Jugendkultur, wie zum Beispiel Sexualität, Ökologie und Ökonomie durch den Zugang über die informationsverarbeitende Medienwelt fast von selbst bzw. wird als selbstverständlich vorausgesetzt und muss nicht mehr beharrlich erstritten werden (vgl. ebd.: 259).

Die sachliche Dimension von Bildung verweist somit insgesamt auf ein Nachdenken darüber wie sich die menschlichen Kräfte entfalten können. Hier werden Inhalt und Gehalt im Hinblick darauf thematisiert, was der Mensch braucht, um autonom bzw. selbstständig zu werden. Die hier zugrunde gelegte Form bestimmt sich durch die Differenzierung von Inhalt und Gehalt, wobei Fehlformen identifiziert werden können, die sich zum einen isoliert auf die Vorstellung einer gebildeten Person beziehen (exemplarisch dafür heute: Dietrich Schwanitz) und zum anderen eine spezifische „Hochkultur" (Ziehe 2004) in den Blick nehmen.[19] Bei fehlgehenden Formen von Bildung geht es beim Lernen nicht mehr um unterschiedlich gewichtete Inhalte. Inhalte insgesamt und besonders im Kontext des Konzeptes Lernen des Lernens sind gleichgewichtig. Im Hinblick auf die aktuellen Debatten um Lernen und Bildung bleibt jedoch die Frage offen, ob es sich dabei entweder (nur) um eine neue Akzentuierung der formalen Bildungstheorie handelt oder um eine Fehlform oder um eine fehlgehende Form.

Zunächst geht es jedoch darum, die abstrakten Darstellungen Langewands durch aktuelle Thematisierungen in der sachlichen Dimension zu ergänzen. Hier haben Hans-Uwe Otto und Thomas Rauschenbach (2004) ein umfassendes Konzept entwickelt, in dem kulturelle und materielle Reproduktion, soziale Integration und Sozialisation, Inhalt und Gehalt von Bildung bestimmen.

3.1.1 Kulturelle und materielle Reproduktion

In Anlehnung an Jürgen Habermas (1981) entwickelten Otto und Rauschenbach (2004) ein (Rahmen-)Konzept für Lernen und Bildung. Perspektivisch wird damit die individuelle und die soziale Seite des Aufwachsens vor dem Hintergrund der generativen Reproduktion der Gesellschaft in den Blick genommen und ein Koordinatensystem für einen modernen Bildungsbegriff konstruiert. Mit dem Koordinatensystem bzw. Rahmenkonzept werden unterschiedliche Bildungsorte,

---

19 Ziehe unterscheidet zwischen Hochkultur als einer „Art symbolisches Dach der Gesellschaft, auf das die Menschen sich normativ zu beziehen hatten" und Populärkultur, „die bei allen Generationen angekommen ist" und mit der Alltagswelt der Jugendlichen „fast bis zur Unkenntlichkeit verschmolzen" ist: „Fußgängerzone, H&M, Walkman, Handy, SMS, HipHop-Hosen, Piercing, Cinemaxx, Daily Soap, Casting Show, Chat Room, VIVA, Eminem, Britney Spears, David Beckham – all dies ist ebenso allgegenwärtig wie alltäglich, ebenso aufdringlich präsent wie absolut gewohnt" (ebd.: 1).

Bildungsaufgaben und Bildungsmodalitäten zueinander in Verhältnis gesetzt. Entlang der Bildungskomponenten der *kulturellen* und *materiellen Reproduktion*, der *sozialen Integration* und *Sozialisation*, diskutieren die Autoren die auf die personale und institutionelle Seite ausgerichteten Lern-, Entwicklungs- und Bildungsideen als eine Art allgemeine Lebensführungs- und Lebensbewältigungskompetenz.

Kulturelle Reproduktion

Die Dimension der kulturellen Reproduktion bezieht sich auf die generative Weitergabe des kulturellen Gesellschaftserbes. Die Art und Weise der Weitergabe (kulturelle Vererbung) sei im Kern dann die Aufgabe der Schule. Als solche wirke die Vererbung thematisch zwar partikular und selektiv auf die Inhalte, stelle aber ein Ergänzungspotenzial zu den Orten kultureller Überlieferung, wie zum Beispiel Museen, Bibliotheken und Medien und somit ein besonderes Leistungssegment dar (vgl. Otto/Rauchenbach 2004: 20). In diesem Zusammenhang wird auf zwei Strukturprobleme verwiesen, wobei sich das eine durch die Quantität der zu bewältigenden Inhalte ergibt. Dieses führt zu einer Beliebigkeit der Inhalte einerseits, andererseits zu einer geringer werdenden Halbwertszeit der jeweils zu lernenden Wissensbestände. Ausgehend von einer Dauerrevision des erworbenen Wissens wird es erforderlich, das Gelernte kontinuierlich am aktuellen Stand des Wissens zu überprüfen und gegebenenfalls zu modifizieren (vgl. ebd.: 21).[20]

Ein weiteres Problem ergibt sich über die Bedeutung der intergenerativ-privaten Reproduktion in lebensweltlichen, informellen Kontexten, die als solche bislang ausgeblendet bleiben (vgl. ebd.; Thiersch 2004; Rauschenbach/Düx/Sass 2006). Die Aufteilung und Unterscheidung moderner Gesellschaften zwischen beruflich spezialisierten Transferagenten einerseits und intergenerativ-privater Reproduktion andererseits, sei jedoch zunehmend gefährdet, weil sich diese natürlichen Wege und informellen Quellen der kulturellen Reproduktion verflüchtigen bzw. ihre Selbstverständlichkeit verlieren. An ihre Stelle tritt nichts Neues, Kompensierendes. Es werden keine neuen, eigens dafür geschaffenen Kanäle bereitgestellt, mittels derer Inhalte wie zum Beispiel Alltagswissen, Werte und Formen der Lebensführung intergenerativ weitertransportiert werden können. Problematisiert wird die nachlassende Gestaltungskraft, denn wenn die Quellen in-

---

20 Thomas Ziehe (1994) hebt im Kontext von Informalisierung die Potenzierung von Inhalten einerseits und die Trivialisierung von Wissensbeständen andererseits hervor. So verstanden wird immer mehr, immer unwichtiger, was gleichermaßen ironisch wie charmant wirkt, da es scheinbar beliebig ist, was wann, wo und wie gelernt wird. Allein die (Lern-)Aktivität zählt (vgl. ebd.; Liessmann 2006).

formeller, kultureller Reproduktion versiegen, drohe „die schleichende Verödung ganzer Gebiete intergenerativen Lernens" (Otto/Rauschenbach 2004: 21).

Materielle Reproduktion

Die Ebene der materiellen Reproduktion bestimmen Otto und Rauschenbach umfassend als „Kompetenz zur gesamten dinglichen Lebensführung und -bewältigung" (ebd.: 21). Diese Ebene bleibt nicht auf die ökonomische Perspektive von individueller Existenzsicherung beschränkt, sondern markiert vielmehr eine zentrale Bildungskomponente, weil es hier „um die je eigene materiell-dingliche Zukunft" (ebd.) von Kindern und Jugendlichen geht. Die materiell-dingliche Zukunft ist in dem Maße gefährdet, wo Schule keine ausreichende Hilfestellung gibt und verweist darauf, dass Leistungen im Hinblick auf nicht berufliche Kompetenzen wie familien- und haushaltsbezogene Kompetenzen sowieso nicht durch Schule angeboten werden. In diesem Zusammenhang werden andere Orte der Bildung und des Lernens relevant, die sich als Partner für Kinder und Jugendliche verstehen (vgl. ebd.). Es geht hier darum, so die Autoren, ein Fortschreiten der Entalltäglichung in Bezug auf praktische Lebensbewältigung zu verhindern.[21] Im Kontext des Wandels zur Konsum-, Dienstleistungs- und Expertengesellschaft wird davon ausgegangen, dass Kompetenzen zur Lebensbewältigung nur noch privat, quasi als persönliches Hobby angeeignet und gepflegt werden. Hierdurch wird verhindert, dass diese nicht mehr als (geschlechtsspezifische) Alltagskompetenz verfügbar sind. Dies wiederum bedeute, dass sich die Bildungsaufgabe bzw. Zielperspektive von Bildung, als Erwerb von Kompetenz zur materiellen Reproduktion, primär am „Gelderwerb und nicht auf qualitative Subsistenzsicherung orientiert" (ebd.: 22). Es bleibt jedoch fraglich, ob hiermit schon das gesamte Feld der materiellen Reproduktion umfassend beschrieben ist.

3.1.2 Soziale Integration

Wiederum in Anlehnung an Habermas thematisieren Otto und Rauschenbach soziale Integration als demokratisches Lernen und politische Bildung. Während es bei Langewand (1994) u.a. noch um Formen von moralischer, institutioneller

---

21 Die Bezeichnung Entalltäglichung bezieht sich hier auf den ungezügelten Ausbau des Dienstleistungssektors, der mit seiner „dienstleistungsorientierten Expertenkultur" eine Vielzahl von Angeboten zur Entlastung der alltäglichen Lebensführung bereitstellt, was aber gleichermaßen überflüssig macht, „Basiskompetenzen", als basal vermittelte, dinglich-praktische Kompetenz zu lernen (vgl. ebd.: 21). Die Autoren zählen Beispiele für Basiskompetenzen zur alltäglichen Lebensführung auf: „[K]ochen, sich selbst versorgen oder den eigenen Haushalt bewältigen zu können, mit Kindern spielen und sein »Haus« besorgen zu können, möglichst weitgehend ohne fremde Hilfe sein Leben führen zu können" (ebd.).

und rechtlicher Integration ging, beziehen sich Lernen und Bildung als Modi sozialer Integration auf die Aspekte von aktiver und partizipativer Auseinandersetzung mit der Gesellschaft (vgl. Otto/Rauschenbach 2004: 23). Soziale Integration verweise auf die lernende Aneignung und Aufbau eines politischen Verständnisses und die Entwicklung hin zur mündigen Bürgerin. Diese Aufgabe richtet sich nicht mehr nur an ein bestimmtes Alter (Erwachsenenalter), sondern beschreibt für die Phase des Aufwachsens einen Lernhorizont vor bzw. an dem entlang sich Kinder und Jugendliche immer früher und systematischer lernend einüben und erproben bzw. lernend praktizieren können. Geerdet wird dieser Lernhorizont durch eine auf Kooperation und Partizipation aufgebaute Kultur, die als Bildungsdimension in verschiedenen Teilbereichen auch Auswirkungen auf die schulischen wie nicht schulischen Handlungskonzepte hat (vgl. ebd.; Coelen 2002). Damit verändert sich aber einerseits der Blick auf die Akteure und Themenspektren der bekannten zivil- und bürgerschaftlichen Aktionsformen als Lernorte, -inhalte und -modalitäten. Andererseits handelt es sich für moderne Gesellschaften hier „um eine ebenso elementare wie grenzüberschreitende Dimension eines Lern- und Bildungskonzeptes" (Otto/Rauschenbach 2004: 22). Es stellt sich hier u.a. die Frage, welche Konsequenzen sich daraus für die Kinder- und Jugendhilfe ableiten lassen.

Insgesamt wird davon ausgegangen, dass der Inhalt und der Gehalt von Bildung kontingente, sich verändernde und relationale Anordnungen sind, deren Bedeutung sich in diachroner Perspektive nachhaltig verändert haben. Auch hier lassen sich zwei Desiderate aufzeigen:

1. Ein auf Tradition und Konvention beruhender Bildungskanon baut auf eine funktionierende materielle und kulturelle Reproduktion und gelingende soziale Integration auf. Mit ihm werden die sich reduzierenden sozialen Selbstverständlichkeiten, wie sie sich für die Phase des Aufwachsens ergeben, ausgeblendet.[22]
2. Im Kontext von Pluralisierung und Trivialisierung (vgl. Ziehe 1994) scheinen sich Inhalt und Gehalt von Bildung nicht mehr nur einfach über formal fixierte Curricula festlegen zu lassen. Vielmehr wird versucht, der Halbwertszeit von Wissen und Beliebigkeit der Inhalte durch spezifische Lernkonzepte entgegen zu wirken, in der alle Inhalte gleichwertig sind.

---

22 Der Gegenstand bzw. der Bereich, den die Pädagogik in diesem Zusammenhang für sich *entdeckt* hat, ist der Bereich des informellen. Dieser wird aber nicht im Zusammenhang von Inhalt und Gehalt diskutiert, sondern vorzugsweise in Bezug auf seine (non- bzw. in-)formellen Bedingungen und Potenziale. Zwar stand das formelle nie im Zentrum pädagogischer Überlegungen (vgl. Tenorth 2003), aktuell verweisen aber eine Vielzahl von (sozialpädagogischen) Thematisierungen implizit auf die sachliche Bildungsdimension. Hier im Wesentlichen jedoch (nur) über die Unterscheidung zwischen institutionellen Lernorten.

Davon ausgehend, dass Inhalt und Gehalt von Bildung in diachroner Perspektive immer schon unter dem Aspekt von Verfall und Veränderung thematisiert wurden, wird mit der Zeitlichkeit der Zeit eine weitere Bildungsdimension relevant: die zeitliche Dimension. Die konsequente Einbeziehung der sachlichen Dimension im Hinblick auf Inhalt und Gehalt verweist zudem auf die soziale Dimension von Bildung und die damit für die Phase des Aufwachsens konkret vorfindbaren Inhalte und Gehalte.

3.2 Zeitliche Dimension

> *„Wenn das, was im Paradies zerstört worden sein soll, zerstörbar war, dann war es nicht entscheidend; war es aber unzerstörbar, dann leben wir in einem falschen Glauben"*
> (Franz Kafka; zit. in Alexander Kluge 2003: 7).

Mit der zeitlichen Dimension wird die Beeinflussung des Bildungsbegriffs unter den Aspekten *Fortschritt und Verfall, Geschichtlichkeit* und *fortlaufende Kommentierung* diskutiert (vgl. Langewand 1994: 84).[23]

Fortschritt und Verfall

Fortschritt und Verfall beziehen sich in diesem Kontext auf den prägenden Einfluss von (gesellschaftlichen) Normen, die der Interpretation des Verhältnisses von Mensch und Welt zugrunde liegen. Das implizit mit Bildung verbundene „falsche, täuschende Bewusstsein und irreales utopisches Moment" (ebd.: 86) bedingt, und Langewand verweist hier auf die Theorie der Halbbildung von Theodor W. Adorno (1979), die doppelte Ideologie von Bildung unter dem Aspekt von Substitution und Destabilisierung: Der Aspekt der Substitution beziehe sich nur noch auf die Aneignung von Bildungsgehalten durch Informiertheit über beliebige Inhalte, während der Aspekt der Destabilisierung auf die Schwächung der Bildungsinhalte in zeitlicher Perspektive verweise (vgl. Langewand 1994).[24] Als

---

23 Als weitere Einflussfaktoren werden die Aspekte Graecophilie, die Neigung zur und die Bewunderung der griechischen Klassik, und der Aspekt der Melancholie benannt (vgl. Langewand 1994: 86). Auf die Ausführung dieser Aspekte kann an dieser Stelle verzichtet werden, weil diese für die Auseinandersetzung mit der hier darzustellenden zeitlichen Bildungsdimension nur nachgeordnet relevant ist.
24 Langewand (1994) greift auf ein Zitat von Adorno zurück, das die Aspekte von Substitution und

solche bestimmen diese zum Beispiel die Vorstellung davon, was als Höherbildung zu verstehen ist. Sie markieren quasi den Rahmen von „Bildung als Soll-Zustand" (ebd.: 86). Vor dem Hintergrund gesellschaftlicher Umbrüche und Veränderungen, die eine Vielzahl von Widersprüchen, Gegensätzlichkeiten und Kontingenzen aufzeigen und unter Einbeziehung gesellschaftlicher Tatsachen wie soziale Ungleichheit und Heterogenität, scheint ein harmonisches Bildungskonzept ebenso wenig tragfähig zu sein wie eine einheitliche Vorstellung davon, was in einer Gesellschaft unter guter Bildung nun tatsächlich verstanden werden könnte.[25] Der explizite Richtungssinn der Geschichte verweist auf Lösungsvorschläge für moderne Gesellschaften unter der Annahme, dass die Abstände mit der Zeit abnehmen und verschwinden, während der implizite Richtungssinn über sein positives Denken Investitionen in Hoffnung auf Fortschritt begründet (vgl. ebd.: 84; Cleppien 2007).

Geschichtlichkeit

Geschichtlichkeit ist hierbei das zentrale Moment, das die Zeitlichkeit der Zeit hervorhebt: „Das, was faktisch geschieht, ist immer noch etwas anderes als es selbst, ein Schritt nach vorn, einer nach hinten, ein Innehalten ... Wenn man diese Differenz von Verlauf und Sinn negiert, gelangt man zum Gedanken der Geschichtlichkeit allen Geschehens" (Langewand 1994: 87). Damit bleibt einerseits die Idee des Richtungssinnes von Geschichte ausgeblendet. Andererseits wird Bildung zum Aushandlungsprozess: „Bildung ist, unter Aspekten der Historizität, radikal nur als das zu begreifen, was in einer jeden historischen Situation einer Gesellschaft gerade als »Bildung« ausgehandelt wird" (ebd.). Von modernen Gesellschaften als Bildungsgesellschaften kann so bspw. erst dann gesprochen werden, wenn Gesellschaft sich der Aufklärung gegenüber kritisch positioniert und ansatzweise oder gänzlich die „Lektion der »radikalen Skepsis seit der Aufklärung«" annimmt und „alle gesellschaftlichen Interessen in einem politischen Kampf um ihre Repräsentanz in einen nationalen Lehrplan konkurrieren"

Destabilisierung gut zum Ausdruck bringt: „[D]er Halbgebildete weiß leicht über alles Bescheid und vergisst ebenso leicht; ihm fehlt die Muße, es mangelt ihm an Stärke der Erinnerung, Erfahrung von Fremdheit, ein »lebendiger« Zugang zur Kunst, Verinnerlichung von Geistigem usw." (Adorno 1979: 111f.). Für Adorno besteht der Zweck der Bildungstheorie darin „an Bildung festzuhalten, nachdem die Gesellschaft ihr die Basis entzog. Sie hat aber keine Andere Möglichkeit des Überlebens, als die kritische Selbstreflexion auf die Halbbildung, zu der sie notwendig wurde" (Adorno 1979: 121; zit. in Langewand 1994: 86).

25 Hier stelle sich die Frage, so Langewand, wie die Theoretikerin darauf reagiert, „daß die Lernniveaus der Heranwachsenden keineswegs dieselbe Höhe haben, daß die äußerlich wahrnehmbaren Differenzen in Gestalt und Körperbildung einigen Anhalt dafür geben, daß innerlich einige Menschen vielleicht doch gleicher sind als andere" und ob darüber hinaus überhaupt Einigkeit bestehe „ob solches als ‹gut› in einer Gesellschaft gewertet werden dürfte" (ebd.: 84).

(ebd.). Ein darauf aufbauendes Bildungsideal bzw. ein Lehrplan, der sich angleicht an antizipierte Zukunft, gilt dann als richtig, „wenn es die Lagerung der gesellschaftlichen Kräfte in diesem Kampf entsprechend ausdrückt" (ebd.).[26] Bildung als Aushandlungsprozess werde zu einer radikal endlichen Aufgabe – ohne jedoch weitere Absicherungen und Absichten in den Blick zu nehmen. Bildung als Ideal bestimme sich hier über konkurrierende staatliche, politische, religiöse, ökonomische oder wissenschaftliche Interessengruppen. Der Einfluss auf die (eigentlichen) Lernprozesse von Kindern und Jugendlichen erfolgt dabei entweder indirekt durch das idealitäre Bildungskonzept und den daraus abgeleiteten Lehrplänen oder direkt über die Regeln des (öffentlichen) Schulwesens bzw. über schulische Institutionen. Über diese Regeln transformiert sich „der Druck der objektiven Verhältnisse in einen Raum »zweckfreier Bildung«" (ebd.: 88).[27, 28]

Fortlaufende Kommentierung

Die fortlaufende Kommentierung als dritter Faktor in der zeitlichen Dimension bezieht sich einerseits auf die Unverlässlichkeit historischer Bedingungen und andererseits auf die Voraussetzung von historischen Bedingungen, denen in der Pädagogik eine ambivalente Rolle zukommt und sich modifizierend auf den Bildungsbegriff auswirkt. Langewand verweist hier auf Modifikationen, die zum Beispiel über die Begriffe Qualifikation oder Bewältigung von Lebenssituationen ihren Ausdruck finden und „zur Angelegenheit empirischer Forschung werden" (ebd.: 89). Die normativen Optionen der Pädagogik spiegeln sich als empirische Angelegenheit in der kritischen Überprüfung der Bewältigung von Lebenssituationen und im Rückgriff auf den Begriff der Bildung wider. Bildung wird so zur „Überschrift über den fortlaufenden Kommentar zur Lage der Erziehungsgesellschaft" (ebd.): Bildung wird zur kontinuierlichen Buchführung zum Zwecke der „normativen Abmahnung schlechter gesellschaftlicher Wirklichkeit" (ebd.).

---

26 Langewand stellt hier die These auf, dass es, wenn es darum ginge „zu verstehen, was hier und heute Bildung bedeutet, ... man nicht philosophieren, sondern tagtäglich Nachrichten hören oder lesen [muß]" (ebd.: 86).
27 Zweckfreie Bildung entsteht nach Erich Weniger (1975) aus einem objektiven sozialstrukturellen Zusammenhang heraus, „in die Bildung in der Moderne hineingestellt wird" und nicht „aus einer vorausgesetzten Moraltheorie, Geschichtsphilosophie oder ähnlichem" (ebd.: 192). Demnach entscheidet weder allgemein die Pädagogik noch die Bildungstheorie über die Kriterien von Bildungsinhalt und Bildungsgehalt, sondern die „geistigen und sozialen Bewegungen, in denen die Mächte des Lebens miteinander ringen" (ebd.). Dieses Ringen, diese Konflikte der Zeit sollen in „der Person des Lehrers so »zur Ruhe gekommen sein«, dass [sich] die nachwachsende Generation an ihnen ... abarbeiten kann" (Langewand 1994: 88f.).
28 Wie Alfred Langewand konstatiert: „[Z]um Überleben durch Bildung reicht der objektive Geist!" (ebd.: 88).

3.3 Soziale Dimension

„*»Was meint ihr, wollen wir jetzt mal ein Kleines Lied singen?"« Alle Kinder Standen auf, alle außer Pippi, die immer noch auf dem Fußboden lag. »Singt ruhig, ich erhole mich inzwischen ein bisschen«, sagte sie. »Zu viel Gelehrsamkeit kann selbst den Gesündesten kaputt machen«*"

(Astrid Lindgren [1945] 1999: 70).

„*Aber kann von einer solchen Wechselwirkung* [von Mensch auf Mensch: P.B.] *da die Rede sein, wo Unmenschlichkeit, wo Barbarei noch herrscht? Wo man den Zögling als Sklaven, als Paria, als Halb-Menschen nur betrachtet? Wo seine Worte Lügen sind, seine Angaben Schwindel, wenn es einem so in den Kram passt? Wo man von ihm strikten Gehorsam, widerspruchsloses Beugen unter die Autoritäten erwartet?"*

(Karl Wilker 1921: 40; zit. in Christian Niemeyer 2005: 185)

Die soziale Dimension des Bildungsbegriffs zielt auf Verbindlichkeit, etwa durch *charakterliche Determination, Auseinandersetzung, Kommunikation, Fundamentalismus* und *Institution*[29, 30]

---

29 Als weiteren Faktor benennt Langewand (1994) Ironie. Ironie als Strategie würde bedeuten, dass zunächst bestimmte Bildungsgehalte „aufgenommen, dann reflektiert und in eins damit in ihrer Geltung außer Kraft gesetzt" werden, wenn der damit vermittelte Anspruch „als bloß transitorisch, vorübergehend" herausgestellt würde (vgl. ebd.: 91). Deutlich wird dies, wenn Gehalte als notwendig dargestellt werden, weil sich das reflektierende Subjekt „ohne sie nicht bilden könnte" (ebd.). Da das Subjekt aber „nur Subjekt sein will" (ebd.) ohne an Verbindlichkeiten gebunden zu sein, wird das „was das Subjekt gerade war, überboten durch die Distanzierung jenes Zustandes" (ebd.). Der Bildungsbegriff verknüpfe sich hier mit dem steten Werden und der steten Vernichtung: „Bildung ist steter Wechsel zwischen nichts und etwas" (ebd.: 93). Die Ironie der Ironie ist, dass die Anerkennung von Verbindlichkeit hier nur ein sich selbst negierendes Konstrukt darstelle: „Anerkennung von Verbindlichkeit [wird] stets gemacht und stets sogleich negiert ..." (ebd.). Das „sich »bildende« Subjekt" (ebd.) würde hier nur in der Reflexion leben. Die Ironie gehöre zur sozialen Dimension von Bildung, da es „heute ganze Berufsstände gibt, die dieses »Bildungsprogramm« pflegen" (ebd.).

30 Das Verhältnis von Lernen und Verbindlichkeit ist für den Bildungsbegriff mindestens so zentral wie seine sachliche und zeitliche Dimension (vgl. Langewand 1994).

Charakterliche Determination

Die Determination des Charakters verbindet sich mit der Absicht, „dem bildenden Willen der Erwachsenengeneration die Verbindlichkeit im Willen des Heranwachsenden zu sichern" (Langewand 1994: 89). Unter der Annahme, dass das menschliche Seelenleben (allgemein: Denken, Erkennen, Fühlen, Handeln) aus einem Komplex von mehr oder weniger geordneten Vorstellungen besteht, geht es darum, diese in eine Ordnung zu bringen (vgl. ebd.; Prange 2004).[31] Erst mit der Überwindung dieser Annahme wird es möglich, den Charakter eines Menschen als Konstrukt (allgemein bezeichnet als Selbstfindung) in den Blick zu nehmen. Der Pädagogik kommt hier die Aufgabe zu, die dafür erforderliche „innere Freiheit herbeizuführen, die Vollkommenheit zu befördern, das Wohlwollen zu stärken" (Langwand 1994: 89).[32] Dabei geht es nicht darum, die Idee vom Guten an sich zu fördern, sondern die Idee verbindlich zu gestalten, um sie zu verinnerlichen und eben nicht nur zu lernen. Wenn im praktischen (pädagogischen) Handlungsvollzug der Aspekt der Selbstfindung nicht ignoriert wird, dann wird das Anerkennungsproblem von Verbindlichkeit im Lernprozeß theoretisch durch die Heranwachsende selbst gelöst. Begründbar wird dies über die Verbindlichkeit der bildenden Gehalte, die die Lernerin als „unhintergehbare Funktionen des Lernens selbst" begreift (vgl. ebd.). Da hier jedoch die Perspektive der Heranwachsenden ausgeblendet bleibt, wird quasi unterstellt, dass der heimliche Lehrplan mit seinen übergeordneten Zielen für diese grundsätzlich nicht wahrnehmbar sei. Die nicht Wahrnehmung sichere „die Voraussetzungen zur Anerkennung von Verbindlichkeit durch einen *Vertrag* (!) zwischen »Zögling und Erzieher«" (ebd.; Herbart 1965). Über diesen Vertrag wird der Geltungsbereich des kindlichen Gehorsams geregelt, was im Hinblick auf den Lerngehalt bedeutet, dass es diesem zustimmen muss (vgl. Langewand 1994: 90).[33]

---

31 Langewand verweist hier auf Johann Friedrich Herbart (1964), demzufolge es Aufgabe von Erziehung und Unterricht sei, die Vielzahl von Vorstellungen so zu ordnen, „daß ihre Kombination und ihre Gewichtung das »Gemüt« des jungen Menschen »unfehlbar« zum Ziele von Erziehung und Bildung führt" (ebd.: 89).

32 Herbart (1964) versteht unter Selbstfindung, dass „der Zögling sich selbst finde, als wählend das Gute und verwerfend das Böse, dies oder nichts ist Charakterbildung" (Herbart 1964: 108; zit. in Langewand 1994: 89).

33 Dieser (historische) Ansatz findet sich aktuell in der Thematisierung und Erforschung pädagogischer Arbeitsbündnisse wieder (vgl. GZBS 2003). Kritisch zu der aktuellen Tendenz einer „Vereinbarungskultur" äußert sich Agnieszka Dzierzbicka (2006): „Durchaus plausibel scheint die Popularität des Vertrages, wenn in Betracht gezogen wird, dass dies vor dem Hintergrund einer Krise öffentlicher Institutionen (wofür das Motto »weniger Staat, mehr privat« steht) und der Frage nach neuen Modi des Verwaltens und Wirtschaftens (verbunden mit mehr staatsbürgerlicher Verantwortung des Einzelnen) geschieht" (ebd.: 279).

Auseinandersetzung

Ein weiterer Einflussfaktor auf die soziale Bildungsdimension stellt die Auseinandersetzung dar, die auf der Vorstellung eines (imaginären) Vertrages zwischen Heranwachsender und Pädagogin gründet. Eine angemessene Vorstellung zum Verhältnis von Lernen und Verbindlichkeit durch das Beziehungsverhältnis, so konstatiert Langewand, liegt im 19. Jahrhundert noch nicht vor, da die Heranwachsende „ja erst vertragsfähig »gemacht« werden soll" (Langewand 1994: 90). [34,35] Da sich pädagogisches Handeln bzw. pädagogische Kommunikation (immer) zwischen dem Dual gut – böse bewegt, wird mit der Vorstellung von (ideeller) Vertragsverbindlichkeit die dahinter liegende Intention deutlich: Das Böse soll „auch nur ja verworfen" (ebd.) werden. Erklärt wird dies mit der Tendenz zur Abgrenzung (Determination) „zu »machen« und auf Zögling komm raus »Verträge« zu schließen" (ebd.). Die über (imaginäre) Verträge hergestellte Verbindlichkeit dessen, „was die erwachsene Generation als Bildungsideal für die nachwachsende mittels des »Kampfes der objektiven Mächte« festgelegt hat" (ebd.), ergebe sich nur noch über die lernende Auseinandersetzung der Lernerin mit der Sache an sich und ihren Ansprüchen an sich selbst. Nach dem Motto gelernt ist gelernt stellt sich die Verbindlichkeit von Inhalt und Gehalt darüber her, „was in der Auseinandersetzung zwischen Schüler, Sache und Lehrer zu bestehen vermag" (ebd.).[36]

Kommunikation

Über die Frage nach den bildenden Aspekten in und durch pädagogische Kommunikation knüpft die soziale Bildungsdimension an soziologische Theorien an. Zentrale Fragestellung ist, wie und ob sich unter der zugrunde liegenden (pädagogischen) Sozialität, mit der Ansprüche und Erwartungen an Heranwachsende herangetragen werden, auch unter dem Aspekt Lernen und Verbindlichkeit in Bezug auf Bildungsinhalt und -gehalt möglich werde. Langewand verweist hier auf zwei gegenläufige Theorien, die Einfluss auf die Bestimmung des Bildungsbegriffs genommen haben: zum einen die Theorie kommunikativen Handelns (Habermas 1981) und zum anderen die Systemtheorie (Luhmann 1987). Mit der

---

34 Dies, so merkt Langewand an, werde bei Herbart dem „Zögling" einfach unterstellt (vgl. ebd.).
35 Langewand bestimmt pädagogische Kommunikation als Sozialität, die „von vornherein moralisch schematisiert wurde" (ebd.: 90), der erzieherische Umgang somit immer im Dual von Gut – Böse liege (vgl. ebd.).
36 Nur dies könne, so der Autor, „wenn überhaupt, Anspruch auf einen »bildenden Sinn« machen" (ebd.: 90): Denn was „in der bildenden Begegnung als normativer Standard nicht zu bestehen vermag, kann auch auf fremde Autorität zur eigenen Stützung nicht hoffen".

Theorie des kommunikativen Handelns wurde herausgearbeitet, das jede Kommunikation notwendigerweise bestimmte, universelle Geltungsansprüche erhebt, die in herrschaftsentlasteten Diskursen im Hinblick auf ihre Verbindlichkeit überprüft werden (vgl. Langewand 1994: 91). Das Problem des Verhältnisses Lernen – Verbindlichkeit wird kommunikationstheoretisch aufgegeben: „Wir können gar nicht anders als normativen Standards folgen, an ihnen gewinnen wir eine traditionelle oder moderne »Identität«" (ebd.). Identität und nicht Bildung entscheidet, welche Lebensform für sinnvoll gehalten wird, so dass die Diskussion „in der Semantik von »Bildung«" (ebd.) überflüssig ist. Im Gegensatz dazu argumentiert der systemtheoretische Zugang zum Bildungsbegriff mit der Akzeptanz und Anerkennung von kommunikativen Gehalten über „Zusatzeinrichtungen zur sprachlichen Kommunikation" (ebd.). Über Zusatzeinrichtungen zum Beispiel in der ökonomischen Kommunikation wird Gehalt und damit Bedeutung über Geld, in der wissenschaftlichen Kommunikation über Wahrheit, in kommunikativer Intimität über Liebe und in pädagogischer Kommunikation über das Kind hergestellt, wobei das nichts mehr mit Bildung zu tun habe (vgl. ebd.; Luhmann [1991] 2006).

Pädagogischer Fundamentalismus

Pädagogischen Fundamentalismus beschreibt Langewand neben charakterlicher Determination, Auseinandersetzung und Kommunikation als einen weiteren Versuch, die Unterscheidung von Lernen und Verbindlichkeit zu beeinflussen. Pädagogischer Fundamentalismus bezeichnet das Fehlen von Reflexibilität auf die Differenz von Lernen und Verbindlichkeit. Begründet wird dies mit der Thematisierung (pädagogischer) Vorbehalte gegen die, der pädagogischen Intention zuwiderlaufenden Bildungsabsichten, die über die Wertung als „Verrat, Sünde, Böses" (Langewand 1994: 92) abgewertet werden.[37] Exemplarisch für pädagogischen Fundamentalismus ist die Anknüpfung des Bildungsbegriffs an den der Freiheit und Selbstbestimmung, der aber in der konkreten Umsetzung „sozusagen im Kleingedruckten" dem Heranwachsenden Gehorsam und Unterwerfung abverlangt (vgl. ebd.: 95). Reflexibilität als „kommunikative Vermitteltheit" (ebd.) wird zum Gegenbegriff des (radikalen) pädagogischen Fundamentalismus, wobei er nicht zwangsläufig etwas Gutes darstellt, sondern nur dann, wenn er sich über reflexive Distanziertheit Geltungsansprüche verschafft und sich in Bezug auf Verbindlichkeit überprüfbar macht. Dies ist dann der Fall, wenn individuelle Erfahrung mit Welt als Weltgehalt unter Vorbehalt verallgemeinert wird.

---

37 Auch der pädagogische Fundamentalismus reagiere, so Langewand, „auf die moderne Erfahrung der grundsätzlichen Reflexibilität von kommunikativen Geltungsansprüchen" (ebd.: 92). Dies liege daran, dass „Reflexibilität eben immer auch heißt, dass gesehen wird, es könnte unter Umständen auch anders gedacht oder gar gehandelt werden" (ebd.).

Zudem umfasst der Reflexibilitätsbegriff auch die umgekehrte Reflexionsrichtung, nämlich dann, wenn „der Reflektierende *sich selbst* unter Vorbehalt stellt" (ebd.). Die Reflektierende wird in dem Maße unsicher, wie ihre lebensweltlichen Leistungen (im Sinne von Erleben, Handeln und Reflektieren) ihrerseits grundsätzlich ohne Verbindlichkeit bleiben. Wenn hier keine subjektive Verbindlichkeit hergestellt werden kann, so Langewand, werden lebensweltliche Leistungen zur „Funktion ansonsten objektiv verlaufender, wissenschaftlich beschreibbarer Prozesse" (ebd.). Pädagogischer Fundamentalismus und moderne Reflexibilität begründen die Probleme, die gegenwärtig unter dem Begriff Verwissenschaftlichung diskutiert werden und findet einen Ausdruck in der Abgrenzung bzw. Abschottung von Bildungsinhalt und -gehalt gegen „Gehalte der Weltbedeutung" (ebd.: 93; vgl. Kap. 3.1).

Institution

Institution und institutionelle Kontexte sind eine weitere Möglichkeit, dem Verhältnis von Lernen und Verbindlichkeit auszuweichen bzw. dieses zu unterlaufen. Mit der Betonung, dass wir, indem wir etwas lernen, notwendigerweise immer auch etwas anderes lernen, werden Bildungsinhalt und -gehalt ausgeblendet und auf den institutionellen Kontext verwiesen. An die „institutionelle Wendung" knüpft sich die These: „Was immer sachlich (also inhaltlich in den Unterrichtsfächern) gelernt wird – in diesem sachlichen Lernen vollzieht sich zugleich unhintergehbar die Aneignung der sozialen Lernstruktur selbst" (ebd.: 93). Diese Aussage wird nach zwei Seiten kritisch hinterfragt: Zum einen durch die kulturkritische Auseinandersetzung mit dem Konzept des heimlichen Lehrplans, der schulisches Lernen „als Einübung in bildungsfeindliche Rituale, Klischees, Vorurteile, Neurosen usw." (ebd.: 94) versteht. In diesem Zusammenhang steht die Befürchtung, dass es zu einer Beschädigung der eigentlichen Identität des Kindes oder seines (individuellen) Bildungsanspruchs kommt. Zum anderen durch die Vermutungen, „daß das, was die alte Bildungstheorie sachlich, zeitlich und normativ auf direktem Weg zu realisieren trachtete" (ebd.), indirekt und durch die Hintertür über das soziale Lernen selbst doch vermittelt wird. Als Beispiele für die direkte Realisierung werden Individualität, Universalität, Kritikfähigkeit und Egalität benannt, wobei es eigentlich unerheblich ist, ob diese direkt oder heimlich und indirekt vermittelt werden, da sie sich nur bei einem erfolgreichen Durchlauf durch die Institutionen ergebe (vgl. ebd.: 92). In Abgrenzung und in Unterscheidung zu familialen Formen der Kommunikation lerne das Kind in institutionellen Kontexten „die Prinzipien der Universalität, Egalität, Urteilskraft [und] Autonomie" (ebd.). Allerdings werde im Hinblick auf die charakterliche Determination die indirekte Beteiligung der Sozialität an sich nicht kritisch auf individuelle Beschädigung hinterfragt. Letztlich hat die objektive Struktur institutionalisierten Lernens den Grundsätzen des klassischen Bildungsdenkens realiter zum Durchbruch verholfen. Durch die „institutionelle Wendung" (ebd.) profitieren in der sozialen Dimension von Bildung der heimliche Lehrplan und das soziale Lernen zugleich vom „semantischen Gehalt des klassischen Bildungsbegriffs" (ebd.).

An dieser Stelle wird, wie bereits bei der Darstellung der sachlichen Dimension von Bildung, die diachrone Perspektive durch eine aktuelle Thematisierung ergänzt. Auch hier wird exemplarisch der Ansatz von Otto und Rauschenbach (2004) eingebunden, weil er die wesentlichen Elemente sozialer Dimensionierung enthält.

3.3.1 Sozialisation

An die soziale Dimension von Bildung knüpfen sich Überlegungen zu Lernen und Bildung im Kontext von Sozialisationsbedingungen an. Die Autoren verwiesen auf die von Habermas „vielleicht nicht ganz geglückte" Bezeichnung der Sozialisation. Der Begriff werde anstelle von Ich-Entwicklung, Persönlichkeitsentwicklung oder Identitätsbildung verwendet (vgl. Otto/Rauschenbach 2004: 22; Habermas 1981).[38] Quasi in „doppelter Dimensionierung" (Otto/Rauschenbach 2004: 22) werden für Lernen und Bildung zwei voneinander unterschiedene Zielperspektiven aufgezeigt, die gleichsam aufeinander verweisen. Die eine Perspektive verweist auf das, was allgemein als *„soziales Lernen"* bezeichnet wird, die andere Perspektive beinhaltet das, was wiederum allgemein als *„subjektives und selbstreflexives Lernen"* (ebd.) benannt wird. Soziales Lernen wird im Kontext von Sozialisation definiert als eine „dialogische Fähigkeit, sich auf seine soziale Umwelt, auf sein Gegenüber einlassen und dabei auch Verantwortung für andere übernehmen zu können" (ebd.). In Abgrenzung dazu wird unter der Bezeichnung subjektives und selbstreflexives Lernen die Fähigkeit verstanden, „mit sich selbst und seiner eigenen Entwicklung in ein kritisch-produktives Verhältnis zu treten" (ebd.). Soziales Lernen und subjektives, selbstreflexives Lernen stellen durch die Kombination von sozialer und personaler Kompetenz eine Bedingung für erfolgreiche Lern- und Bildungsprozesse dar. Der Erfolg des Zusammenspiels von sozialer und personaler Kompetenz hat dabei nicht vornehmlich kognitive Grenzen im Blick und grenzt sich so von den Einflussfaktoren der PISA-Studien ab, die auf der Ebene kognitiver Leistungsüberprüfung zu nur „unzureichenden Ergebnissen" (ebd.) geführt haben. Die Bedeutung des Zusammenspiels verweist abstrakt auf die Ermöglichung und Initiierung von Lernprozessen bei Kindern und Jugendlichen, wobei ein Hauptaugenmerk auf den so genannten bildungsfernen Schichten liegt. Damit werden Lernprozesse nicht nachfolgend über die

---

38 Die Autoren verweisen auf die ansonsten umfassendere Bedeutung und Verwendung des Sozialisationsbegriffes (vgl. ebd.: 22).

schlechten Ergebnisse sozusagen am Ende, sondern bereits in ihren Anfängen in den Blick genommen (vgl. ebd.: 23). Exemplarisch für das Zusammenspiel benennen Otto und Rauschenbach die Probleme der Schulmüdigkeit, des Schulschwänzens oder die innere Immigration im Schulalltag. Diese werden als Beleg fehlender Bereitschaft interpretiert, sich überhaupt auf Lernprozesse einzulassen. Das Verhalten gefährde das Zusammenspiel von sozialer und personaler Kompetenz. Als (positives) Zusammenspiel verweisen diese jedoch auf Lernen als und durch Verantwortung, mit dem Ziel, „gelernt zu haben, für sich und andere Verantwortung zu übernehmen" (ebd.). Mit Blick auf sich und die Sozialität hieße dies auch, „Fragen der Lebensführung und Lebensbewältigung als eine eigenständige Herausforderung zu begreifen und anzunehmen" (ebd.).

3.4 Quintessenz

Sachliche, zeitliche und soziale Dimension von Bildung stellen zusammenfassend einen Bereich dar, in der besonders im Hinblick auf die historisch gemeinten und aktuell gedeuteten Tendenzen davon ausgegangen werden kann, dass nicht alles was mit Bildung bezeichnet wird, auch Bildung meint.

Mit der Verknüpfung von diachroner Perspektive und aktuellen Thematisierungen verband sich die Absicht darauf hinzuweisen, dass Bildungsinhalt und -gehalt vor dem Hintergrund eines lebenslangen Lernkonzeptes, mehr denn je die damit verbundenen Grundannahmen beeinflusst. Der Vorteil der aktuellen Deutungen von Bildung liegt hier zunächst in der Unterbrechung der implizit mit Bildung verbundenen Steigerungsfunktion als Höherbildung. Zudem ist die Frage, was unter personaler Autonomie unter heutigen Bedingungen und besonders im Hinblick auf die Kindheits- und Jugendphase zu verstehen ist, noch gänzlich ungeklärt. Vielmehr kann weiterhin von einer fehlenden Anerkennung dessen, was, wenn und wie Kinder und Jugendliche tagtäglich lernen, ausgegangen werden. Und dass sie lernen und sich bilden kann bspw. mit der 15. Shell-Jugendstudie (2006) und mit Thomas Ziehe (1994, 2004) belegt werden. Bildungsinhalt und -gehalt stellen hier keine abstrakten, theoretischen und an einem Ideal orientierten Größen dar, sondern bezeichnen populäre Inhalte, deren Gehalt von Heranwachsenden selbstbestimmt wird: Inhalt und Gehalt werden vom Einzelnen über konkret vorfindbare Angebote selbst und individuell bestimmt. Im Kontext lebenslangen Lernens geht es somit u.a. auch darum, Inhalt und Gehalt von Bildung neu zu verhandeln. Als erste Versuche in diese Richtung wird mit der synchronen Perspektive auf Deformalisierungen hingewiesen, die die Diskussion um Lernen und Bildung in der Kindheits- und Jugendphase bestimmen und sich zusammenfassen lassen als Reformulierung des Bildungsbegriffs (Kap. 4.1), Einführung von Ganztagsschulen und Idee von Ganztagsbildung (Kap. 4.2), Etablierung eines empirischen Bildungsbegriffs (Kap. 4.3) und terminologische Unterscheidung, mit der u.a. Lernorte und -welten neu erfasst werden (Kap. 4.4)

4. Synchrone Perspektive auf Deformalisierung

> *„Der Prozeß der gesellschaftlichen Formgebung ist ein höchst eigenartiges Geschehen. Tausende Jahre lang hatten die Menschen nicht das geringste Bewußtsein davon, daß es sich hier um Form**gebung** handelt. Die gesellschaftlichen Formen verändern sich doch so allmählich, daß das Erhalten der Tradition viel stärker ins Auge fällt als das Sich-Durchsetzen neuer Formelemente"*
>
> (Carl Mennicke 2001: 81).

Mit den Adjektiven formell, nonformell und informell wird in Bezug auf Lernen und Bildung terminologisch zwischen unterschiedlichen Lernorten und Lernmodalitäten unterschieden.[39] Diese terminologische Unterscheidung war zunächst – infolge des sogenannten „PISA-Schocks" (vgl. Otto/Coelen 2004: 7) – Ausdruck der deutschen Bemühungen, sich dem internationalen Test- und Vergleichsdiskurs anzuschließen.[40] Mit der terminologischen Unterscheidung verband sich die Ansicht, sich institutionenübergreifend über die verschiedenen Bedingungen von Lernen und Bildung zu verständigen und den damit verbundenen Veränderungen insgesamt mehr Aufmerksamkeit entgegen zu bringen. Flankiert wurde diese Unterscheidung durch die kritischen Diskussionen um die Engführung des Bildungsbegriffs, der Lernen und Bildung für die Phase des Aufwachsens primär mit Schule verband (vgl. Thiersch 2004).[41]

---

39 Terminologien bilden für Theorie und Praxis, für die Berufsausbildung und für die fächerübergreifende Kommunikation „in allen Fachgebieten die Grundlage der schriftlichen und mündlichen Fachkommunikation" (Arntz/Picht 1989: 6). Im Folgenden und wenn sich die Ausführungen auf die Unterscheidung insgesamt beziehen, wird nur noch die Bezeichnung terminologische Unterscheidung statt der Auflistung der Adjektive formell, nonformell und informell sowie der Substantive Formalität, Nonformalität und Informalität verwendet. An dieser Stelle sei auch darauf verweise, dass die Schreibweise der Begriffe formell, nonformell und informell, besonders jedoch des Begriffs nonformell, variiert. Im Folgenden wird auf die Verwendung eines Bindestrichs zwischen non und formell verzichtet, weil er in der terminologischen Unterscheidung einen eigenständigen Bereich bezeichnet. Ausgenommen davon sind die Ausführungen, die sich explizit mit der Begriffssemantik auseinandersetzen (s. auch Fußnote 1 dieser Arbeit).

40 Hier hat sich die Unterscheidung zwischen informell, nonformell und formell bereits durchgesetzt (vgl. bspw. Böllert 2004; Overwien 2001). In der Thematisierung von formellem, nonformellem und informellem Lernen in der Phase des Aufwachsens wird jedoch ausgeblendet, dass es hier insgesamt um Lernen als *employability* und um das Lernen Erwachsener geht (vgl. Overwien 2001, 2004, 2005; Kraft 2002).

41 Die Kritik an der Engführung ist nicht neu. So wies zum Beispiel Ivan Illich ([1972] 1995) da-

Die bislang das Bildungswesen in Deutschland bestimmende bildungskonzeptionelle Monokultur, die auf ihren historisch unbestrittenen Erfolg zurückgeführt wird, macht die Schule zur dominierenden Lehr- und Lernform (vgl. BMFSFJ 2006: 120). Die Dominanz von Schule als *dem* öffentlichen, allgemeinen und primären Bildungsort für Kinder und Jugendliche führt mit den konzeptionellen Elementen wie Wissensvermittlung, Fächeraufteilung, Leistungsmessung und Sanktion sowie unterschiedlichen Leistungsabschlüssen zu einer latenten Abwertung aller anderen Formen, Orte und Modalitäten von Lernen (vgl. ebd.).[42] Mit der Anerkennung der Bedeutung gerade auch der außerschulischen Bedingungen (z.B. der Herkunftsfamilie, Frühförderung, vorschulische Betreuungsangebote) für den schulischen Lernerfolg wird auf die Abhängigkeit von schulischen und außerschulischen Möglichkeiten und Angebote für Lernen hingewiesen (vgl. Schümer/Tillmann/Weiss 2004: 7; PISA 2000; Baumert et al. 2003). Zudem wird davon ausgegangen, dass durch erodierende Herkunftsmilieus Bildungslücken entstehen, die Schule allein nicht problemlos kompensieren kann (vgl. BMFSFJ 2006: 118). Damit scheint eine Anerkennung und Einbeziehung der außerschulischen Lernorte – nicht nur von schulischer Seite unumgänglich, weil eine Fortschreibung der bildungskonzeptionellen Monokultur nicht mehr tragfähig und die damit korrespondierende Abwertung der nicht bzw. außerschulischen Bereiche bildungspolitisch immer weniger plausibel ist. Mit Blick auf die mit den aktuellen Gesellschaftsdiagnosen prognostizierten Veränderungen, zum Beispiel der erodierenden Herkunftsmilieus, der zunehmenden sozialen Ausgrenzung der Elterngeneration und der damit verbundenen Perspektivlosigkeit, lassen sich Lernen und Bildung durch und in der Lebenswelt von Heranwachsenden nur noch als reduziert selbstverständlich voraussetzen (vgl. ebd.: 117f.). Zudem führt der Versuch, Familie und (weibliche) Berufstätigkeit zu vereinbaren, zu einem

---

rauf hin, dass „[d]ie meisten Menschen ... den größten Teil ihres Wissens außerhalb der Schule [erwerben]" (Illich 1995: 31). Heinz-Jürgen Stolz (2006) bezeichnet die Tatsache „Bildung sei mehr als Schule und Unterricht" sogar als ein „unumstrittene[s] Diktum" (ebd.: 118).

42 Was zumeist in den aktuellen Diskussionen ausgeblendet bleibt, ist die Beteiligung der (sozial-) wissenschaftlichen Pädagogik, die die mehr oder weniger einseitige Auslegung des Bildungsbegriffs mit vorangetrieben hat. Im Zuge der Etablierung der Erziehungswissenschaft wurde seit den 1960er Jahren über die Verwendung eines allgemeinen Systembegriffs ein Gesamtbereich von Erziehung und Bildung geschaffen, der unter dem Einfluss des Bildungsplans (1979) stand und „ein über die Schule hinausreichendes, Vorschule und Weiterbildung mit einschließendes, umfassendes (bundes-)deutsches Gesamtbildungssystem" (Kade 1997: 30) begründete. Die hier herausgearbeiteten Ordnungskonzepte und die damit verbundene Favorisierung pädagogischer Institutionen, d.h. Professionen und Organisationen, erschließen den Gesamtbereich durch einen schulorientierten Systembegriff (vgl. ebd.; Böhnisch 1996). Unter dem Stichwort der Entgrenzung wurde seit den 1990er Jahren eine grundsätzliche und theoretisch fundierte Kritik am schulorientierten Begriff des Bildungs- und Erziehungswesens formuliert und für einen „weiten Begriff des Pädagogischen" plädiert, der auch die „gewachsene Pluralität pädagogischer Realitäten außerhalb der pädagogischen Institutionen und unabhängig von der Steuerung durch pädagogische Professionen berücksichtigt" (Kade 1997: 31).

dreifachen Defizit in Betreuung, Erziehung und Bildung von Kindern und Jugendlichen (vgl. Rauschenbach 2006: 76; Esping-Andersen 2003). Und die durch die PISA-Studien empirisch belegte Fortschreibung des Zusammenhangs von sozialer Herkunft und individueller Zukunft verbindet sich mit Fragen nach der Notwendigkeit eines Ausbaus und der Etablierung schulbezogener Ganztagsangebote (vgl. BMFSFJ 2006; Stolz 2006; PISA 2000, Baumert et al. 2003). Parallel zu den sozialstrukturellen Veränderungen, die sich für die Phase des Aufwachsens als neue soziale Fragen bilanzieren lassen, versuchen sich bildungstheoretische Bemühungen an einer Reformulierung des Bildungsbegriffs hin zu einem zeitgemäßen und an die veränderten gesellschaftlichen Bedingungen anknüpfenden Verständnisses von Bildung (vgl. Bildungskommission NRW 1995). Dieser soll sowohl die Lernorte als auch die Bildungsformen umfassen (vgl. Otto/Oelkers 2006). Besonders hier zeichnet sich für die bundesdeutsche Bildungslandschaft eine Debatte über die unterschiedlichen Formen, Bedeutungen, Bedingungen und Ziele von Lernen und Bildung ab, in der nicht das Institutionengefüge der Bildung im Mittelpunkt steht, sondern „die subjektgebundene Seite des Bildungsgeschehens im Prozess des Aufwachsens" (vgl. BMFSFJ 2006: 104) in den Blick genommen wird. Damit verbunden ist die Frage, wie sich Lernen und Bildung überhaupt und unter anderen Voraussetzungen realisieren kann.

Zusammengefasst kann dies in drei Aspekten beschrieben werden:

- Bildungs*theoretisch* beschränken sich die Überlegungen zum einen auf den Vergleich zwischen Möglichkeiten und Bedingungen von Lernen und Bildung (Reformulierung in der sachlichen Dimension) und zum anderen auf deren umfassende zeitliche Umsetzung (eine die ganze Zeit umfassende Bildung in der zeitlichen Dimension).
- Diese korrespondiert bildungs*politisch* mit der Thematisierung, die zur Einführung von Ganztagsschulmodellen geführt hat (Ausbau von Institutionen in der sozialen Dimension).
- Der Versuch, Lern- und Bildungsprozesse aus der Perspektive der Lernerin zu erfassen, stellt die *empirische* Seite dar (Verwissenschaftlichung in der sachlichen Dimension). Hierbei wird ein empirischer Bildungsbegriff thematisiert, der die traditionelle Bildungsforschung durch seine institutionenübergreifende Perspektive ergänzt.[43]

Diese drei dominanten Aspekte können insgesamt als Thematisierungsversuche interpretiert werden, den Bildungsbegriff auf eine neue Basis zu stellen, die sich

---

43 Zu den bisherigen, traditionellen Ansätzen der Bildungsforschung vgl. ausführlich Rudolf Tippelt (2002). Hier findet sich keine Auseinandersetzung in institutionenübergreifender Perspektive. Zudem findet sich im Sachregister auch keine Benennung von formell, nonformell oder informell.

mit voneinander unterscheidbaren Bildungsdimensionen verknüpft und an bestimmte Lernorte rückkoppeln lässt. Es werden zum einen unterschiedliche soziale Orte bzw. Sozialitäten, zum anderen aber auch die jeweiligen pädagogischen Realitäten mit in den Blick genommen.[44]
Im Kontext der Thematisierungen lassen sich erste Konkretisierungsversuche herausarbeiten. Diese drücken sich aus:

- *theoretisch* in einer sachlichen Dimension als Reformulierung des Bildungsbegriffs, der die potenzierten Bedingungen von Lernen inhaltlich im Verhältnis zu den unterschiedlichen Lern- und Bildungsformen umfasst und sich gegen eine Thematisierung von Lernen und Bildung als nur schulisch wendet (vgl. Thiersch 2004; Otto/ Rauschenbach 2004);
- *politisch* in der zeitlichen Dimension als Etablierung eines Ganztagsbildungskonzeptes, in das sich auch die Aspekte von Betreuung und Erziehung integrieren lassen und das institutionelle Grenzen überwindet, wobei die Ganztagsschulmodelle nur ein Teilelement darstellen (vgl. BMFSFJ 2006: 106; Böllert 2004; Olk 2004; Otto/ Coelen 2004);
- *empirisch* in dem Versuch, einen Bildungsbegriff zu etablieren, der die unterschiedlichen geregelten und ungeregelten Bedingungen von Lernen und Bildung mit aufnimmt und sich gegen eine nur einseitige Anerkennung von Lern- und Bildungsleistung in organisierten/institutionalisierten Settings wendet und sozial als Unterscheidung zwischen Lernort und Bildungsdimension die Perspektive der Lernerin genauer in den Blick nimmt (vgl. BMFSFJ 2006).

Diese Ansätze schaffen vor dem Hintergrund des Lebenslangen Lernens die Grundlage für ein reformuliertes Verständnis von Lernen und Bildung in der Phase des Aufwachsens. Damit verändern sich aber möglicherweise auch die bisher zugrunde gelegten Bestimmungsmodi für bzw. von Lernen und Bildung. Dies wiederum kann dazu führen, dass sich ob der Thematisierung und Konkretisierung gleichermaßen neue Probleme und Schwierigkeiten ergeben und neue Grenzen entstehen. Im Folgenden wird daher zunächst genauer auf die inhaltlichen, politischen, empirischen und sozialen Aspekte eingegangen, um diese dann abschließend über die Verknüpfung von diachroner und synchroner Perspektive im Hinblick auf Deformalisierung zusammenzufassen.

---

44 Heinz-Jürgen Stolz (2006) weist dabei diesen Realitäten die Notwendigkeit einer sozialtheoretischen Fundierung zu.

4.1 Reformulierung des Bildungsbegriffs

Bei den Bemühungen um eine Reformulierung des Bildungsbegriffs stellt sich im Wesentlichen die Frage, wo eine Reformulierung ansetzen könnte, da der Begriff als solches ein Referenzbegriff für theoretische, pädagogische, ökonomische und gesellschaftliche Aspekte darstellt und sich auf Lebensformen wie Programmatiken gleichermaßen beziehen lässt: Er ist bestimmt unbestimmt (vgl. Ehrenspeck/ Rustemeyer 1999).

Bildung stellt eine (konkrete) Utopie dar und bleibt thematisch abstrakt: Bildung wird entweder absolut „als Entwurf einer Möglichkeit der Befreiung des Menschen über das Bewusstsein" (Weick 1999: 27) verstanden oder relational als das umfassende, dynamische Verhältnis des Menschen zur Umwelt, zu sich selbst und zur Gesellschaft (vgl. Meder 2000, 2002) oder im Hinblick auf die Einzelne gefasst bestimmt werden kann, die „ein Recht auf eine umfassende Entfaltung ... [ihre] Fähigkeiten und den Erwerb eines Wissens hat, das ... [ihr] dazu verhilft, sich selbst und die Welt zu verstehen" (Arbeitsgruppe „Bildung ist Menschenrecht" des Komitees für Grundrechte und Demokratie 1999: 11).

Unbestritten markiert Bildung in der Erziehungswissenschaft den zentralen Themenbereich, in dem sich das jeweilige, von Generation zu Generation sich verändernde Selbst- und Weltverhältnis des Menschen widerspiegelt (vgl. Böhm 1994). Als Referenzbegriff verweist er hier auch auf sich selbst und seine eigene Begriffsgeschichte, begründet quasi eine eigene Tradition als Grundbegriff der Pädagogik (vgl. Paschen 1979). Im Folgenden werden einige Referenzen der aktuellen Debatte um Bildung angerissen:

Bildung als Referenzbegriff für gesellschaftliche Notwendigkeit

Bildung als Referenzbegriff für gesellschaftliche Notwendigkeit hebt die Angewiesenheit von Gesellschaft auf Bildung für die Sicherung ihres Bestandes wie für ihre Perspektiven hervor: „Von Bildung als gesellschaftlicher Bildung hängen entscheidend der Bestand demokratischer Kultur, die Tragfähigkeit des sozialen Zusammenhalts und der gesellschaftlichen Solidarität, die Akzeptanz der zentralen Werte und Regeln der Zivilisation unserer Gesellschaft ab" (BJK 2002: 4). Eine Variante der Definition von Bildung, die sich mit dem kulturell verankerten und dem Bildungsideal verbundenen Programm der Aufklärung verbinden lässt, als Idee von „individueller Selbstbestimmung, Selbsterfahrung und Selbstschöpfung des Menschen" (Kade 1997: 34; Bollenbeck 1994), ist das Metakonzept von Bildung als „Fähigkeit zur Selbstregulation" (BMFSFJ 2006: 109). Im Rahmen dieses Konzeptes gilt Bildung als „Umschlagspunkt ... an dem gesellschaftliche Erwartungen und Potenziale in individuelles Vermögen, in Wissen und Können transformiert werden" (ebd.). Zur Durchsetzung dieses Konzeptes ist nicht nur eine Neubestimmung des Bildungsbegriffs erforderlich, es verweist als normativer Anspruch auch auf die erforderlichen Bedingungen, die zur Umsetzung und Durchsetzung dieses Anspruches notwendig sind (vgl. ebd.: 105; BMBF 2004).

Bildung als Referenzbegriff für Programmatiken

Als Referenzbegriff für Programmatiken verweist der Begriff Bildung über die von Generation zu Generation neu auszuhandelnden (Bildungs-)Inhalte, auf die damit verbundene Konkurrenz von Bildungsprogrammen (vgl. Fiege 1997). Er bezieht sich somit gleichermaßen auf seine gesellschaftlichen, ökonomischen und pädagogischen Referenzen.

Bildung als Referenzbegriff für menschliche Entfaltungsprozesse

Als Referenzbegriff für menschliche Entfaltungsprozesse bezieht sich Bildung auf den Aufbau einer kritischen Urteilsfähigkeit, die ein unverzichtbares Mittel demokratischer Gesellschaft ist. Bildung setzt Demokratie gleichermaßen voraus, damit „alle lernen, sich ihres eigenen Verstandes ohne Anleitung durch andere zu bedienen" (Redaktion Widersprüche 1999: 11). Bildung hat hier ihren Ausgangspunkt in der humanistischen Tradition im Sinne von Emanzipation und Befreiung von selbstverschuldeter Unmündigkeit. Die wohl aktuellste Entsprechung lässt sich in der Vorstellung von Bildung als Selbstbildung finden, mit der betont wird, dass Bildung immer heißt „sich bilden" (BJK 2002: 4). Bildung bezeichnet in dieser Lesart kein veräußerliches Produkt und begrenzt sich nicht auf reinen Wissenserwerb: „Bildung ist ein Entfaltungsprozess des Subjektes in Auseinandersetzung mit inneren und äußeren Zwängen" (ebd.). Zum anderen betont Bildung in seinem humanistischen Ansatz auch die Selbsttätigkeit und Eigentätigkeit des Menschen, das Sich-Verantworten, den Aufbau und die Entwicklung von Identität und Individualität, die Fähigkeit zur Selbstbehauptung und Entfaltung aller im Einzelnen angelegten, möglichen Kompetenzen (vgl. Thiersch 2004: 240). Damit wird Bildung zum „Rahmenentwurf eines Zielkonzeptes für die Gestaltung des menschlichen Lebens in der Gesellschaft, ein Konzept also für die Ausbildung von Identität unter den Bedingungen einer sich demokratisierenden Gesellschaft" (ebd.: 241).

Bildung als Referenzbegriff für ein neuzeitliches Bildungsideal

Bildung als Referenzbegriff für ein neuzeitliches Bildungsideal kann vom Referenzbegriff als menschlichem Entfaltungsprozess abgegrenzt werden. Hier liegen dessen „Ansprüche und Aufgaben ... über und quer zu den Differenzierungen in Bildungswegen; sie sind von ihnen her inspiriert und müssen sich in ihrer konkreten Gestalt an ihnen ausweisen" (ebd.). Das neuzeitliche Bildungsideal richtet sich somit orientierend an den vorfindbaren Bildungsinstitutionen aus, bleibt jedoch in der Konkretisierung kritisch-distanziert (vgl. ebd.).

Bildung als Referenzbegriff für Lebenskompetenz

Bildung als Referenzbegriff für Lebenskompetenz findet ihren Ausdruck in einer Bildungskultur, der eine spezifische Organisation mit spezifischen Konzepten und Zielen zugrunde liegt. Diese Organisation umfasst zum einen die Institutionalisierung „von eigenen pädagogisch inszenierten aufwendigen Bildungsarrangements" (ebd.: 239), innerhalb dessen Bildung als Schule institutionalisiert wird (vgl. ebd.; Münchmeier/Otto/Rabe-Kleeberg 2002).

Bildung als Referenzbegriff für Schule

Bildung als Referenzbegriff für Schule bezieht sich im Gegensatz dazu (nur) auf „eine verbindliche Veranstaltung in gesellschaftlicher Verantwortung" (Thiersch 2004: 241), betont die allgemeine Schulpflicht, verweist auf die Ausdehnung von Schulzeit und die hier zugrunde liegenden, verpflichtenden Lehrpläne. In Schule und über schulische Bildung werden gesellschaftliche Notwendigkeiten und Erwartungen in Form von Anforderungen an Qualifikationen vermittelt, der Abschluss bzw. nicht Abschluss eröffnet über ihre Dokumentation in Form von Zeugnissen Zugänge zur beruflichen Qualifikation und entscheidet über den gesellschaftlichen Status.

Bildung als Referenzbegriff für Identität

Der Bildungsbegriff als Referenzbegriff für Identität bietet als „alternative Offerte der Tradition ... ein »Schema« der »Personenwahrnehmung« an ..., das den gesamten Lebenslauf umfasste, ohne ihn in Erziehung oder gar nur in Unterricht aufzulösen oder Erziehung und Bildung als disjunktive Klasse von Beschreibungen und Phänomenen, Prozessmerkmalen und Formen abgrenzen zu müssen"

(Tenorth 2003: 9; Spaemann 1994).[45] Damit bezieht er sich auch auf eine bestimmte und lebenslaufbegleitende Form, die sich weder nur über Erziehung oder Sozialisation noch über nur ausschließlich schulischen Unterricht begründen lässt. Im Kontext eines bildungsbiografischen Lebenslaufes bilde Bildung eine Einheit und verweist letztlich auf eine bestimmte Form: *die* Form, zu der erzogen und gebildet wird (vgl. Prange 2004).

Bildung als Referenzbegriff für eine bestimmte Lebensform

Bildung als Referenzbegriff für eine bestimmte Lebensform bezieht sich nicht nur auf die Vorstellung von Bildung als Formung des Menschen, er verweist auch auf die damit verbundene, konkrete Vorstellung von Erziehungs-, Unterrichts- und Umgangsformen. Das Ziel pädagogischer Bemühungen ist es, sich durch Lernen und Bildung der gesellschaftlich (sozial und kulturell) vermittelten Vorstellung von gelingender Lebensführung im Sinne von Zurechtkommen maximal zu nähern. Damit liegt der pädagogischen Arbeit eine spezifische Logik zugrunde, die Lernen und Bildung mit einer bestimmten Vorstellung verknüpft, zu der erzogen und gebildet wird und somit immer eine bestimmte (historisch und normativ begründbare) Lebensform im Blick hat (vgl. Prange 2004: 394; Faulstich/Zeuner 1999).[46]

Bildung als Referenzbegriff für Wissen und Lernen

Bildung als Referenzbegriff für Wissen und Lernen verbindet sich zum anderen und im Kontext der „Zeitdiagnose Wissensgesellschaft" (Treptow 2004) mit der Erkenntnis, dass Lebensformen auf Lernen und Wissen basieren (vgl. Stehr 2000). Für Nico Stehr ist die Wissensgesellschaft die „Lebensform, in der Wissen zunehmend nicht nur konstitutives Merkmal für Ökonomie, deren Produktionsprozesse und -beziehungen, sondern ebenso Organisationsprinzip, Integrationsprinzip und Problemquelle ist" (ebd.: 11; Stehr 2001).

---

45 Hier wäre zu prüfen, ob sich hinter der Bezeichnung formale, nonformale und informelle Bildung nicht nur eine generationsbedingte Konkurrenz von Bildungsprogrammen abzeichnet, welches Programm, welches Lernen und welche Bildung favorisiert und welches Bildungsprogramm sich derzeit tendenziell durchsetzt und warum.

46 Lernen „als Aneignung von sozialer und dinglicher Welt" (Meder 2002: 9) wird jedoch in dem Moment problematisch, wo nicht mehr auf eine bestimmte Lebensform hin gelernt wird, sondern mit der „Pluralisierung der Selbstverhältnisse eine Kontingenz entsteht, in der Erwartbarkeit von gesellschaftlichem Handeln – kollektiv oder individuell – zu einer unberechenbaren Größe wird" (ebd.).

Bildung als Referenzbegriff für Ökonomisierung

Der Bildungsbegriff als Referenzbegriff für Ökonomisierung verweist auf die Idee einer „informierten Gesellschaft", in der es nicht darauf ankommt, „dass – im Sinne der Aufklärung – jeder über alles möglichst gut Bescheid weiß" (Haefner 2002: 487), sondern der Verkauf der „Ware Information mit möglichst hohem Gewinn" (ebd.) zentral wird. Mit der Gleichsetzung von Information mit Wissen und der Betonung von „notwendigen menschlichen Qualifikationen (z.B. Überblickswissen, Kommunikationsfähigkeit, Innovationsfähigkeit, Kreativität, affektive und musische Qualifikationen, die Fähigkeit der Selbstorganisation, die Fähigkeit, sich selber Ziele und Werte zu geben etc.)" (ebd.: 492) wird die Verfügbarkeit über Informationen und Wissen als unabdingbar für das Überleben des Einzelnen in der Wissensgesellschaft dargestellt (vgl. BMFSFJ 2006).[47]

Zusammenfassend lässt sich an dieser Stelle festhalten, dass eine Reformulierung des Bildungsbegriffs angesichts der vielen unterschiedlichen Begriffsbestimmungen und Verwendungen problematisch erscheint. Wo und bei welchem Aspekt setzt die Reformulierung des Bildungsbegriffs (sinnvoll) an? Da sich mit ihm sowohl formale wie inhaltliche, ökonomische, gesellschaftliche und personale Referenzen verbinden, stellt er zudem nicht mehr nur einen Grundbegriff der Pädagogik dar, sondern lässt sich auch als ein Leitkonzept gesellschaftlicher Zukunftsfähigkeit diskutieren (vgl. Stolz 2006). Um eine Reform des Bildungswesens bemüht sich u.a. die Debatte um Ganztagsschulen und Ganztagsschule, auf die im Folgenden eingegangen wird.

---

47 Nicht zuletzt auch, um für den Erhalt und den Ausbau des Bildungswesens an die dafür notwendigen finanziellen Mittel zu kommen (vgl. Haefner 2002: 492).

4.2 Ganztagsschule und Ganztagsbildung

> *"Pippi biss sich nachdenklich in ihre große Zehe, saß aber weiter schweigend da. Plötzlich schüttete sie entschlossen das ganze Wasser auf den Fußboden, ... »Das ist ungerecht«, sagte Pippi streng, ... »Das ist absolut ungerecht! Ich lass mir das nicht gefallen!« »Was denn?« fragte Thomas. »In vier Monaten ist Weihnachten und da kriegt ihr Weihnachtsferien. Aber ich, was krieg ich?« Pippis Stimme klang traurig. »Keine Weihnachtsferien, nicht das allerkleinste bisschen Weihnachtsferien«, sagte sie klagend. »Das muss anders werden. Morgen fange ich mit der Schule an«"*
> (Astrid Lindgren [1945] 1999: 60f.)

Die historisch begründbare Grenze zwischen schulischem und außerschulischem Lernen und schulischer und außerschulischer Bildung und die damit verbundene Arbeitsteilung und Spezialisierung in der Bildungsdebatte werden im Hinblick auf ein neues, integrierendes Bildungskonzept ebenso überwunden, wie die traditionellen Zuweisungen (vgl. Otto/Rauschenbach 2004). Problematisch erscheint jedoch, dass es bei der Einführung von Ganztagsschule zu einem zeitlichen und inhaltlichen Konkurrenzproblem zwischen Schule und Jugendarbeit, aber auch zwischen Schule und Familie kommt (vgl. ebd.: 26f.; Popp 2006).[48]

Im Rahmen der Ganztagsschuldebatte gerät die Kinder- und Jugendhilfe zunehmend in die Defensive, weil sie ihr eigenes Aufgabenprofil durch die Vorrangstellung schulischer Angelegenheiten bedroht sieht (vgl. Böllert 2004). Neben den Bemühungen, die Kinder- und Jugendhilfe als Bildungsinstitution vor und neben Schule nach außen zu positionieren (vgl. BMBF 2004), stellt sich aber

---

48 Durch die vermehrte Aufmerksamkeit, die dem außerschulischen Lernen und außerschulischer Bildung gewidmet wird, rückt auch der Bereich der freien, marktwirtschaftlich organisierten Freizeit- und Bildungsangebote näher ins Zentrum, in denen signifikant mehr gelernt und gebildet wird (vgl. Spektrum Freizeit 2002, Heft 1). Betont wird hier, „dass in diesem sozialen Raum informellen Lernens mehr Bildung erworben wird als in den formellen Settings, dass diese Lernräume miteinander in Konkurrenz treten und dass in informellen Bildungsräumen signifikanter gelernt wird als in formellen" (Meder 2002: 3). In diesem Zusammenhang werden dann neue alte pädagogische Konzeptionen reaktiviert, die beiläufiges, selbstständiges, selbstgesteuertes und informelles Lernen jenseits der „traditionellen Paukschule" (Widersprüche 1999, Heft 73) thematisieren. Insgesamt scheint es, als ob die traditionelle Paukschule von einem zuviel an Lernen befreit werden muss, während in den außerschulischen Bereichen das Lernen wieder eingeführt wird (vgl. Fuchs 2006).

gleichermaßen nach innen gewendet die Frage, ob sie ihrem spezifischen Auftrag überhaupt gerecht werden kann, wenn sie Bildung, Erziehung und Betreuung zu ermöglichen und zu gewährleisten versucht (vgl. Böllert 2004). Eine offensive Positionierung für einen eigenständigen Bildungsauftrag der Kinder- und Jugendhilfe scheint nach Karin Böllert nur erfolgreich, wenn zum einen nachgewiesen werden kann, worin ihr besonderer Bildungsauftrag in Abgrenzung zur Schule eigentlich besteht (ebd.; Thiersch 2004). Zudem scheint auch eine Einigung auf ein Bildungsverständnis erforderlich, welches die Kinder- und Jugendhilfe „in die Lage versetzt, ihren je handlungsfeldspezifischen Bildungsauftrag deutlich zu artikulieren" (Böllert 2004: 219). Eine Möglichkeit für die Kinder- und Jugendhilfe kann in dem Wirksamkeitsverlust von Schule gesehen werden (vgl. von Hentig 2004), die sich durch reduzierte Selbstverständlichkeit nicht mehr auf die intergenerativ-private Reproduktion verlassen kann. Dabei wird davon ausgegangen, dass Kinder und Jugendliche in Familie und Herkunftsmilieus nicht mehr selbstverständlich mit den erforderlichen Ressourcen ausgestattet werden, die den Anforderungen an individuelle Selbstregulierung moderner Gesellschaften entsprechen. Vielmehr wird für die Schule als dem zentralen, öffentlichen Lern- und Bildungsort ein doppelter Verlust konstatiert (vgl. BMFSFJ 2006: 118). Einerseits entsteht der Verlust durch erodierende Herkunftsmilieus und dadurch auftauchende Probleme „als lebensweltlich induzierte Bildungslücken" (ebd.), die Schule aufgrund begrenzter Kompensationsmöglichkeiten nicht nachgeordnet übernehmen kann. Andererseits wird ein Verlust mit Bezug auf die vermittelten Bildungsinhalte erzeugt, mit denen nur bedingt der Übergangsprozess von einer Industriegesellschaft hin zu einer „globalisierten Dienstleistungs- und Wissensgesellschaft" (ebd.) erfasst wurde. Schulisch vermittelte Bildungsinhalte entsprechen demnach kaum noch „den Anforderungen an zukunftsfähige Lebensführung und Lebensbewältigung im 21. Jahrhundert" (ebd.).[49] Der hier diagnostizierte Verlust bezieht sich extern auf die fehlenden Möglichkeiten der Kompensation sich verändernder Bedingungen und intern auf die zu vermittelnden (Lern- und Bildungs-)Inhalte, die nicht mehr den Inhalten entsprechen, die Kinder und Jugendliche benötigen, um individuelle Handlungskompetenzen aufzubauen bzw. die eine eigenständige Lebensführung und Le-

---

49 Thomas Rauschenbach (2006) äußert hier den Verdacht, dass „die Inhalte von Schule immer noch mehr der Industriegesellschaft des 19. und 20. Jahrhunderts folgen, als den Anforderungen und Inhalten einer wissensbasierten Gesellschaft des 21. Jahrhunderts" (ebd.: 78). Dem ist aber im Hinblick auf die Veränderungen zu widersprechen, mit denen Schule auf die veränderten (gesellschaftlichen) Bedingungen zum Beispiel mit so genannten Methodentagen oder Projekttagen reagiert hat. Diese gehören zunehmend zum Standardrepertoire schulischer Pädagogik. Der Umstand, dass diese nicht genuiner Bestandteil des Curriculums sind (und das ja auch eher eine Organisation von Inhalten darstellt), verweist auf die Bedingungen schulischer Heterogenität (vgl. Keuffer et al. 1998). Hier suggeriert die sozialpädagogisch geführte Lern- und Bildungsdebatte eine Verallgemeinerbarkeit von Schule, Schulformen und schulischen Angeboten durch heterogene Darstellung.

bensbewältigung ermöglichen.⁵⁰ Wie kann auf die lebensweltlichen Erosionen und die sich kontinuierlich weiterentwickelnden pluralen, aber eindeutigen (gesellschaftlichen) Anforderungen an formale Qualifikationen (Stichwort: Lebenslanges Lernen) sowie die zunehmende Bedeutung von scheinbar unspezifischer, generalisierter Fähigkeiten und Fertigkeiten (Stichwort: Schlüsselqualifikationen) und personaler Kompetenz, die immer weniger über Schule vermittelt werden, reagiert werden? Eine Rückführung in die Familie ist durch die hier diagnostizierten Leerstellen und im Hinblick auf die konstatierten „reduzierten Selbstverständlichkeiten" als „weniger erwartbar gewordene Bildungsimpulse lebensweltlicher Zusammenhänge" (ebd.: 119) wenig Erfolg versprechend.⁵¹

Eine Möglichkeit wird in der Einführung von Ganztagsschulmodellen gesehen, um „bei benachteiligten Kindern und Jugendlichen eine Kompensation für fehlende familiäre Unterstützung zu leisten" (Fuchs 2006: 206). Die Gestaltung ist nach Max Fuchs in erster Linie eine Herauforderung für den schulischen Sektor, mit einer Vielzahl von unterschiedlichen Modellen bereits reagiert hat (vgl. ebd.:).⁵² Auf der Suche nach einer Schnittstelle zwischen Ganztagsschule und Kinder- und Jugendhilfe stellt Fuchs drei Typen der Kooperation vor:

- Der erste Typ nimmt die kognitive Schule (Baumert 2002) in den Blick und macht ein weites Bildungsverständnis erforderlich, das respektiert, „dass sehr viel mehr Kompetenzen, Fähigkeiten, Haltungen, Fertigkeiten benötigt werden, als mit einer Konzentration auf das Kognitive an-

---

50 Hier stellt sich zwar die Frage, ob es überhaupt Aufgabe der Schule ist, erodierende Herkunftsmilieus oder reduzierte Selbstverständlichkeiten zu kompensieren (Frage nach dem Gegenstand schulischer Pädagogik) oder ob Schule nicht nur Inhalte vermittelt, die es ermöglichen, mit den sich lebensweltlich stellenden Problemen und Bewältigungsanforderungen umzugehen (vgl. Baumert 2002).
51 Die hier postulierten reduzierten Selbstverständlichkeiten haben zwei Seiten: Zum einen bedingen sie die aktuelle Auseinandersetzung um Lernen und Bildung in Bezug auf die breite Thematisierung von Bildung als Weltbezug in Bildungsdimensionen, verweisen andererseits aber aus Sicht der Kinder- und Jugendhilfe auch auf die Notwendigkeit, möglichst alle Kinder und Jugendlichen so zu fördern, dass „die Wirkungen öffentlicher Bildung im Schnitt" (BMFSFJ 2006: 118) erhöht werden können, somit gleichermaßen exponentiell reduzierte Selbstverständlichkeiten (Kinder und Jugendliche aus Multiproblemfamilien) an den Punkt einer einfachen Reduzierung zu führen (z.B. Lernschwierigkeiten). In diesem Zusammenhang kann auch das Vorhaben verstanden werden, „an den beiden Enden, also bei den »Bildungseliten« wie der »bildungsfernen Risikogruppen«, durch zusätzliche Anstrengungen die Wirksamkeit ebenfalls zu erhöhen" (ebd.).
52 Die Vielzahl von Ganztagsschulmodellen kann an dieser Stelle nicht diskutiert werden, weil sie viel zu unübersichtlich im Hinblick zum Beispiel auf Konzepte, Trägerschaft und Organisationsform sind. Um internationale Vergleichbarkeit bemüht sich u.a. Thomas Coelen (2005), indem er ein Raster vorschlägt, das vier Ebenen hat: Organisation, Personal, Adressaten und theoretische Konzeption. In dieses Raster fließen unterschiedliche Faktoren, wie zum Beispiel Fragen der Trägerschaft, Finanzierung, Bildungsformen, Funktion nach außen, aber auch Ausbildungssituation und Rechtsgrundlagen, mit ein. Damit sei es möglich, ganztägige Bildungssysteme international zu vergleichen (vgl. Otto/Coelen 2005).

gesprochen wird" (Fuchs 2006: 216). Erforderlich sind alternative Bildungsträger und -orte, in die eine kognitiv ausgerichtete Schule integriert wird. In diesem Bildungsnetzwerk geht es darum, sich arbeitsteilig um die verschiedenen Bildungsaufgaben zu kümmern und läuft auf eine Kooperation von Schule und Jugendarbeit hinaus (vgl. ebd.).
- Der zweite Typ steht im Zeichen einer sozialraumorientierten Schule, wie sie vom Bundesjugendkuratorium (2005) vorgeschlagen wurde. Schule und Kinder- und Jugendhilfe werden dabei parallel gedacht und Bildungs- und Schulpolitik werden in der Sozial- und Gesellschaftspolitik verortet (vgl. Fuchs 2006: 217). Hervorgehoben wird hier die Perspektive von Kindern und Jugendlichen, „in ihrem sozialen Kontext bzw. ein Blick auf die Schule und Gesellschaft aus der Sicht der Heranwachsenden" (ebd.). Subjektorientierung und die Erweiterung auf die familialen Bedingungen mit ihren entsprechenden Unterstützungsleistungen bestimmen diesen Typ von Ganztagsschule, mit dem konkrete Anforderungen in Bezug auf stadtteilbezogene Gestaltung verbunden sind, wie zum Beispiel Räumlichkeiten, Freizeitgelände, Gesprächszentren, Ausstattung und Vernetzung mit der regionalen Umwelt (vgl. ebd.; Coelen 2002, 2006).
- Der dritte Typ geht einher mit einer umfassenden Neuausrichtung aller Aus- und Weiterbildungsbereiche wie Kindertagesstätte, Schule, Hochschule und Weiterbildung. Thematisiert werden Umgang mit Vielfalt und Chancengleichheit, Schulautonomie, Lehrerausbildung, zukünftige Curriculumgestaltung und Probleme der Migration (vgl. Fuchs 2006). Hier geht es darum, der „neuen" Schule mehr Verantwortung zu geben, wobei sie nahezu gezwungen ist, „die Kooperation mit außerschulischen Einrichtungen [zu] suchen" (ebd.: 218).

Insgesamt ergibt sich für die Kinder- und Jugendhilfe mit der Einführung von Ganztagsschulen das Problem, dass sie bei der Gestaltung und Umsetzung der Modelle nur nachgeordnet mit einbezogen wird, weil diese primär entlang schulischer Bedürfnisse und Perspektiven entwickelt wurden. Daran schließt sich die Frage an, ob Schule als Lernort die an sie gestellten Erwartungen lösen kann, wenn sie ganztags besucht wird oder ob nicht eine Transformation des Lernortes Schule notwendig ist (vgl. ebd.; Menck 1999; Kleinschmidt-Bräutigam 1998; Fend 2004; Helsper 2004). Zudem verweist die Ausrichtung an institutionellen Bedingungen und subjektiver Wahrnehmung von Heranwachsenden auf zwei Aspekte: die Ebene der Konkretisierung von Bildung, die zumeist über geografische Metaphern wie Ort, Raum oder Welt diskutiert wird. Der zweite Aspekt thematisiert Bildung über den Verweis auf den subjektiven Lern- und Bildungsprozess, der nicht ortlos, sondern institutionengebunden bleibt und sich an schulischen Notwendigkeiten ausrichtet. Die Prozesse, die außerhalb davon zum Beispiel durch die Kooperation von Schule und Kinder- und Jugendhilfe angeregt werden, werden ob ihrer Konsequenzen schulisch – oder um es mit Jürgen Baumert (2002) auszudrücken – kognitiv interpretiert.

Mit dem Begriff der „Ganztagsbildung" (Coelen 2002) ergibt sich die Möglichkeit, die institutionellen Fesseln einer nur ganztägig ausgerichteten Schule zu überwinden. Thomas Colen sieht in dem Begriff der Ganztagsbildung eine Alternative zu der Engführung der aktuellen Bildungsdebatte. Da diese nur „auf Lernleistungen und die Vereinbarkeit von Familie und Beruf bzw. auf Ganztagsschule und Ganztagsbetreuung" (Coelen 2006: 131) ziele, wird hier der Versuch unternommen, Bildung als eine Einheit aus Ausbildung und Identitätsbildung zu erfassen und zu integrieren. Dabei wird der Frage nachgegangen, wie sich diese integrierte Form von Bildung in der Kommune institutionell konkretisieren lässt „und somit sowohl Qualifikation als auch Partizipation in einer zugleich demokratischen und kapitalistischen Gesellschaft ermöglicht werden könnte" (ebd.). Als Gestaltungsvorschlag wird, in Anlehnung an Rudolf Bauer (1995), eine Ganztagseinrichtung vorgestellt, die, wie alle Bildungs- und Sozialeinrichtungen ein dreifaches Mandat aufweisen (vgl. Coelen 2006: 131). Das erste Mandat ergibt sich aus der intermediären Position, die zwischen den lebensweltlich eingebundenen Bedürfnissen und Interessen der Heranwachsenden, den Anforderungen des Arbeitsmarktes und der öffentlichen Verwaltung liegt. Das zweite Mandat ergibt sich aus der Funktion als Vermittler zwischen verschiedenen Interessengruppen (in Bezug auf Alter, Geschlecht, Ethnie und Schicht), als Unterhändler in Gesprächen mit zum Beispiel Arbeitgebern und Sponsoren und als Antragsteller in Administrationen wenn es etwa um Personal- und Sachmittel geht (ebd.: 142). Coelen sieht in der Schaffung einer am dreifachen Mandat ausgerichteten Ganztagseinrichtung die Möglichkeit, „zeitgemäß – d.h. für eine demokratisch-kapitalistische Gesellschaft adäquate – Bildung für Kinder und Jugendliche in »ganztägiger« Form anzubieten" (ebd.).

Hier stellt sich die Frage, worin sich diese Ganztagseinrichtung von anderen Bildungsinstitutionen unterscheidet, wenn diese sich ebenfalls am dreifachen Mandat ausrichten. Der wesentliche Unterschied ist wohl, dass es nicht (mehr) um Schüler und Schülerinnen geht, sondern um Adressaten und Adressatinnen, um Arbeitsmarktbedingungen und Finanzierungsmöglichkeiten in der Kommune, an welchen sich die Ganztagsbildung ausrichtet. Mit Blick auf die Jugendberufshilfe scheint die proklamierte Alternative zu den Schwerpunkten der insgesamt geführten Debatte auch nicht mehr wirklich neu. Dies wirft wiederum die Frage nach vorfindbaren Voraussetzungen und Bedingungen zur Realisierung von Lern- und Bildungsprozessen und ihre Anerkennung in Bezug auf Wahrscheinlichkeit, Möglichkeit und Initiierung (im Sinne von auslösen) auf (vgl. BMFSFJ 2006: 116). Welche Bedeutung bzw. Funktion lassen sich im Kontext des Lebenslangen Lernens für die Phase des Aufwachsens im Hinblick auf gelingende Bildungsprozesse an den Lernorten feststellen?[53] Hier schließt sich die Frage nach einem empirischen Bildungsbegriff an, der die unterschiedlichen Lernorte und -modalitäten mit aufnimmt und versucht, die dort ablaufenden Lern- und Bildungsprozesse zu erfassen.

4.3 Etablierung eines empirisch ausgerichteten Bildungsbegriffs

Die Zieldimension von „Bildung als Weltbezug" umfasst „die wesentlichen, gleich ursprünglichen und für eine eigenständige Lebensführung elementaren Dimensionen der aktiven Auseinandersetzung mit der Welt" (BMFSFJ 2006: 110) und ihrer Aneignung. Gleichermaßen begründen die Weltbezüge auch (jeweils) eine Kompetenzdimension (vgl. ebd.: 113).

Der Begriff Bildungsdimension umfasst im Zwölften Kinder- und Jugendbericht (2006) allgemein Lebensbereiche, Entwicklungsanforderungen, Bewältigungsaufgaben, Gesellungsformen und Handlungsmöglichkeiten, die als Dimensionen der Aneignung von Welt bzw. als Weltbezüge dargestellt werden. Auf der Grundlage der „Theorie des kommunikativen Handelns" (Habermas 1981) werden vier gegenstandsbezogene Umschreibungen von Bezügen zur Welt (kultureller, materiell-dinglicher, sozialer und subjektiver) benannt, die das Rahmenkonstrukt für konkrete Lebens-, Erfahrungs- und Wirklichkeitsbereiche des bildenden Subjekts bilden.

Im Folgenden wird kurz auf diese Dimensionen eingegangen, weil aus diesen im Zwölften Kinder- und Jugendbericht der empirische Bildungsbegriff entfaltet wird.

- Der *kulturelle Weltbezug* (kulturwissenschaftlicher Weltbezug) basiert elementar „auf Sprache und auf der Fähigkeit, sich in die Welt des Wissens und der kulturellen Symbole anzueignen, sich deutend und verstehend in der Welt zu bewegen" (BMFSFJ 2006: 111). Die hier zu erlernende kulturelle Kompetenz bezieht sich auf kommunikative Fähigkeiten, wo hingegen sich
- der *materiell-dingliche Weltbezug* auf die dingliche Seite des gesellschaftlich Geschaffenen, um die gegenständliche Außenwelt bezieht. Gegenstandsbezogenes Lernen wird als generationale Aufgabe bestimmt, sich aktiv mit der realen Welt „auseinanderzusetzen, sich in ihr

---

53 Die zusätzliche Relevanz liegt auch darin, sich über die Lesarten von gelingendem Bildungsprozess zu verständigen. Wenn eine Lehrerin von einem gelungenen Bildungsprozess spricht, meint sie vermutlich etwas anderes als eine Mitarbeiterin in der offenen Jugendarbeit.

zu bewegen, sie sich anzueignen und zugleich weiter zu entwickeln" (ebd.: 111) und zielt auf instrumentelle Kompetenz als objektbezogene Fähigkeit.
- Der *soziale Weltbezug* wird bestimmt als naturwissenschaftlicher bzw. sozialwissenschaftlicher Weltbezug, in dem es um soziales Lernen geht. Ziel ist es, soziale Kompetenz zu erlernen, wobei sich diese in der Aneignung der sozialen Außenwelt, der Befähigung zur partizipativen, tätigen Auseinandersetzung mit der Umwelt, der selbstaktivierenden Integration in bestehende Sozialordnungen, -räume und -milieus und deren Weiterentwicklung ausdrückt (vgl. ebd.).
- Im *personalen Weltbezug*, auch bezeichnet als humanwissenschaftlicher Weltbezug, geht es primär um die Fähigkeit „mit sich selber umzugehen, sich als Person wahrzunehmen, zu beobachten und in soziale Situationen einzubringen" (ebd.: 114). Hier geht es um Personenwerdung, Identitätsbildung und Persönlichkeitsentfaltung mit dem Ziel, personale Kompetenz als „ästhetisch-expressive Fähigkeit" (ebd.) zu lernen.[54]

Als *Dimensionen des Kompetenzerwerbs* geben sie ein mögliches Ordnungsschema wieder, wobei die Bildungsdimensionen als basale Kompetenzen oder Leitkompetenzen jedoch allgemein gehalten bleiben und als Rahmung von Bildungsdimensionen „in subjektiver Perspektive" (ebd.) dienen. Sie konkretisieren sich in unterschiedlichen Bereichen, über unterschiedliche Kompetenzen, bei unterschiedlichen Handlungen und Aktivitäten. Bildung, definiert als Selbstkonstruktion des Subjektes in Auseinandersetzung mit seiner Umwelt, bezeichnet dabei einen „Prozess, der auf die Entwicklung und die Entfaltung vielfältiger und unterschiedlicher Kompetenzen ausgerichtet ist" (ebd.: 116).

Hier stellt sich zum einen, mit Blick auf die einzelnen Bildungsdimensionen, die Frage, wie und in welcher Form sich die institutionellen Ordnungen der Lebenswelt und der gesellschaftlichen Teilsysteme auf welchen Weltbezug und welche Kompetenzdimension spezialisiert haben. Zum anderen scheint es erforderlich, sich der Bedingungen und Gelegenheiten zu vergewissern, in und über die sich Kinder und Jugendliche Welt erschließen und wie sich ihre Auseinandersetzung mit Welt vollzieht. Bedingungen und Gelegenheiten ergeben sich über konkrete Orte, über Medien und Modalitäten und über interpersonelle Bezüge. Mit der Frage nach konkreten Orten werden Zugangsmöglichkeiten und strukturierte Formen des Zugangs mit thematisiert, während es bei der Frage nach Modalitäten bzw. Medien um die Möglichkeit geht, sich lernend mit Welt

---

54 Als Umschreibungen dieser Weltbezüge und Kompetenzen stehen zentrale Begrifflichkeiten, wie sich in etwas bewegen, etwas sinnhaft erschließen, etwas zu deuten, zu verstehen, zu erklären, umzugehen mit etwas, etwas wahrzunehmen, sich handelnd auseinanderzusetzen, teilzuhaben an etwas, mitzuwirken an etwas, mental und emotional umgehen zu können, sich selbst mit seinen Eigenheiten wahrzunehmen etc. (vgl. ebd.).

auseinanderzusetzen. Bei den interpersonellen Bezügen stehen zwischenmenschliche Begegnungen und soziale Beziehungen im Vordergrund, „durch die eine lernende Auseinandersetzung mit der Welt in diesen Dimensionen angebahnt und eingeleitet werden kann" (ebd.: 111).

Dieser Rahmen markiert das Untersuchungsfeld des empirisch ausgerichteten Bildungsbegriffs für die Phase des Aufwachsens. Damit wird der Versuch unternommen, Bildung innerhalb des Lebenslaufs über die diachrone Abfolge und die Bildungsformen in ihrem synchronen Nebeneinander und Zusammenspiel zu rekonstruieren. Mit der Erfassung und Bestimmung der elementaren und vielfältigen Bildungsorte und Lernwelten verbindet sich die Vorstellung, die damit verbundenen subjektiven Bildungsprozesse und deren Bedeutung zum Gegenstand eines empirisch fundierten Bildungsbegriffs machen zu können (vgl. ebd.: 105; BMBF 2004). Hierzu dient das kompetenzbezogene Bildungsverständnis, das bereits den konzeptionellen Grundlagen für einen Nationalen Bildungsbericht zugrunde lag (vgl. BMBF 2004). Es bezeichnet zwei Aspekte: „das normative Ziel" und den „Prozess auf dem Weg zu diesem Ziel" (ebd.: 21).

Über die synchrone Perspektive wird im Zwölften Kinder- und Jugendbericht einerseits das organisierte, andererseits das ungeregelte Nebeneinander schulischer und außerschulischer Akteure erfasst, während es in der diachronen Perspektive um die zeitliche Dimensionierung geht (vgl. BMFSFJ 2006: 131). Grundannahme ist hier, dass Lernen und Bildung in der Phase des Aufwachsens an unterschiedlichen Orten, zu unterschiedlichen Zeiten, in unterschiedlichen Zusammenhängen erfolgt und nur angemessen erfasst werden kann, „wenn die Vielfalt der Bildungsorte und Lernwelten, deren Zusammenspiel, deren wechselseitige Interferenz und Interdependenz, aber auch deren wechselseitige Abschottung wahrgenommen werden" (ebd.: 104). Die Schule stellt hier nur einen Ort des Lernens und der Bildung neben Familie und Kinder- und Jugendhilfe dar, wobei zwischen Schule als öffentlichem Bildungsort, der Familie als Instanz lebensweltgebundener Bildung und der Kinder- und Jugendhilfe als öffentlichen „zielgruppenspezifischer Generalakteur und Leistungsanbieter" (ebd.) unterschieden werden kann.[55]

4.3.1 Lernorte und Lernwelten

Mit der terminologischen Unterscheidung wird allgemein zwischen der Schule als (formalem) Ort, Kinder- und Jugendhilfe als (nonformaler) Form und (informellen) Lernprozessen unterschieden (vgl. Thiersch 2004).[56] Bei dieser Unterscheidung stellen sich Fragen, wie Lernen im Modus von Ort und Welt themati-

---

55 Der Schule als gesellschaftlich zuständiger und legitimierter Institution kommt dabei die Aufgabe zu, zur „Bildung der Einzelnen beizutragen, sie zu prüfen und gegebenenfalls zu zertifizieren" (ebd.: 106).

siert wird, welche Relationen hergestellt werden und welche Unterscheidung zugrunde gelegt wird.

Exemplarisch für die Betonung der besonderen Bedeutung der Kinder- und Jugendhilfe in der terminologischen Unterscheidung kann auf die Ausführungen von Hans Thiersch (2004) verwiesen werden, der die „Eigenheit" der Kinder- und Jugendhilfe als „spezifische Repräsentation nicht formaler Bildung" (ebd.: 238) herausgearbeitet hat. Diese gelte es dezidierter darzustellen „und von da aus in ihrem Ort im Horizont der heutigen Bildungsszene und in ihren Bezügen zu formalisierten Bildungsprozessen ebenso wie zur Alltagsbildung des informellen Lernens" (ebd.) zu entwickeln.

Thiersch geht es mit der terminologischen Unterscheidung zum einen um die Einheit in der Differenz und der Differenz in der Einheit von Lernen, zum anderen aber auch um die Anerkennung und Betonung der „Gleichwertigkeit der unterschiedlichen Erfahrungen" (ebd.: 237).[57] Unterschieden wird hier in der sozialen Dimension zwischen Schule als Institution formaler Prozesse, die curricular strukturiert sind, während die Erwachsenenbildung und Sozialpädagogik als Institutionen des nicht formalisierten Lernens bestimmt werden.[58] In diesem Bereich erfolgt die Organisation der Prozesse formal durch die Pädagogik. Eingebettet in diese formal organisierten Prozesse sind die Institutionen informeller Lernvorgänge, wie Familie, Altersgruppe, Öffentlichkeit und Medien, die nicht verberuflichte pädagogische Repräsentationen darstellen, Lernen somit ohne professionell, pädagogischen Auftrag erfolge (vgl. ebd.). Informelles Lernen bezeichnet dann ein Lernen ohne berufliche Begleitung und Anleitung und liegt quer zu den Bereichen, die explizit pädagogisch organisiert sind. Allerdings sei die Frage nach der konkreten Verortung von Lernen problematisch, weil sich an

---

56 Die Erfassung informeller Prozesse bleibt jedoch durch die Grenzen des Privaten problematisch, da hier im Gegensatz zu den öffentlichen Angeboten und Leistungen wie Schule und Jugendhilfe durch fehlende politische Legitimation zur Intervention Grenzen markiert werden (vgl. BMBF 2004). Die Grenzen ermöglichen zwar eine Berichterstattung über „Lernbedingungen, -gelegenheiten und -erfolge in Familien und im Umfeld von Gleichaltrigengruppen" (ebd.), legitimieren jedoch keine bildungspolitischen Interventionen im „engeren Sinne der traditionellen Zuständigkeiten" (ebd.: 13). Denkbar und möglich sind „sozial-, familien- und jugendpolitische Interventionen und Maßnahmen" (ebd.).

57 In der Debatte um Lernen und Bildung, die aus dem Kontext Sozialer Arbeit herausgeführt werden, geht es in der Auseinandersetzung um Ort, Form und Prozess immer auch um Bildung. Da aber Lernen und nicht Bildung distinktionstheoretisch als Kern der Auseinandersetzung zu bestimmen ist (vgl. Kap. 7 und 8), wird der Begriff im Folgenden sozusagen ausgeblendet und nur an den Stellen thematisiert, wo ein explizites Verständnis der Autorinnen deutlich wird und der Bildungsbegriff als solches bspw. als Eigenname thematisiert wird.

58 Sozialpädagogische Aufgaben gelten traditionell, so Thiersch, als Erziehungsaufgaben wie zum Beispiel Erziehungshilfen, Erziehungsbeistandschaft, Erziehungsberatung. Allgemein bezeichne Erziehung im allgemeinen Sinn aber „eine spezifische Form der Interaktion zwischen Erwachsenen und Heranwachsenden, zwischen Menschen, die über Kompetenzen verfügen und solchen, die darauf angewiesen sind" (Thiersch 2004: 205).

den voneinander unterschiedenen Institutionen „natürlich auch nicht-formalisierte und informelle Lernprozesse ergeben" (ebd.).[59]

Karin Böllert (2004) nähert sich der terminologischen Unterscheidung aus der Perspektive der Kinder- und Jugendhilfe und hebt die Nonformalität dieses Bereiches in Bezug auf Bildung als zusätzliche Aufgabe und erweiterten Auftrag hervor. In der dichotomen Gegenüberstellung von formellen und informellen Lern*settings* werde mit einem *explizit nicht auf Schule* gerichteten Blick ein Bereich sichtbar, der jenseits des formellen Schul- und Ausbildungssystems liegt: der Bereich der Kinder- und Jugendhilfe (vgl. ebd.: 210). Das mit ihr bislang verhaftete Fürsorgeimage führte dazu, dass mit ihr Fragen nach den Möglichkeiten für Lernen und Bildung nicht im Vordergrund standen (vgl. ebd.: 220). Quasi als (sozial-)pädagogische Neuerung wurde mit der Frage nach der Verortung von Lern- und Bildungsprozessen ein *nicht formell* organisierter Bildungsbereich geschaffen, in dem professionell geplante und gewollte Bildungsprozesse stattfinden. Im Vergleich zum *formellen* Schul- und Ausbildungssystem sei die Teilnahme an den Lernangeboten aber nicht verpflichtend, sondern erfolge „zumeist auf freiwilliger Basis" und werde „in aller Regel nicht bescheinigt und benotet" (ebd.: 210f.). Während sich das formelle System an verallgemeinerbaren Inhalten orientiert, richte sich Bildung im nonformellen Bereich explizit „an den jeweiligen Bedingungen des Einzelfalls" (ebd.) aus. Davon ausgehend, dass die Kinder- und Jugendhilfe mehr umfasst als (nur) Bildung, sondern auch Betreuung und Erziehung als Funktionen mit einschließt, verweise der Bezug auf die im nonformellen Bereich fokussierten Bedingungen des Einzelfalls auf Schaffung von Möglichkeit und Gelegenheit zum Lernen und zur Bildung: Die Kinder- und Jugendhilfe „nimmt einerseits einen eigenständigen Bildungsauftrag

---

59 Die Bedeutung nicht schulischen Lernens kann mit Hans Thiersch (2004) auf zwei Ebenen diskutiert werden: als eine neuere Verhältnisbestimmung von Schule und Sozialer Arbeit, dass die Fragen von zukünftiger Zusammenarbeit, Funktion von Schnittstellen (z.B. Schulsozialarbeit, Schulberatung), Ganztagsangeboten und spezifischen Angeboten der Kinder- und Jugendhilfe an Schule (Prävention, Gewaltprävention) in die Diskussion mit aufnimmt. Zum anderen wird auch eine Diskussion erforderlich, „um weiter greifende Fragen zur eingeschränkten Bildungsbeteiligung von sozial schwachen und ausgegrenzten Gruppen und – allgemeiner – um Aufgaben einer familienunterstützenden Sozialen Arbeit" (ebd.: 237) mit in den Blick zu nehmen. Daran anschließen lassen sich Fragen nach Lebenskompetenz und lebenslangem Lernen, die „zum einen auf das Ganze von unterschiedlichen Bildungsprozessen, zum anderen aber um die Unterschiedlichkeit von Bildungszugängen" (ebd.) im Blick behalten. Die aktuelle Diskussion, die einen weiten Blick auf Lernen und Bildung wirft und die damit verbundene (neue) Positionierung der Sozialen Arbeit, ermögliche es, Abstand zu gewinnen aus „ihrer traditionellen Randständigkeit innerhalb des Bildungswesens ... und in öffentlich akzeptierten und geförderten Aufgaben Anerkennung zu finden" (ebd.: 238). Das Risiko, so Thiersch, liege hier zum einen in dem mächtigen Bildungsbegriff, der im traditionellen Verständnis als scholastische Bildung nachhaltig wirkt und „konzeptuell allgemein auf Offenheit und Gleichwertigkeit von Bildungszugängen" (ebd.) setzt. Unter diese ordnen sich andere Lern- und Bildungsprozesse fast automatisch unter.

wahr, schafft andererseits durch Erziehung aber auch Möglichkeiten für Bildung und bietet durch Betreuungsarrangements Gelegenheit zur Teilhabe an Bildungsprozessen" (ebd.: 220).

Besonders die im Bereich der Sozialen Arbeit bzw. Kinder- und Jugendhilfe geführten Diskussionen um Lernen verwenden über die terminologische Unterscheidung implizit einen Vergleich, der sich an abgestuften Formalisierungen orientiert.[60]

Da dezidiert noch keine umfassenden Konzepte und empirischen Ergebnisse zu Zusammenhängen und Transfers zwischen formellen, nicht formellen und informellen Bereichen für die Kindheits- und Jugendphase vorliegen, verweist die terminologische Unterscheidung durch fehlende systematische Grundlagen auf Lücken, die sich auch in der Wortwahl widerspiegeln, weil:

- Lernen eine (nur) formelle Modalität darstellt und Ergebnis einer „planvollen organisatorischen Festlegung" (Laatz, Klima 1988: 238) ist, die sich zum Beispiel auf Möglichkeiten gesellschaftlicher Teilhabe und Positionierung auswirkt.
- Lernen in der Verwendung der Adjektive *non-* bzw. *nicht* formelles Lernen eine fehlende Planung und/oder organisatorische Festlegung suggeriert und nur auf die spezifischen institutionellen Bedingungen verweist. Die nicht gelungene Verwendung des Wortbildungselements „*non* ... mit der Bedeutung »nicht, ohne«" (Kluge 1999: 591) weist somit explizit einerseits auf die Unterscheidung zwischen institutionalisiert und nicht institutionalisiert hin, entwertet aber andererseits den eigenen institutionellen Status mit seinen Bedingungen und Funktionen.[61]
- Lernen über das Präfix *in* etymologisch auf die Negierung von Inhalten und Eigenschaften verweist. Als Aspekt von Begriffsableitungen (im Sinne von hineingeben oder einfügen) unterliegt es denselben Assimilationsformen wie infiltrieren oder immigrieren (vgl. ebd.: 398f). Von informellem Lernen bzw. informeller Bildung zu sprechen würde demnach bedeuten, die damit verbundenen formellen Bedingungen zu verneinen oder in Bezug auf bestimmte Bedeutungen hin anzugleichen.[62]

Explizit mit der Unterscheidung zwischen Ort in Abgrenzung zu Welt beschäftigt sich der Zwölfte Kinder- und Jugendbericht (2006). Die terminologische Unterscheidung wird hier verwendet, um darauf hinzuweisen, dass Kinder und

---

60 Ursprung dieser Orientierung könnte es sein, dass sich die Kinder- und Jugendhilfe bislang „als Partner für die sozialen Problemfälle des Schulalltags" (Otto/Rauschenbach 2004: 14) verstanden hat und der eigenständigen (Lern- und Bildungs-)Leistungen, trotz aller „»Immer-Schon«-Rhetorik" (ebd.: 19), nicht selbstbewusst gegenübersteht und vielmehr einer ausdrücklich inhaltlichen Auseinandersetzung zustimmt, „in der sichtbar wird, welche Anteile sie in die notwendige Gesamtorganisation von Bildungsprozessen und Bildungsverläufen von Kindern und Jugendlichen einzubringen in der Lage ist" (ebd.).

Jugendliche in und über Lernwelten mit Aufgaben und Funktionen konfrontiert werden, „die oftmals anderen Zwecken folgen als jenen der Vermittlung mehr oder minder spezifischen Bildungsleistungen" (BMFSFJ 2006: 129). Mit der Unterscheidung gehe es darum, die Varianz der Möglichkeiten für Lernen abzubilden, woraus dann:

- die unterschiedlichen Dimensionen der Bildungsmodalitäten zu bestimmen sind und
- eine Typologie zu entwickeln sei, die im Hinblick auf den Formalisierungsgrad fließende Übergänge zwischen formellen und informellen Prozessen erfasst (vgl. ebd.).

Unterschieden wird zwischen formalen Bildungsorten als Institutionen mit dezidiertem Bildungsziel, die sich „ausdrücklich mit Bildungsfragen beschäftigen" und „Bildungsprozessen, die zugleich auch nach definierten Regeln und rechtlichen Vorgaben strukturieren" (ebd.: 128). Unter der Annahme, dass Bildungsprozesse von Kindern und Jugendlichen an unterschiedlichen Orten stattfinden, die keine institutionellen Grenzen kennen und „zeitlich, räumlich und sozial nicht eingrenzbar sind" (ebd.: 120), zeichnen sich formale Orte durch ihr institutionelles Arrangement aus, dessen Funktion, Aufgabe und Selbstverständnis es ist, Bildungsprozesse auszulösen.

Bildungsorte werden hier definiert als „lokalisierbare, abgrenzbare und einigermaßen stabile Angebotsstrukturen mit einem expliziten oder zumindest impliziten Bildungsauftrag" (ebd.: 121). Diese Orte „[s]ind eigens als zeit-räumliche Angebote geschaffen worden, bei denen infolgedessen der Angebotscharakter überwiegt" (ebd.). Ausdruck dieser mehr oder weniger ausgeprägten Formen der Vorstrukturierung ist die Planung beabsichtigter Bildungsprozesse, ihre Verlaufskontrolle im Hinblick auf Erfolg oder Misserfolg und letztlich auch die Bescheinigung von (Bildungs-)Ergebnissen über die Vergabe oder nicht Vergabe von Zertifikaten. Legitimiert wird der formale Ort durch Schulpflicht, hierarchi-

---

61 Dass die Verwendung des Adjektivs auch innerhalb der Sozialpädagogik nicht ganz unumstritten ist, kann mit den Ausführungen von Burkhard Müller, Susanne Schmidt und Marc Schulz (2005) belegt werden. Sie haben sich ausführlich und empirisch quantitativ damit auseinandergesetzt, wie ein Zugang über einen anderen Blick auf Bildung in der Jugendarbeit möglich wird. Sie verstehen ihre Publikation jedoch primär als Anleitung für bessere Wahrnehmung des informellen in praktischen Kontexten und liefern „Basics der Beobachtung" (ebd.: 221).

62 Informelles Lernen als Lernen im privaten Bereich, wie es für die Erwachsenenbildung vorgestellt wurde (vgl. Overwien 2001; Kraft 2002), wird, so könnte vermutet werden, für die Phase des Aufwachsens einfach nur angeglichen, während spezifische Bedingungen wie Autonomie und Mündigkeit als „subjektiver Faktor" (Homfeld/Schulze-Krüdener 2000: 9) ignoriert werden. Hier wäre zu prüfen, ob nicht insgesamt von einem Paradoxon des informellen Lernens in der Kinder- und Jugendphase auszugehen ist, wenn eben dieser subjektive Faktor, im Versuch die Orte und Welten für Lernen und Bildung von der Lernerin her darzustellen, ausgeblendet wird (vgl. BMFSFJ 2006).

schem Aufbau, Stabilität der Institution, Curricula, vorstrukturiertem und eng geregeltem Tagesablauf, Leistungsbemessung, Sanktionsmacht bzw. -gewalt und biografisch relevanten Zertifizierungen. Als formale Bildungsorte gelten hier Schule und Jugendarbeit. In Abgrenzung dazu bezeichnet die Kinder- und Jugendhilfe einen nonformalen Bildungsort, weil damit ein Setting beschrieben wird, „in dem der Formalisierungsgrad weitaus geringer ist als in der Schule" (ebd.: 128; BMBF 2004).

Die vergleichende Perspektive bezieht sich hier ausdrücklich auf die terminologische Unterscheidung von Settings und somit einseitig auf den Formalisierungsgrad, da explizit auf den Grad der Formalisierung der ungeplanten Bildungsarrangements hingewiesen wird (vgl. BMFSFJ 2006). Im Vergleich mit der formalen Organisation von Lernen unterscheidet sich der nonformale Bereich durch seine bedingte Planbarkeit, offenen Angebotsstrukturen und fehlenden Verpflichtungen. Zudem fände hier im Vergleich mit Schule keine Selektion und Zertifizierung statt, es würden somit unmittelbare Sanktionsfolgen entfallen. Als nonformeller Bereich verweist die Kinder- und Jugendhilfe über die hier vorfindbare Angebotsbreite auf unterschiedliche Formalisierungsgrade:

- *freiwillige Angebote* wie bspw. Jugendberufshilfe und Kindergärten, die der schulischen bzw. beruflichen Eingliederung dienen,
- *notwendige Angebote* wie bspw. Frühförderung, um „messbare Leistungen in der sprachlichen Förderung von Migrantenkindern zu gewährleisten" (ebd.: 129),
- *offene Angebote* wie bspw. Jugendarbeit, die durch den Passus offen wenig formal erscheinen (vgl. ebd.).

Die hier vorgenommene Unterscheidung richtet sich primär am Ziel und Zugang aus und lässt sich als Unterscheidung zwischen notwendig und nicht notwendig, im Hinblick auf das traditionelle, segmentierte Bildungskonzept bestimmen (vgl. Thiersch 2004). Erst über die Notwendigkeit konstituiert sich die Einrichtung als Ort: Im Unterschied zu formalen Bildungsorten stellen die nonformellen Settings „keine für Bildungszwecke eingerichteten Orte dar" (BMFSFJ 2006: 129). Der explizit zugrunde gelegte Auftrag bestimmt den Angebotscharakter, der wiederum über biografische, zeitliche und räumliche Aspekte begrenzt wird. Insgesamt umfasst die Bezeichnung formaler Ort somit formalisierte als auch nicht formalisierte Bildungsprozesse, ebenso wie sich an einem nicht formalen Bildungsort auch formelle Prozesse realisieren lassen (vgl. ebd.). In der Parallelisierung und über den Vergleich von Formalisierungsgraden erscheint der Bereich der Kinder- und Jugendhilfe bzw. (distinktionstheoretisch ausbuchstabiert) Zustand im Hinblick auf seine Positionierung untergeordnet, weil er nicht verpflichtend ist und keinem Bildungszweck dient und als solches einen nicht institutionalisierten Bereich beschreibt (vgl. Thiersch 2004; BMBF 2004; Rauschenbach 2006).

Die Unterscheidung zwischen institutionalisiert und nicht institutionalisiert wird im Zwölften Kinder- und Jugendbericht durch den dort vorgenommenen konzeptionellen Zugang noch weiter ausdifferenziert: „Während bei *Bildungsorten* und *Lernwelten*, den institutionalisierten Bildungsarrangements bzw. den bildungsrelevanten lebensweltlichen Gelegenheiten die Rahmenbedingungen, die Kontexte und die Voraussetzungen für die strukturellen Modalitäten des Zustandekommens potenzieller Bildungsprozesse im Mittelpunkt der Betrachtung stehen, liegt bei den *Bildungsprozessen* der Akzent auf den subjektgebundenen Möglichkeiten erfolgreich zustande gekommener Bildung, also etwa dem Zuwachs an Wissen, Können oder Kompetenz. Anders formuliert: Mit der Frage nach den Bildungsorten und den Lernwelten wird im Prinzip eine institutionenbezogene Perspektive eingenommen, bei jener nach den Bildungsprozessen eher eine akteursbezogene Perspektive" (BMFSFJ 2006: 127). Auf der konzeptionellen Ebene wird zwischen Institution über Bildungsdimension und Lernwelten unterschieden, während über die Prozessebene die Akteursperspektive eingefangen wird. Somit wird zwischen Ort und Welt auf institutioneller Ebene nicht unterschieden. Die Bezeichnung *Welt* beschreibt einen Bereich der konkreten (personalen) Konfrontation mit Aufgaben und Funktionen wie sie „in lebensweltliche Strukturen eingebettet [sind]" und andere Zwecke verfolgen „als jenen der Vermittlung mehr oder minder spezifischen Bildungsleistungen" (ebd.). Die terminologische Unterscheidung, die der Lernwelt hier zugrunde liegt, dient der Differenzierung in:

Lernwelt als Bereich der Gelegenheiten

Lernwelten als fragile, geografisch nicht ortsgebundene und zeit-räumlich nicht eingrenzbare Domänen werden hier bestimmt über den geringen Grad an Standardisierung und fehlendem Bildungsauftrag. Der Begriff bezieht sich somit auf einen diffusen, allgemeinen und offenen (im Sinne von kaum eingrenzbaren) Bereich, der bislang ausgeblendet bzw. nicht in den Blick genommen wurde (vgl. ebd.: 121).

Lernwelt als Bereich mit institutioneller Ordnung, aber keinen besonderen (Bildungs-)Aufgaben

Dieser Bereich legitimierte sich dadurch, dass er mehr als Bildung bezeichnet und quasi „eine institutionelle Ordnung mit anderen Aufgaben" (ebd.) umfasst und Bildungsprozesse nebenbei als realistisch erscheinen. Die explizite Bildungsfunktion ergäbe sich erst aus der Ausrichtung bzw. Fokussierung auf Bildung durch ein Minimum an Planung und Organisation.[63]

Lernwelt als eigenrationaler und wenig spezifizierter Bereich

Dieser Bereich verweist als eigenrationaler Bereich auf die Parallelität der Bedeutung, weil er als „bedeutsames Erfahrungsfeld im Übergang von der Herkunftsfamilie in ein eigenständiges Netz sozialer Beziehungen" (BMFSFJ 2006: 124) und gleichermaßen als ein Bildungsort verstanden werden kann, an dem vielfältige „Aktivitäten und Unternehmungen (z.b. Freizeit, Geselligkeit, Partnerschaft, sportliche und kulturelle Aktivitäten, Reisen" (ebd.) möglich sind. In der Verortung bleiben Lernwelten latent, weil sie wenig spezifiziert sind und ihr „als einem lebensweltlichen Zusammenhang keine dezidierte Bildungsaufgabe zugrunde liegt" (ebd.). Die in einer eigenrationalen Lernwelt verlaufenden Prozesse fokussieren einerseits die Beziehungssituation, während es andererseits um den Erwerb sozialer Kompetenzen durch Kommunikation und Interaktion geht im Sinne von: Kontakte pflegen, austesten, sich einbringen, sich abgrenzen, sich durchsetzen, zuhören etc. Die in dieser Lernwelt gesammelten Erfahrungen tragen zum Aufbau personaler Kompetenzen bei, weil über Konfrontation mit anderen (allgemein Jugendlichen und Gruppen, Geschlecht, Einstellung), „die eigenen Interessen, Denk- und Handlungsmuster, Perspektiven und Horizonte geprüft, in Frage gestellt, modifiziert, erweitert und stabilisiert" (ebd.) werden – wobei hier der Selbstbeobachtung der Stellenwert einer Quelle zur eigenen Entwicklung zugeschrieben wird. Der personale Entwicklungsprozess erfolge dabei „meist nebenbei und implizit, bewirkt aber ein hohes Maß an gleichzeitiger Verunsicherung und Selbstvergewisserung, an Nachdenken und Überprüfungen der eigenen Standpunkte und Vorstellungen" und hätte insgesamt „weitaus größere Auswirkungen auf gelingende und misslingende Bildungsverläufe, als dies bislang in der entsprechenden Betrachtung von Bildung im Kindes- und Jugendalter zum Ausdruck kommt" (ebd.).[64] Daraus lässt sich ableiten, dass eigenrationale Lernwelten Konsequenzen für und auf biografische Verläufe durch soziale Beziehungen haben.

---

63 Dann, so die Autorinnen des Berichtes, sei die Bezeichnung Lernwelt nicht mehr angemessen (vgl. ebd.).
64 In diesem Zusammenhang wird die Gleichaltrigengruppe als Verstärker für gelingende oder misslingende Bildungsprozesse angeführt (vgl. ebd.).

Lernwelt als Bereich eigener Art

Medien gelten als Lernwelt eigener Art, weil diese weder räumlich noch zeitlich begrenzt sind und Möglichkeiten eröffnen. Dabei werden diese nicht in Abgrenzung zu anderen Orten und Welten verstanden, sondern als integraler Bestandteil davon thematisiert (vgl. ebd.).

Lernwelt als Bereich monothematischer Angebote

Lernwelt als Bereich monothematischer bzw. modularisierter Angebote bezieht sich zum einen auf die Unterscheidung zwischen speziellen und nicht speziellen Lerngegenständen, zum anderen auf die Unterscheidung zwischen informellen und institutionellen (Angebots-)formen, die sich zum Teil an der Grenze zwischen gewerblichem Anbieter und öffentlicher Förderung bewegen (vgl. ebd.: 125).[65]

Sonderfall Familie

In Abgrenzung zu diesen Lernwelten wird die Familie als Sonderfall thematisiert. Begründet wird dies damit, dass sie zwar wie ein Bildungsort wirke, aber weder in zeit-räumlicher Hinsicht eingrenzbar sei, noch „mit Blick auf die Zugehörigkeit der Beteiligten ein abgrenzbares Bildungssetting" (ebd.: 121) darstelle. Hier werden einige Unterscheidungsaspekte eingeführt, mit welchem die Familie sich:

- als Lernwelt durch diffuse, reziproke und universelle Interaktionsbeziehungen ohne Bildungsfunktion auszeichne,
- als Bildungswelt einen „eher eingrenzbaren Erfahrungsbereich" (ebd.: 123) mit klaren Strukturen und fest gefügten Ordnungen markiere,
- als primäre Sozialisationsinstanz prägend auf Bildungsprozesse von Kinder und Jugendlichen auswirke und
- als Bildungswelt eigener Art darauf verweist, dass im Hinblick auf ihre Bildungsleistung alles und nichts möglich erscheint, „d.h. dass Familie zwar in ganz erheblichem Umfang Bildungsleistungen vermitteln *kann*, dass diese Leistung der Familie jedoch von der Gesellschaft weit weniger als etwa von der Schule erwartet wird" (ebd.: 122).

---

65 So würden Schülerinnenjobs zum Beispiel Einblicke in die Arbeitswelt ermöglichen (vgl. ebd.).

Über Familie werden im „Bildungsgeschehen entscheidende Weichen dafür gestellt, wie und in welcher Weise Kinder und Jugendliche anschlussfähig werden gegenüber anderen Bildungsorten und Lernwelten, vor allem gegenüber der Schule" (BMFSFJ 2006: 123; BJK 2002). Die Orientierung in, die Nutzung und das Profitieren von öffentlichen Bildungsräumen hänge entscheidend von dem in der Familie vorhandenen und verfügbaren sozialen, kulturellen und ökonomischen Kapital ab (vgl. BMFSFJ 2006; Bourdieu 1995). Unterschieden wird hier zwischen den jeweiligen in Familie stattfindenden Prozessen in Bezug auf Bildung, Betreuung und Erziehung, die direkt und indirekt Einfluss auf die Entwicklung von Kindern und Jugendlichen nehmen würden. Als direkte Einflussfaktoren werden hier Beobachtung, Nachahmung, Übernahme, Training und Lernen benannt in Bezug auf „Haltung, Werteverständnis, Sprache, Wissen, Denkformen, Wertpräferenzen, Deutungs-, Handlungs- und Kommunikationsmuster usw." (ebd.). Als indirekte Einflussfaktoren wirken diese auf Umgang und Nutzung von (Bildungs-)Angeboten, „also etwa mit Blick auf Schulwahl, Schullaufbahn und Schulerfolg ... oder hinsichtlich der Nutzung von Angeboten der Kinder- und Jugendhilfe" (ebd.; Baumert et al. 2001). Insgesamt öffnen sie in Bezug auf Ort und Welt zwar den Blick auf die Bereiche insgesamt, wie sie jenseits der Schule bzw. vor, in und neben der Schule vorzufinden sind und als „mögliche oder faktische Orte der Bildung" (BMFSFJ 2006: 119f.) mit Blick auf ihre Bedeutung, aber auch auf ihr ungeklärtes Verhältnis zur Schule genauer bestimmt werden können. Dem liegt die These zugrunde, dass sich die verändernden Bedingungen für Lernen und Bildung zu einer Verhältnisverschiebung zwischen den Orten führt, die um Schule herum verortet sind. Damit stellt sich die Frage, „wie es gelingen könnte, Aufwachsen so zu organisieren, dass die individuelle Handlungskompetenz der Kinder nachhaltig gefördert und der Jugendlichen zielgerichtet verbessert wird" (Rauschenbach 2006: 77). Dies wiederum provoziert einerseits Fragen nach den notwendigen (neuen) Organisationsmöglichkeiten von Lernen und Bildung, wenn Heranwachsende als *lebenslange Lernanfänger* von Anfang an, überall, ganz unterschiedlich lernen, andererseits danach, was, wo, wie und wann Kinder lernen (vgl. ebd.: 78).

An dieser Stelle kann zusammengefasst werden, dass unterschieden wird zwischen formellen Orten (Schule, Kindergarten, Jugendarbeit, Kinder- und Jugendhilfe), zwischen Lernwelten (als gelegentliche, diffuse, kommerzielle und nicht kommerzielle Angebote und Möglichkeiten) und Familie als umfassender Bildungswelt. Der Versuch, die hier ausgeführten Differenzierungen mit Bildung als Weltbezug über die Dimensionen der aktiven Auseinandersetzung mit Welt in Einklang zu bringen und über die Begriffe Ort und Welt zu erfassen bzw. thematisch zu konkretisieren, ist jedoch nicht zu Ende gedacht, weil Bildung als kultureller, materieller, sozialer und subjektiver Weltbezug, in allen Dimensionen der aktiven Auseinandersetzung mit Welt (Kommunikation, Lernen, Aneignung, Personwerdung) angemerkt werden kann. Ebenfalls konkretisiert sich die damit anzustrebende personale Kompetenz (sprachlich-symbolische, objektbezogene, partizipative/selbstaktive, ästhetisch-expressive Kompetenz) gleichermaßen in Lernwelt, Bildungsort und Bildungsgelegenheit. Zentrales Moment der Unterscheidung bleibt der implizite oder explizite Bildungsauftrag, aus dem sich dann Tendenzen (im Sinne von mehr oder weniger zum Beispiel sozialer Kompetenz) im Hinblick auf die unterschiedenen Dimensionen konkretisieren bzw. beobachten lassen. Thomas Rauschenbach (2006) hebt hier unter dem Motto „gut gemeint, aber nicht gut gemacht" (ebd.: 77) die Grundannahme hervor, dass gesellschaftlich unterstellt werde, „dass das, was für Heranwachsende im späteren Leben wichtig werden könnte, ihnen in der Familie bzw. durch die Familie irgendwie mitgegeben wird" (ebd.) und verweist damit implizit auf die Notwendigkeit (sozial-)pädagogischer Einmischung, die sich hier dadurch begründen lässt, dass Familie nur noch reduziert selbstverständlich die Mittel, Instrumente oder/und Möglichkeiten bereitstellt bzw. fördert, um zum Beispiel gesellschaftliche Teilhabe im umfassenden Sinne zu ermöglichen. Mit dem Versuch einen empirischen Bildungsbegriff zu entwickeln, der die dargestellten Dimensionen umfassend in den Blick nimmt, wird auch die terminologische Unterscheidung zwischen Lernort und Bildungsform vorangetrieben. Daher scheint es erforderlich sich mit der Unterscheidung genauer auseinanderzusetzen.

4.4 Terminologische Unterscheidung

Mit der terminologischen Unterscheidung zwischen formellem, nonformellem und informellem Lernen und formeller, nonformeller und informeller Bildung, geht es in der vierten und abschließenden Thematisierung von Deformalisierungstendenzen um die Gleichsetzung von Lernort mit Bildungsform.

Der Begriff der terminologischen Unterscheidung wurde von Thomas Rauschenbach et al. (BMBF 2004) eingeführt und steht in dem Bemühen, einerseits eine Verständigung über die traditionellen Institutionengrenzen hinaus zu ermöglichen, andererseits aber auch die Systemlogik der verschiedenen pädagogischen Realitäten (Kade 1997) wiederzugeben.[66] Mit der Unterscheidung zwischen Lernorten und -modalitäten für die Phase des Aufwachsens wurde der Blick vor allem auf die nicht schulischen Bereiche, umschrieben als nonformelle und informelle Orte bzw. Modalitäten gelenkt (vgl. exemplarisch Otto/Rauschenbach 2004; BMBF 2004). Diese fanden durch die in der Bundesrepublik vorherrschen-

---

66 In diesem Zusammenhang sind auch die Versuche (sozial-)pädagogischer Selbstvergewisserungen über Grundbegriffe wie Lernen, Bildung, Betreuung und Erziehung, aber auch Hilfe und (Lebens-)Bewältigung zu platzieren.

de bildungskonzeptionelle Monokultur in Bezug auf ihre Bedeutung für Bildungserfolg und -biografien zu wenig Beachtung.[67]

Im Versuch der Verhältnisbestimmung von unterschiedlichen Lern- und Bildungsmodalitäten, die in der dichotomen Gegenüberstellung von formell versus informell ihren analytischen Ausdruck gefunden haben, bleibt besonders die Auseinandersetzung mit dem Begriff informell vage, umgangssprachlich und beeinflusst durch die umfassenden Konzeptionen, die in Anlehnung an den Bereich der Erwachsenenbildung zumeist nur rezipiert werden (vgl. Overwien 2004). Im Hinblick auf die zunehmenden Anforderungen des Arbeitsmarktes verweist das Adjektiv informell hier auf die private Aneignung (arbeitsplatz-)spezifischer Kenntnisse, Fähigkeiten und Fertigkeiten, die als Kompetenzen nicht mehr nur in formellen Settings erworben werden (vgl. Overwien 2001).

Der Begriff informell, der zu Beginn des 20. Jahrhunderts über US-amerikanische Bildungsdebatten eingeführt wurde und seit den 1950er Jahren im Kontext der Erwachsenenbildung diskutiert wird, gelangte über ethnologische in erziehungswissenschaftliche Diskussionen (vgl. Overwien 2004: 52; 2001). Hier bezeichnet er, durch die Art und Weise wie er diskutiert wird, einen Themenkomplex eigener Art.

Thorsten Fischer (2003) etwa übernimmt den Begriff und entwickelt eine Informelle Pädagogik (vgl. ebd.). Er weist informellem Lernen und informeller Bildung eine fundamentale Bedeutung zu, bei dem es um das „Verhältnis zwischen Bildungsbegriff und individuellen Lernbedürfnissen" (ebd.: 9) geht. Ausgangspunkt seiner Überlegungen sind das Pluralitäts- und das Erfahrungstheorem Informeller Pädagogik. Das *Pluralitätstheorem* bezieht sich im Wesentlichen auf den „normativen Gestus gesellschaftlicher Implikationszwänge für institutionalisierte Bildungsvorhaben", dem eine „persönliche Bedeutsamkeit" von Lern- und Bildungsprozessen innerhalb alltäglicher „Lebenskulissen und mit Folgen" gegenüber steht (vgl. ebd.). Beide Aspekte interferieren mit wechselseitiger Begrenzung und sind „versöhnungssemantisch" (ebd.; von Hentig 1993) ausgerichtet. Das Theorem verweise auf die Ambivalenz zwischen allgemeiner, institutionalisierter Bildung und individualisiertem Lernen, das nicht aufgelöst, sondern in seiner wechselseitigen Abhängigkeit anerkannt wird. Aufgabe Informeller Pädagogik sei es, die Reflektion des Zusammenhangs zwischen persönlichem Leben, den gegebenen enkulturativen, nicht perfekten Möglichkeiten und gesellschaftlichen Implikationen aufzunehmen und greift „die Wesenskräfte des Individuums und die damit verbundenen Ressourcen einer glücklichen und erfolgreichen Lebensgestaltung" (Fischer 2003: 32) auf. Die Frage nach dem Wil-

---

67 Als neu entstehende Lern- und Bildungskultur werden diese Bereiche sogar als Gegenentwurf zur bestehenden pädagogischen Realität verstanden. Die hier konzipierte neue Kultur verweist auf die bildungspolitische und bildungsökonomische Entdeckung von Lernen und Bildung als funktionaler Steuerungsgröße, um die (deutsche) Bildungskrise der Gegenwart zu meistern (vgl. Meyer/Sander 2005: 3).

len des Einzelnen bzw. die Frage, „welche Bildung von der einzelnen Person eigentlich gewollt wird" (ebd.: 339), ist der Moment, der in der Ambivalenz aufzeigt, „dass Bildungskultur allein aus der Vielfalt der beteiligten Akteure und der Komplexität gesellschaftlicher Umwelten hervorgeht, von dort pluralistische Lernumgebungen verstärkt und administrierten Qualifikationsanforderungen deutliche Grenzen setzt" (ebd.: 339). Das *Erfahrungstheorem* verweist darauf, dass informelles Lernen und informelle Bildung nicht vom Erfahrungsbegriff zu trennen sind. Fischer geht davon aus, dass das Generationenverhältnis im Prozess einer sich verändernden Lebenszeit und sozialer Disparität fließender und die Spielräume gemeinschaftlichen Handelns mit geringerer Bedeutsamkeit erlebt werden (vgl. ebd.: 39; Otto/Rauschenbach 2004; Ziehe 1994). Wenn sich Erfahrung mit Lernen (im Sinne von *verstanden haben*) verknüpft, dann ist dem Erfahrungsbegriff der Ausdruck für Verstehen immanent und bezieht sich nicht nur auf die Repräsentation von Geistesinhalten, sondern verweist auf den „zwischenmenschlichen Erfahrungsbereich in seiner sozialen, emotionalen und intellektuellen Kohärenz" (Fischer 2003: 46; Schleiermacher 1835). Das Erfahrungstheorem Informeller Pädagogik (wie der Pädagogik insgesamt) verbinde sich mit der Erwartung, Situationen, Milieus und Organisationen im Hinblick auf die sozialen Anlässe, beiläufigen Lernimpulse oder ungestalteten Lernumgebungen zu reflektieren und im Hinblick auf ihre Chancen und Begrenzungen darzustellen (vgl. ebd.: 66). Zusammenfassend formuliert Fischer, dass informelle Bildung durch informelles Lernen überall dort stattfindet, „wo sich soziale, kulturelle, funktionale, mediale und natürliche Lebensbeziehungen ergeben" (ebd.: 141). Informelle Pädagogik ist in diesem Zusammenhang vornehmlich „eine Pädagogik der Lernförderung, vitalen Anregung, helfenden Zuwendung und persönlichen Ermutigung" (ebd.). Hier stellt sich die Frage, worin sich die Informelle Pädagogik von anderen „Pädagogiken" (Paschen 1979) unterscheidet.

Aus (sozial-)pädagogischer Perspektive sind die Aspekte von Fördern, Anregen, Helfen und Ermutigung, zentrale Bestandteile ihrer praktischen Tätigkeit (vgl. Jordan/Sengling 1992). Zudem werden hier die individuellen Ressourcen hervorgehoben, die sich in der sozialen Umgebung finden lassen und die der Lernende als Möglichkeit ergreift und mit gestaltet. Diese können auch als Rhetorik des Empowerments verstanden werden, das auf fördern und fordern setzt. Auch lässt sich aus den Überlegungen Fischers keine Unterscheidung zwischen dem Lernen Erwachsener und dem von Kindern und Jugendlichen ableiten.

Die Schnittstelle Informeller Pädagogik und terminologischer Unterscheidung ist jedoch die Gleichsetzung von Lernform und Lernort. Fischer setzt formelles mit Institutionen und informelles mit Lebenswelt als natürlicher, sozialer Umgebung gleich. Möglich wird dies u.a. mit dem von Faure et al. (1973) veröffentlichten, so genannten „Faure-Report", der zunächst den Bereich der Erwachsenenbildung nachhaltig prägte (vgl. Faulstich/Zeuner 1999). In Bezug auf das Lernen von Kindern und Jugendlichen wird die Bezeichnung informelles Lernen erst konsequent mit der breiten Rezeption des von der UNESCO in Auftrag gegebenen Reports diskutiert. Da sich eine Vielzahl von Autorinnen auf den Report beziehen, wird er im Folgenden kurz skizziert, um dann daran anschließend einige Schwerpunkte des informellen Lernens darzustellen. Abschließend werden einige Schwerpunkte der Unterscheidung zwischen formell und informell dargestellt und die Verortung der Kinder- und Jugendhilfe als non- bzw. informeller Instanz von Lernen und Bildung hinterfragt.[68]

4.4.1 Der Faure-Report: Wie wir leben lernen

Mit dem im Auftrag der UNESCO erstellten und 1973 veröffentlichten Faure-Report wurde das Konzept des *Lebenslangen Lernens* bzw. *Lebensbegleitenden Lernens* oder auch *life-long-learning* aufgegriffen.[69] Davon ausgehend, dass sich nur ein besser ausgebildeter Mensch als Bürgerin behaupten kann und seinen demokratischen Anspruch durchsetzen will, wurde Erziehung als eine biologische und soziale Notwendigkeit definiert, um „dem Menschen zu ermöglichen, er selbst zu sein, »er selbst zu werden«" (Faure et al. 1973: 41).

Vor dem Hintergrund einer globalen Bildungskrise wurden breitflächig die vorherrschenden Erziehungssysteme bilanziert und das umfassende Konzept lebenslangen, permanenten Lernens, die „éducation permanente" (ebd.: 42) vorgestellt, um darauf aufbauend die Bildung des ganzen Menschen als Innovation zu ermöglichen (vgl. ebd.: 22).[70] Das Konzept des permanenten bzw. Lebenslangen

---

68 Bemerkenswert ist die Häufigkeit der Rezeption der hier erzielten Ergebnisse, die kaum kritisch hinterfragt werden. Im Rahmen des Faure-Reports wurden Erziehungssysteme miteinander verglichen, die weder über ein standardisiertes Schul- noch Ausbildungssystem verfügen, noch über Schulpflicht. Das von Overwien (2001) in Bezug auf informelles Lernen und informelle Bildung herausgearbeitete Phänomen, das vornehmlich in Entwicklungsländern beobachtbar ist, bezieht sich auch im Faure-Report zumeist auf die Weitergabe von (berufs-)spezifischen Kompetenzen durch Überlieferung, d.h. traditionell durch die Weitergabe von Wissensbeständen durch Erzählung, Zeigen, Anleitung oder learning-by-doing. In der aktuellen Diskussion um Lernen und Bildung wird zumeist auf den Faure-Report verwiesen, weil über ihn begründbar wird, dass nur ein vergleichsweise geringer Teil (30%) von Lernen in institutionalisierten Kontexten erfolgt (vgl. exemplarisch Böllert 2004). Explizit erfolgen die Hinweise auf den Faure-Report zum Beispiel in den konzeptionellen Grundlagen für einen nationalen Bildungsbericht (2004), bei Fromme (2002), Kirchhöfer (2000; 2002) und Böllert (2004) und indirekt zum Beispiel bei Dohmen (2001) und Otto/Rauschenbach (2004), die auf die Schriften der OECD (2001) und Dohmen (2001) verweisen.

69 Einen umfassenden Überblick zur Begriffsgeschichte des Lebenslangen Lernens geben Faulstich und Zeuner (1999).

70 Die Internationale Kommission ging in ihrem Bildungsbericht von vier Annahmen aus: 1.) die Existenz einer internationalen, solidarischen Gemeinschaft; 2.) Demokratie als „Recht jedes Menschen, sich zu verwirklichen und an der Gestaltung seiner eigenen Zukunft teilzunehmen" (Faure et al. 1973: 22); 3.) Soziale Pluralität und damit verbunden die „volle Entfaltung des Menschen" (ebd.); 4.) Gestiegene Anforderungen an den „ganzen Menschen" (ebd.), der nicht

Lernens basiert auf der Annahme, dass durch zunehmende soziale, politische und wirtschaftliche Anforderungen an den Einzelnen die Erziehung nicht mehr ein abgeschlossenes Ganzes bildet, das vor dem Eintritt in das Erwachsenendasein vermittelt und angeeignet wird, und zwar unabhängig von dem jeweiligen intellektuellen Stand und dem Zeitpunkt dieses Eintritts (vgl. ebd.: 43).

Lebenslanges Lernen verschränkt unterschiedliche, individuelle wie gesellschaftliche Entwicklungsfaktoren, betont die Notwendigkeit unterschiedlicher, aber gleich zu wertender institutioneller und nicht institutioneller Lernformen und propagierte einen *ganzzeitlichen* und *ganzheitlichen* Ansatz, da „permanente Erziehung ... nicht etwa ein separierter Teil einer ansonsten nicht lebenslangen Erziehung" und „permanente Erziehung weder ein System noch ein Teilbereich der Erziehung, sondern das Prinzip selbst [ist]" (ebd.: 246).

Dem globalen Schul- bzw. Erziehungssystem wurde eine begrenzte, wenngleich auch zentrale Funktion zugewiesen, da Schule – ebenso wie auch alle anderen Einrichtungen – „zur systematischen Erziehung der heranwachsenden Generation" (ebd.: 41f.), der „*entscheidende Faktor*" (ebd.) für die Bildung des Menschen sei (ebd.). Die Kritik am bestehenden Schulsystem entzündete sich an der fehlenden Lebensnähe und Lebenswirklichkeit, so dass die Persönlichkeit des Kindes zwischen einer verschulten, lebensfremden und einer entschulten, lebensnahen Welt als zwei unvereinbaren Welten aufgeteilt wird (vgl. ebd.: 39). Im Kreislauf zwischen verschultem und entschultem Lernen wurde der außerschulischen Bildung primär eine Kompensationsfunktion für die Probleme zugeschrieben, die durch Unterricht und Erziehung bei Schülerinnen entstehen und auch Erwachsene mit einschließen (vgl. ebd.: 41). Der außerschulische Bereich biete einen breiten Fächerkanon an, der für die Überwindung der Probleme produktiv genutzt werden könne.

In einem historischen Abriss über die Erziehung als „Trägerin der Wissensvermittlung" (ebd.: 104) wird informelles Lernen in den Kontext lokaler Gemeinschaften gestellt, die eine kontinuierliche und vielseitige Erziehung des ganzen Menschen mit seinem Charakter, seinen Fähig- und Fertigkeiten, seinem Verhalten und moralischen Eigenschaften, in den Blick nahm und in der sich der junge Mensch „durch das Zusammenleben mehr selbst erzog als erzogen wurde" (ebd.: 53). Informelles Lernen wird hier gefasst als *aktive Teilnahme* am sozialen, gemeinschaftlichen Alltag, in dem sich eine Vielzahl an Möglichkeiten bietet, durch Beobachtungen, durch Anweisungen und durch Erzählungen zu lernen und die „bis heute (...) noch die einzige Art der Erziehung für Millionen von Menschen [ist]" (ebd.: 53). Historisch hat die Schule, und die Voranstellung der Schriftsprache, die informellen, narrativen Formen des Lernens über den direkten Kontakt mit Dingen und Lebewesen abgelöst und zum Teil gänzlich ersetzt,

---

mehr nur über einen festgelegten Zeitraum und abschließend Wissen erwirbt, sondern sich darauf einzustellen hat, „während des ganzen Lebens ein sich ständig entwickelndes Wissen zu erarbeiten und »leben zu lernen«" (ebd.).

so dass sich die Fähigkeit informell zu lernen erst wieder spielerisch und in Schritten aufbauen müsse (vgl. ebd.; Kirchhöfer 2002: 31).[71, 72]

Mit dem Faure-Report wurden nicht nur die Grundlinien eines strukturell veränderten Bildungswesens vorgegeben, es wurden auch die Potenziale individueller Lernwege in den Blick genommen (vgl. Faulstich/Zeuner 1999).[73] Mit der Fokussierung des permanenten bzw. lebenslangen und individuellen Lernens wurden im Zusammenhang mit der Reform der Erwachsenenbildung bestimmte Begrifflichkeiten wie selbstorganisiert, selbsttätig, selbstgesteuert, selbstreguliert und selbstkontrolliert aufgenommen, in deren Folge es nach Faulstich und Zeuner zu einer inflationären Verwendung der Begriffskombinationen selbst und Lernen kam und die sich weder um inhaltliche Klärung noch um die Reichweite der Begriffe bemüht (vgl. ebd.: 33).[74]

---

71 Im Gegensatz dazu stellt John Holt (1999) die These auf, dass das Spielen als solches bereits eine kindliche Arbeitsform ist (vgl. ebd.: 75).
72 Der erste Schritt sei das Spielen und Erproben von Handlungsabläufen als „Vorformen des Arbeitens", während im zweiten Schritt dann das beiläufige Lernen eingeübt wird, das Kompetenzen fördert, die dann, quasi als Voraussetzung, drittens die Kompetenz zum selbstorganisierten Lernen möglich macht (vgl. Kirchhöfer 2002: 31).
73 Diese gelten im Faure-Report als Sache der Einzelnen, wobei die Förderung und Sicherung dieses Weges „die Sache der ganzen Gesellschaft und ihrer erzieherischen, sozialen und wirtschaftlichen Mittel ist" (ebd.: 43).
74 Die Beeinflussung und Veränderung der Erwachsenenbildung durch das Konzept des Lebenslangen Lernens wird bei Faulstich und Zeuner (1999) ausführlich dargestellt.

4.4.2 Schwerpunkte der Unterscheidung zwischen formell und informell[75]

Exemplarisch für die Unterscheidung zwischen formell und informell wird im Folgenden auf die Ausführungen von Thomas Coelen (2004; 2006) verwiesen, weil sich bei ihm eine umfassende und verschiedene Aspekte berücksichtigende Bestimmung von formell, nonformell und informell findet.[76] Der Autor sieht in der Verwendung eine Verbindung zu einem gesellschaftstheoretisch gerahmten Bildungsbegriff und diskutiert die Unterscheidung im Kontext der Ganztagsschuldebatte (vgl. Coelen 2006). Formell bezeichnet in diesem Zusammenhang Institutionalisierungsformen, die curricular strukturiert, verpflichtend und an Zertifizierung orientiert sind sowie Bildungszugänge berechtigend organisieren. Aus Sicht der Lernerin bzw. des Subjektes sind Ergebnis- und Produktionsorientierung die zentralen Momente, „um die durchlaufenden Bildungsprozesse und erreichten Bildungsergebnisse in zweckrationaler Absicht verwerten zu können"

---

75 In den 1950er Jahren wurde mit dem Begriff *Informel* eine Kunstbewegung beschrieben, wobei die Uneindeutigkeit des Begriffes Ausdruck dessen war, „was als Nicht-Form bezeichnet wurde" (Belgin 1997: 32). Bei der Frage nach der Form des Informel galt das informelle als offenes Feld und es wurde versucht die Spannung, die das Nacherleben des Werkes durch den Betrachter auslöst und das Sehen der Dinge selbst mit aufzugreifen (vgl. ebd.: 39). Informel wurde hier definiert als Noch-nicht-Form und überlies es dem Einzelnen, das Werk selbst und nachwirkend zu strukturieren (vgl. ebd.). Diese Möglichkeit und Offenheit zur Strukturierung durch den Einzelnen verweist auf die Parallelen zu den gegenwärtigen Lern- und Bildungsdiskursen, wobei jedoch das Nachwirken zumeist gänzlich unterbelichtet bleibt. Auch scheint es, dass das die Bewegung des Informel, die damals zu einer Revision bisheriger Bildkategorien (Linie, Form, Farbe, Rhythmus) in der Kunst führte, gleichermaßen zu einer Überprüfung traditioneller Vorstellungen und Konzepte von Lernen und Bildung führt. Und während damals das Bild der Künstlerin als brave Künstlerin, die an einer vor sich stehenden Staffelei arbeitete, sich zu einer Akteurin radikaler Veränderung wechselte, die die Freiheit hatte, „die Leinwand auf den Boden zu legen und das Bild von oben zu malen" (ebd.: 33), wechselt das Bild von einer Schülerin, die die Schulbank drückt zu einer Lebensschülerin, die überall jede Gelegenheit wahrnimmt, zu lernen und sich zu bilden. Die Bewegung des Informel führte zu einem Bruch mit traditionellen Formen und Kompositionen, gleichsam als „Befreiung des Bildes von Regeln der klassischen Malerei" (ebd.) und – ohne Regeln zu benennen – ging es „um das Verhältnis von Formen und Farben in der Bildebene" (ebd.: 34). Konkret bedeutete dies, „daß auch mit der tendenziellen Auflösung der Form ihr Begriff mitschwingt, auch wenn sich Form im Bild zu einer Verlagerung der Komposition auf eine andere Sinnebene" (ebd.: 35) verlagerte. Tayfun Belgin spricht von einer grundlegenden anthropologischen Erfahrung, da bei „allem willkürlichen Entfernen von gesellschaftlichen Konventionen" der Mensch nicht in der Lage ist, „seine Herkunft in Gänze zu transzendieren und sich ins rein Chaotische zu stürzen. Immer orientiert sich der Mensch an Konstanten, an »Positionszeichen«" [und im] größtmöglich erscheinenden Chaos ... existiert immer eine Ordnung, zu der der Mensch und die Natur zurückfinden" (ebd.).

76 An dieser Stelle wird diese zugrunde gelegt, weil sie die wesentlichen Elemente der Unterscheidung wiedergibt. In vergleichbarer Form findet sich diese aber auch zum Beispiel im Zwölften Kinder- und Jugendbericht (2006), bei Thiersch (2004), Böllert (2004), Otto und Rauschenbach (2004), dem Bundesjugendkuratorium (2002) und der Generaldirektion Bildung und Kultur (2002).

(ebd.; BMFSFJ 2006). Zur formalen Bildung von Kindern und Jugendlichen zählt die Schule, wobei das gesamte Bildungssystem wie Grund- bis Hauptschule, Realschule etc. der formalen Bildung zugeordnet werden (vgl. ebd.; Wahler/Tully/Preiß 2004; Tully 2006). In Abgrenzung dazu wird der Begriff nonformell bzw. nicht formell für die *Settings* verwendet, die nicht an Zertifizierungsberechtigungen orientiert und freiwillig oder fakultativ wählbar sind (vgl. Coelen 2006; Thiersch 2004).[77] Die Systematik von vorfindbaren Inhalten und Methoden können durch die Einzelne als Teilnehmerin selbst gestaltet werden. Aus der Perspektive der Einzelnen sei das zentrale Moment die „Verlaufs- und Prozessorientierung in wertrationaler Einstellung" (Coelen 2006: 132). Formelle und nicht formelle Bildung stehen nach Coelen als notwendige Komponenten kultureller und materieller Reproduktion im Kontext demokratisch-kapitalistischer Lebensverhältnisse in einem dialektischen Verhältnis. Dabei lassen sich Anteile nicht formeller Bildung in schulisch organisierten Bereichen zum Beispiel in Arbeitsgemeinschaften ebenso nachweisen wie umgekehrt formelle in nicht formellen, etwa bei Jugendgruppenleiterinnenschulungen, die mit einem Zertifikat enden. Daher, so der Autor, greift es zu kurz, „die Modi mit den Institutionen in eins zu setzen, es lassen sich lediglich verschiedene Mischungsverhältnisse und Schwerpunkte ausmachen" (ebd.).

Zu dieser Unterscheidung zwischen formell und nicht formell gesellt sich noch der Bereich der informellen Bildung. Dem zuzuordnen sind zumeist ungeplante und nicht intendierte Bildungsprozesse, wie sie sich im Alltag von Familie, Nachbarschaft, Arbeit und Freizeit ergeben (vgl. ebd.; BJK 2002). Insbesondere die Familie „ist ein wichtiger Ort von informeller Bildung" (BJK 2002: 9).

Coelen empfiehlt informelle Bildung synonym zu nicht formeller zu verwenden (vgl. Coelen 2006: 133; Vogel 2004). Damit sei es möglich, formell und informell im formellen Modus gegenüberzustellen. Zudem ließe er sich so von Sozialisationsprozessen abgrenzen, mit denen die prozessurale und kontextabhängige Persönlichkeitsentwicklung auf den vier Ebenen Subjekt, Interaktion, Institution und Gesellschaft hervorgehoben werden (vgl. Coelen 2006: Tillmann 2001, 2004). In Abgrenzung dazu verweise die Bezeichnung informelle Bildung eher auf die Beobachtung geistiger Eigentätigkeit, die „gegen Vereinseitigung" wirkt und „mit Widerständen einhergeht" (Richter 1998: 18; zit. in Coelen 2006: 133). Diese Grenzziehung zwischen Sozialisation und informeller Bildung wird somit durch die Betonung der mentalen Eigentätigkeit möglich, jedoch an dieser Stelle nicht weiter ausgeführt. Als Schlüsselmoment stellt es aber in der aktuellen De-

---

77 Thomas Ziehe (2004) weist darauf hin, dass mit dem Begriff Setting eine Gesamtheit von Regeln, Vereinbarungen und Ritualisierungen angesprochen wird, die zum Beispiel in der Psychoanalyse das Arbeitsverhältnis zwischen Therapeutin und Klientin bestimmen. In sozialpädagogischen Kontexten stellt er als Begriff mit Symbolkraft einen dicht strukturierten Erfahrungsbereich dar, der nach außen unter der Bezeichnung Hilfe und nach innen der Einhaltung von Regeln und der (Selbst-)Vergewisserung bzw. -beruhigung dient (vgl. ebd.: 10).

batte um formelles, nicht formelles und informelles Lernen einen zentralen Aspekt dar, der im Folgenden anhand der Dimensionen *sachlich, zeitlich* und *sozial* kurz skizziert wird (vgl. hierzu ausführlich Kapitel 3).

4.4.3 Begriff und Dimensionen des informellen Lernens

Mit der *sachlichen Dimension* kann in Anlehnung an Alfred Langewand (1994) auf die Unterscheidung von Inhalt und Gehalt von Lernen und Bildung verwiesen werden (vgl. hierzu ausführlich Kapitel 3.1). Im Hinblick auf informelles Lernen ergeben sich Lerninhalte durch die „unmittelbaren Zusammenhänge des Lebens und des Handelns" (BMFSFJ 2006: 127). Als solches sind sie unabhängig von Lehrerinnen, Lehrplänen und Zertifizierungsformen und bezeichnen eine alltägliche Sammlung von unsystematischen, anlassbedingten Erfahrungen im Arbeits- und Freizeitbereich, die u.a. im Umgang mit den verschiedensten Menschen, Medien, Situationen und Problemen ad-hoc und en-passant gemacht werden. Sie dienen der Selbstbehauptung und Bewährung (vgl. Fromme 2002: 77; KOM-Generaldirektion Bildung und Kultur 2002). Informelles Lernen verweist auf die Unterscheidung zwischen dem bewussten Lernen Erwachsener und dem unbewussten, beiläufigen Lernen von Kindern und Jugendlichen. Bei Erwachsenen ergibt sich die Einsicht in eine Problemsituation bewusst und steuert die Problemlösung gezielt als „individuelle Lernnachfrage" (Fromme 2002: 75). Bei Heranwachsenden steht das spielerische, nicht zielgerichtete Moment als beiläufiges Lernen im Vordergrund. Johannes Fromme unterscheidet somit zwischen einem informellen Lernen von Erwachsenen, als einem selbstgesteuerten oder selbstorganisierten Lernen, das sich bewusst und gezielt an konkreten Alltagsfragen und -problemen entzündet (vgl. ebd.). Die Relevanz der Umwelt hebt auch Dieter Kirchhöfer (2002) in Bezug auf Inhalt und Gehalt hervor. Er schreibt den hier vorfindbaren Bedingungen und Möglichkeiten eine Lernhaltigkeit zu, wobei sich die Herausforderung zum Lernen durch gegenständliche Angebote, durch Vorstrukturierung oder die Warenwelt ergeben (vgl. ebd.: 34). Als Stützstrukturen des informellen Lernens gelten hier die Institutionen, „deren Transparenz und Offenheit informelles Lernen begünstigt oder behindert" (ebd.: 35). Inhalt und Gehalt informeller Lernprozesse ergeben sich durch die Herausforderung und Erschütterung von Kompetenzen, wobei hier auf die Modifikations- und Erweiterungsfunktion der Lernprozesse verwiesen wird (vgl. ebd.; Thiersch 2004). Als solche stellen sie aus der Perspektive der Lernerin ein Ergebnis dar und sind nicht nur prozess- und verlaufsorientiert, wie Coelen (2006) hervorgehoben hat. Vielmehr schließen sie auch das Ergebnis mit ein.[78] Kirchhöfer verweist – ebenso

---

78 Im Zwölften Kinder- und Jugendbericht wird davon ausgegangen, dass über die Betonung, dass „selbst wenn jemand etwas ganz zufällig, nebenher und ohne Absicht Dritter gelernt hat, es sich mithin um einen informellen Bildungsprozess handelt, dieser in manchen Fällen im Ergebnis

wie Coelen – auf die Nähe zum Sozialisationsbegriff. Allerdings geht er davon aus, dass informelle Lernprozesse zwar an Problemlösungen der aktuellen Tätigkeit gebunden sind, aber davon dennoch abgehoben bleiben, weil sie sich im Vergleich, zum Beispiel zum beiläufigen Lernen, am Kompetenzerwerb orientieren und ausrichten. Somit zeichnen sie sich durch die Bindung an den praktischen Lebensprozess für diesen und für Identitätsbildung durch eine starke Nachhaltigkeit aus (vgl. Kirchhöfer 2002: 35).

In der *zeitlichen Dimension* wird in Bezug auf informelles Lernen allgemein nur auf den Zeitrahmen bzw. Zeitpunkt verwiesen. Hervorheben lässt sich hier die Betonung von Eigenzeit informeller Lernprozesse. Hinzu kommt der Zeitpunkt, wenn mit Eintritt in die Schule die Freizeit zum entscheidenden Raum, möglicherweise sogar zur alleinigen Zeit, informellen Lernens und informeller Bildung wird (vgl. Kirchhöfer 2002: 31; Meder 2002). Günther Dohmen (2002) verweist in diesem Zusammenhang auf das Moment des Zufälligen und Sporadischen (vgl. ebd.: 22). Aus der Perspektive der Lernerin entspricht die Zeitdimension des informellen Lernens nach Norbert Meder (2002) einem Selbstverhältnis, das entweder im Modus von Vergangenheit als eigenes biografisches Konstrukt oder im Modus der Zukunft „als Lernen der Selbstveränderung stattfindet" (ebd.: 12). Damit wendet sich die Debatte um informelles Lernen ab von der Frage nach der Zeitlichkeit der Zeit dieser Dimension, die sich auch mit den Fragen nach (Bildungs-)Inhalt und Gehalt auseinandersetzt und nicht isoliert betrachtet werden kann. Individualisierung von Inhalt, Gehalt und individueller zeitlicher Gestaltung führen dazu, dass nicht nur Erwachsene, sondern auch Kinder und Jugendliche sowohl die Verantwortung für die Inhalte und das Niveau übernehmen müssen, als auch für die Strukturen von Bildung. Sie müssen den eigenen Aneignungs- und Reproduktionsprozess ihrer Bildung und ihrer Selbstorganisation unterwerfen (vgl. Kirchhöfer 2002: 36).

Über Begriffe wie „Eigensinn" (Thiersch 2004: 251) oder „Eigenregie" (BMFSFJ 2006: 127), die diese Idee mit berücksichtigen, wird deutlich, dass für die Phase des Aufwachsens ein neuer pädagogischer Fundamentalismus entsteht, der Kinder und Jugendlichen signalisiert, dass alles Lernen immer richtig und wichtig ist, in der Sache jedoch bestimmte Inhalte und Gehalte wichtiger sind als andere, die (zwangsläufig) gelernt werden müssen. Hier entsteht dann eine neue Lernkultur, die sich durch die Zielgrößen Autonomie, Selbststeuerung und Lebensnähe des Lernens auszeichnet und problemlos in das Bild von der neuen Staatsbürgerin bzw. Arbeitnehmerin integriert werden, weil diese „auftretende Problemlagen und vorgegebene Aufgaben nicht mehr direktiv, sondern eigenverantwortlich zu bewältigen hat" (Meyer/Sander 2005: 3).

---

genauso »erfolgreich« sein [kann] wie ein geplantes Seminar, ein gut vorbereiteter Unterricht. Damit wird aber in der Analyse und der Beobachtung der Akzent unweigerlich nicht mehr so sehr auf den Grad der Bestrebungen und der Absicht gelegt, also auf die Soll-Werte, sondern auf die tatsächlich erzielten Leistungen und Effekte, auf die Ist-Werte" (BMFSFJ 2006: 128).

Die *soziale Dimension* ist, im Gegensatz zu den ungelösten Problemen der zeitlichen Dimension, wesentlich umfassender und dezidierter, weil es hier um eine konkrete Verortung von Lernen und Bildung geht.[79] Wie bereits mit Thomas Coelen (2006) angedeutet, erfolgt in dieser Dimension eine Gleichsetzung von Lernort und formeller, nicht formeller und informeller Form des Lernens. Im Kontext der terminologischen Unterscheidung werden die spezifischen (formellen) Bedingungen dazu genutzt, um auf Unterschiede hinzuweisen. Mit dem Begriff des informellen Lernens wird dabei zumeist ein weites Lernfeld beschrieben, das außerhalb des „Curriculums der Schule und anderer organisierter Bildungsangebote liegt und dessen Bedeutungsspektrum von selbstgesteuerten bis hin zu unbewussten Lernprozessen reicht" (Krüger/Rauschenbach 2005: 337). Der Bezeichnung informelles Lernen kommt hier der Status eines Sammelbegriffs zu, wenn er sich auf alles Lernen außerhalb von Bildungsinstitutionen und planmäßig organisierten Lehr-Lern-Veranstaltungen bezieht (vgl. Dohmen 2002: 18; Dohmen 2001). Als Residualbegriff markiert er ein Verständnis von Lernen, das *nicht* institutionalisiert und inszeniert ist (vgl. Dohmen 2002: 22; BMFSFJ 2006).[80] Informelles Lernen findet *nicht* an Schulen oder Berufsbildungseinrichtungen statt, ist *nicht* strukturiert und wird *nicht* mit einem Befähigungsnachweis bestätigt (vgl. KOM-Generaldirektion Bildung und Kultur 2002: 44). In Ergänzung dazu bestimmt Norbert Meder (2002) informell als ein Merkmal von Bildungsprozessen, die *nicht mehr* in formellen bzw. formalisierten Institutionen, Prozessstrukturen und Situationen verlaufen und damit nicht *mehr* einem klar bestimmbaren formalen Regelwerk folgen (vgl. ebd.: 13). Die Betonung des *nicht mehr* lässt sich mit Gabriele Gloger-Tippelt (2002) noch weiter fortschreiben, indem sie hervorhebt, dass informelles Lernen bei Kindern und Jugendlichen *nicht ungebunden* von institutionellen Orten stattfindet, wenn hier zahlreiche Freizeitaktivitäten stattfinden (vgl. ebd.: 491). Als Orte informellen Lernens gelten primär lebensweltliche Zusammenhänge als „(soziale) Umwelt der Bildungsakteure" (BMFSFJ 2006: 128). Tendenziell lässt sich mit informellem Lernen auch die Eigenschaft verbinden, ortlos zu sein, weil es ebenso in, aber auch außerhalb formaler Bildungsinstitutionen erfolgen kann (vgl. BMBF 2004: 29; BMFSFJ 2006). Festzuhalten bleibt also:

---

79 Dem Nutzen ungelöster Probleme gehen Dirk Baecker und Andreas Kluge (2003) nach, die sich mit der Frage auseinandersetzen, „mit welchen theoretischen Mitteln man sich der Bewältigung eines alltäglichen Lebens nähern kann, das seine Fortsetzung aus der Summe kleineren und größeren Scheiterns gewinnt" (ebd.: 6).

80 Außerhalb und nicht sind die Kategorien, die in der Debatte synonym verwendet werden, sich in ihrer konkreten Bedeutung jedoch zum einen auf einen außerhalb liegenden Punkt bzw. Ort, zum anderen auf (s)eine Verneinung beziehen. Die Ablehnung als zum Beispiel nicht vorhanden oder nicht nachweisbar verweist, überspitzt formuliert, darauf, dass etwas nicht sein kann, weil nicht sein darf, um daraus dann die entsprechende Konsequenz abzuleiten, dass dies nicht da ist.

1. Informelles Lernen ist ein Element von Bildung, aber nicht das ausschließliche, weil das soziale Umfeld nicht automatisch und a priori ein Lernfeld ist: „Es bietet in seinen verschiedenen Arbeitsformen zwar eine Vielfalt von Lernmöglichkeiten an, ob jedoch das Umfeld als Lernfeld gestaltet und die Lernmöglichkeit gesucht, wahrgenommen und realisiert werden, ist eine subjektive Konstruktionsleistung des Individuums bzw. von Gruppen von Individuen" (Kirchhöfer 2002: 7).
2. In dem Moment, in dem das Individuum oder das Subjekt als Lernerin ihre Lebensführung auf den Kompetenzerwerb ausrichtet, nimmt sie eine Strukturierung des Umfeldes vor und identifiziert die Bedingungen, die ihr Lernen fördern bzw. hemmen und sucht sich „stützende soziale Beziehungen und organisiert sich Zeiten und Räume" (ebd.).
3. Informelles Lernen ist ein deskriptiver Begriff und bezieht sich auf einen Bereich, der gekennzeichnet ist durch verschiedene Lernorte mit unterschiedlichem Organisationsgraden, mit dem die Fähigkeit zur Selbststeuerung und die Eigenverantwortung hervorgehoben werden.[81]

In Abgrenzung dazu geht es bei informeller Bildung um die wenig spezifizierten erzieherischen und unterschiedlich organisierten Interaktionen, die im Zusammenhang mit der kulturellen Rahmung der Gesellschaft und den damit verbundenen, sich verändernden Anforderungen stehen (vgl. Tully 1994). Oskar Negt (1999) bezeichnet informelle Bildung sogar als das Ergebnis eines „mühevollen, aber individuell lohnenden Lernprozesses", als einen „gelungenen Balanceakt" zwischen institutionellem und nicht institutionellem Lernen, den Kinder und Jugendliche „kontinuierlich bewältigen müssen" (vgl. ebd.: 227).

Durch diese Bestimmung von Bildung öffnet sich eine Perspektive, die in der aktuellen Debatte bislang nicht ausführlich thematisiert wurde, nämlich wie sich das Formelle bzw. Informelle im Hinblick auf Möglichkeiten und Bedingungen sowie Gestaltungsspielräumen von Seiten der Lernerin her darstellen lassen. Bevor dieser Frage im nächsten Kapitel nachgegangen wird, sei jedoch zumindest noch auf die Thematisierung verwiesen, die sich kritisch mit der terminologischen Unterscheidung als einer fehlgeleiteten Parallelisierung von Lernort und Bildungsdimension auseinandersetzt. Damit wird es möglich, die bisherige Debatte für einen neuen Aspekt zu öffnen, nämlich der Unterscheidung zwischen formell und informell als einem nicht räumlich gedachten Bereich (soziale Dimension), der bspw. die spezifischen (generationalen) Interaktionsbeziehungen im Hinblick auf ihre zeitliche Veränderung berücksichtigt (zeitliche Dimension)

---

81 Bernd Overwien (2001, 2004) geht in seinen Arbeiten ausführlich auf die Entwicklung des informellen Lernens in unterschiedlichen Kontexten und internationaler Perspektive ein. An dieser Stelle wird hier nur auf seine Arbeiten verwiesen. Wichtig erscheint jedoch noch der Hinweis, dass seine Arbeiten im Wesentlichen den Bereich der Erwachsenbildung im Blick haben, dafür aber einen breiten Einblick in die Lesarten von formell, nonformell und informell ermöglichen.

und den Lernort als Lerngegenstand in Bezug auf Inhalt und Gehalt von Lernen und Bildung fassbar macht (sachliche Dimension).

4.4.4 These der Parallelisierung von Lernort und Bildungsdimension

Die Parallelisierungsthese verweist durch ihre „Inkongruenz der Zuordnung" (Stolz 2006: 118) auf die Ausblendung formeller Gestaltungsmomente.[82] Heinz-Jürgen Stolz verweist exemplarisch für den Begriff des nonformellen auf die Kinder- und Jugendhilfe und hier besonders auf die Jugendsozialarbeit und die Jugendberufshilfe, die gleichermaßen „mit formaler Bildung befasst sind" (ebd.: 119). Die Teilnehmerinnen erwerben im Rahmen dieser Veranstaltungen gleichermaßen die Abschlüsse, die einem schulischen Bildungsabschluss gleichkommen und keineswegs immer unter dem Passus der Freiwilligkeit erworben werden. Im Kontext von schulbezogenen Ganztagsangeboten kann sogar davon ausgegangen werden, dass hier kooperative Angebote durchgeführt werden, die nur verpflichtenden Charakter haben, wie zum Beispiel Angebote zur Suchtprävention oder Sexualaufklärung, die von Mitarbeiterinnen der Kinder- und Jugendhilfe durchgeführt werden, aber Bestandteil des verpflichtenden, schulischen Unterrichts sind. Die Parallelisierung von institutionellem Ort und Lernform greift zu kurz, da Bildungsinstitutionen immer mehr umfassen als nur ihr explizit pädagogisches Programm (vgl. ebd.). Zum impliziten pädagogischen Programm gehören, so Stolz, der heimliche Lehrplan als Sozialdisziplinierungsmaßnahme, pädagogisch nicht intendiertes informelles Lernen und ein Netz aus „subjektkonstitutiver – und damit selbstbildender – sozialer Anerkennungsverhältnisse" (ebd.: 119). Die bisherige Engführung und Gleichsetzung wird begründet mit der Notwendigkeit, institutionelle Identitäten zu stabilisieren, die die Grundlage für ein additives Kooperationskonzept ist. Im Kontext von Ganztagsbildung wird damit die Eigenständigkeit der Institutionen in Bezug zueinander als Nichtsubstituierbarkeit hervorgehoben und reduziert auf „das Problem einer inter-institutionellen Schnittstellenbestimmung von Kooperation" (ebd.; Fuchs 2006). Als Beitrag zur diskursiven Schließung legitimiere sie wiederum den Zufluss an Ressourcen,

---

[82] Stolz (2006), der sich dezidiert einer inhaltlichen Positionierung enthält, geht es um eine Öffnung der Debatte in Richtung „einer adäquaten, differenzorientierten und praxisnahen Bildungsdebatte" (ebd.: 118). Ganztagsschule und Ganztagsbildung, die sich „im Spannungsfeld zwischen diskursiver Schließung und Entgrenzung" (ebd.) bewegen, legen zum einen das unbestrittene Diktum zugrunde, dass Bildung mehr sei als Schule und Unterricht (vgl. ebd.; BJK 2002). Zum anderen wird hier eine „in sachlicher Hinsicht unpräzise und analytisch falsche Parallelisierung von Bildungsdimension und institutionellen Lernorten, nach dem Muster: formale Bildung = Schule und Unterricht, non-formale Bildung = Vereine und Jugendarbeit, Orte des informellen Lernens = Familie und Peergroups" (Stolz 2006: 118f.; BJK 2002) eingeführt.

ließe Gestaltungsspielräume entstehen und sichere das eigene „Territorium" (Stolz 2006: 119).[83]

In der Ausgestaltung von Ganztagsangeboten verweisen *Entgrenzungspotenzial* und *Begrenzungsstrategie* über die Unterscheidung zwischen institutionellem Lernort und Lernform auf Handlungs- und Gestaltungsebenen beteiligter Akteurinnen (Professionelle, Organisation, Kommune etc.), da hier „über die konkrete fachliche Qualität von Ganztagsbildung entschieden wird" (ebd.: 120). Das *Entgrenzungspotenzial* lässt sich bspw. im Zusammenhang mit einer gemeinsamen Unterrichtsgestaltung, der zeitlichen Planung, der sozialräumlichen Ausdehnung und der Einbeziehung von nicht Pädagoginnen in heterogene Gruppenarbeiten (Geschlecht, Alter etc.) als schulische Angebote bestimmen.

Als *Begrenzungsstrategie* verweisen diese Modi der Ausgestaltung auf Momente von strikter Fortführung des bisherigen Unterrichtskonzeptes, fehlender Beteiligung der Kooperationspartnerinnen am nachmittäglichen Unterrichtsangebot, bedingte Öffnung in den Sozialraum (Angebote am Nachmittag finden *nur* an Schule statt), homogene Lerngruppenangebote, besondere Angebote für Benachteiligte etc.[84] Der Unterscheidung zwischen Handlungs- und Gestaltungsebene in Verbindung mit Entgrenzungspotenzial und dem hier zugeordneten fachpolitischen Gestaltungsraum, steht die Begrenzungsstrategie diametral gegenüber. Zentraler Aspekt ist hier die Kontextverknüpfung im Hinblick auf das Gelingen ebenso wie auf die Nutzbarmachung von und für Bildungsbiografien (vgl. ebd.: 123). Parallel zu Entgrenzungspotenzial und Begrenzungsstrategie lässt sich nach Stolz noch eine weitere, auf Expansion angelegte Strategie benennen. Dieser Expansionsstrategie werde in den aktuellen Debatten auf zwei Wegen nachgegangen:

1. Im Plädoyer für einen *weiten Bildungsbegriff*, über den die Begriffe formell, nonformell und informell verfügbar gemacht werden, manifestiert sich ein erster Zugang. In Bezug auf die biografische Perspektive bedeutet dies: „Bildung beschränkt sich nun nicht mehr auf ein idealerweise von Arbeits- und Reproduktionszwängen freigehaltenes Moratorium »Kindheits- und Jugendphase«, sondern wird als »Lebenslanges Ler-

---

83 Nach Stolz (2006) manifestieren sich hier institutionelle Egoismen und Partikularinteressen, wobei unangenehme Grundsatzfragen verdrängt werden. In diesem Zusammenhang wird zum Beispiel der Sinn der Unterscheidung zwischen „Auftrennung pädagogischer Provinzen mitsamt der damit gegebenen professionalistischen Monokulturen" (ebd.: 119) hinterfragt, die mit einer Trennung von Schulpädagogik (Schule) und Sozialpädagogik (Kinder- und Jugendhilfe) einhergehe.

84 Weitere Beispiele werden angeführt, können aber vernachlässigt werden, da deutlich geworden ist, wie diskurstheoretische und unter Einbeziehung des Machtdispositivs auf Potenziale und Strategien aufmerksam gemacht wird. Nach Stolz würde sich die Begrenzungsstrategie besonders auf die Gruppen auswirken, die durch PISA sowieso schon zur Risikogruppe gehören und somit von Bildungsangeboten ohnehin nur peripher partizipieren (vgl. ebd.).

nen« prozesskategorial konzipiert" (ebd.: 117; Böhnisch/Schröer 2001). Damit verabschiedet sich der Lern- und Bildungsdiskurs nicht nur von vorgegebenen Mustern, die sich bislang an traditionellen Bildungsbiografien orientieren konnten. Die Debatte trägt auch zur Pluralisierung derselben bei, ohne diese sozialtheoretisch zu begleiten und ohne dass historisch „eigenständige Gepräge der institutionellen und pädagogischen Strukturen von Bildung, Erziehung und Betreuung in Deutschland" (Stolz 2006: 118) beachtet werden.

2. Die Erfassung der verschiedenen pädagogischen Realitäten, wie sie sich im Kontext von Schul- und Sozialpädagogik auf der disziplinären Ebene ergeben, die Eigenständigkeit der Kinder- und Jugendhilfe und der komplexe Bereich des Freiwilligenengagements in Vereinen und Verbänden als nonformelles Lernangebot auf der institutionellen Ebene trägt seinerseits dazu bei, eine *Gleichrangigkeit der Bildungssphären* zu suggerieren (vgl. ebd.). Besonders im Hinblick auf die international geführte Debatte, die informelles und nonformelles Lernen einseitig über ihre Relevanz für schulisches Lernen und damit reduzierend wahrnimmt, verweist derzeit die deutsche Debatte nur über ihre sozialpädagogisch motivierte Thematisierung der Formalitätsgrade im Zusammenhang mit dem Ausbau von Ganztagsschulmodellen auf alternative Lesarten (vgl. ebd.; UNESCO 1996).

Es zeigt sich, dass die Lern- und Bildungsdebatten also nicht nur verkürzt, sondern auch asymmetrisch geführt werden. Erschwerend kommt hinzu, dass die Semantiken ungleich, die Institutionen konträr und die Modalitäten (zu) vielschichtig sind, um hier eine klare Kontur erkennen zu können. Fragt man nun noch danach, worum es eigentlich geht bzw. gehen sollte – nämlich um Kinder- und Jugendliche –, so erweisen sich die Lern- und Bildungsdiskurse als äußerst fragwürdig und begründungsbedürftig. Dieser Ansatzpunkt wird nachstehend weiter verfolgt – doch zuvor werden die bis hierhin zusammengetragenen Gedanken in einer weiteren Quintessenz kurz zusammengefasst.

4.5 Quintessenz

Der Bildungsbegriff erfüllt insgesamt, und nicht nur in der aktuellen Diskussion, oft die Funktion eines „Containerbegriffs" (Thiersch 2004). Als „Catch-it-all-Begriff" (ebd.) findet er nicht nur unterschiedliche Verwendung, „sondern [wird] auch dazu benutzt, um unter dem gleichen Titel und in der Suggestion des Gleichen die Unterschiedlichkeit von Sachverhalten gegeneinander auszuspielen oder zuzudecken" (Thiersch 2004: 238). Bildung ist ein „empathischer Begriff" (Stolz 2006), der in unterschiedlichen Referenzen nicht nur *reformmächtig*, weil nicht ablehnbar erscheint, sondern aus Sicht vieler Bildungsakteurinnen unterschiedlicher Coleur derzeit auch *reformbedürftig*, weil nicht konkret fassbar. Über die Frage nach einem zeitgemäßen Bildungsbegriff wird zwar der Versuch unternommen, Bildung (mess- und evaluierbar) fassbarer und als Ergebnis oder über den Prozess konkret darstellbarer zu machen. Dabei wird aber all das, was sich mit dem Begriff Bildung verbindet, heruntergekürzt, so dass sich die gegenwärtige Diskussion immer weiter vom empathischen Begriff und Verständnis verabschiedet.

Mit der terminologischen Unterscheidung werden die zeitlichen Rahmenbedingungen (vor, neben, in und nach) als individuell-biografische (Familie, Peers, Gleichaltrigengruppe), als lebensweltliche Lernmodi und als institutionalisierte Orte (Schule, Kinder- und Jugendhilfe, Vorschule, aber auch marktförmig und gemeinnützig organisierte Angebote) über die abgestufte formale Bestimmtheit hervorgehoben. Als Bezugspunkte verweisen diese jedoch auf unterschiedliche institutionelle, organisatorische, interaktive und subjektive Bedingungen pädagogischer Realität. Zwar wird die Notwendigkeit einer terminologischen Unterscheidung damit begründet, dass die neuen Einsichten in das informelle Lernen eine (umfassende) Anerkennung erforderlich machen. Doch der mit der Unterscheidung proklamierte Perspektivenwechsel, der in Bezug auf Zugänge und Anerkennung nicht schulischen Lernens und Bildung ja „nicht vorrangig über die Schule oder gar in Abgrenzung zur Schule" (BMBF 2004: 13) erfolgen soll, bleibt in (Uhr-)zeitlicher Hinsicht in der Wesensbestimmtheit des Formellen verhaftet. Die damit verbundene Hoffnung auf eine umfassende empirische Berichterstattung über Lernbedingungen, -gelegenheiten und -erfolge in Familien und im Umfeld von Peers hebt auch nur hervor, dass eine bildungspolitische Intervention im engeren Sinne der traditionellen Zuständigkeiten nicht legitimierbar ist (vgl. ebd.). Demnach liegt die Definitionsmacht in Bezug auf die formale Anerkennung des informellen Lernens (weiterhin) beim (Aus-)Bildungssystem. Zugangsregelung und Zertifizierungsberechtigung werden damit beibehalten und nur die Lernerin, die besonders befähigt erscheint oder als begabt eingestuft wird, bekommt die Chance, die Ausnahme von der Regel zu werden.

Im Rahmen einer nur terminologisch ausgerichteten Debatte bleibt das formale Moment ein relevanter Aspekt, um sich institutionenübergreifend über die Bedingungen von Lernen und Bildung verständigen zu können. Das Problem jedoch ist, dass die hier zugrunde gelegte Form die Art der Unterscheidung, zwischen unterschiedlichen Orten und Modalitäten, die Andersartigkeit des Lernergebnisses erst hervorbringt, wenn sich in dieses Differenzierungsschema die optionalen Lern- und Bildungsformen als Tendenzen (mehr oder weniger formal) subsumieren und klassifizieren lassen. In diesen Beschreibungskategorien steht nicht mehr die Frage nach den Grenzen der formalen Bestimmtheit im Mittelpunkt, vielmehr wird davon ausgegangen, dass die Addition von formellen, nonformellen und informellen Anteilen und Formen – also die Strukturiertheit von Lernen und Bildung darüber entscheidet, ob Kinder und Jugendliche in ihrer Gesamtsumme in die Lage versetzt werden, ihr Leben selbstbestimmt zu bewältigen (vgl. Büchner/Krah 2006). *Wenn die formale Bestimmtheit das zentrale Element für die vergleichende Unterscheidung ist bzw. den Vergleich erst ermöglicht, dann wird die Grenze der Form bzw. der Grad als Formalität im eigentlichen Sinn dasjenige Moment, das entweder als solches oder über die Eigenheit begriffen und bestimmt werden kann. Daraus lässt sich die These ableiten, dass in Bezug auf die Lern- und Bildungsform das Formelle durch sein hohes Maß an (empirisch überprüfbarer) Strukturiertheit der Richtwert der Bemessung aller nicht formellen und informellen Formen von Bildung bleibt und umgekehrt. D.h.: Die terminologische Unterscheidung basiert (im Kern) auf traditionellen Legitimationen und Zuständigkeiten. Sie betrachtet die Bereiche nur unter dem Blickwinkel ihrer (nicht)formalen Bestimmtheit.* Hier stellt sich die Frage, warum die Wahrnehmung von Lern- und Bildungsprozessen im nicht schulischen Bereich nur im Hinblick auf ihre Andersartigkeit und Differenz im Vergleich zu schulischen Bedingungen erfolgt. Es wäre angemessener sie im Hinblick auf ihre eigene Form, ihre eigenständigen Leistungen, Zugänge und Notwendigkeiten zu diskutieren.

Vor diesem Hintergrund lassen sich die Thesen ableiten, dass:

- durch den Vergleich in der Thematisierung Lücken entstehen und
- die Lücken in der Thematisierung den Blick auf Lernen im Bereich der Kinder- und Jugendhilfe verengt.

Als These der Deformalisierung von Bildung lassen sich an dieser Stelle verschiedene Aspekte formulieren:

- In dem Versuch, Lern- und Bildungsprozesse umfassend und über konkrete Verortung bzw. in Dimensionen empirisch darzustellen und sichtbar zu machen, ergibt sich ein standarisiertes, mechanisches Bild von Prozessen, das die Standardisierbarkeit nicht thematisiert. Alles erscheint durch die Unterscheidung zwischen formell, nonformell und informell objektiv erfass- und messbar. Bildung hat aber auch etwas mit nicht objektiv bestimmbaren Prozessen zu tun, die sich als solches weder bspw. über die Bezeichnung spontan oder selbstbestimmt einfangen lassen, noch der wirklichen Realität entsprechen, wie sie sich Kindern und Jugendlichen tagtäglich als *soziale Dimension* zeigt.

- In der *zeitlichen Dimension* wird die Zeitlichkeit der Zeit nur als Halbwertszeit von Wissen bilanziert, nicht aber über die Bedeutung von Inhalt und Gehalt. Welche Inhalte haben heute welchen Gehalt? Wie wirkt sich die Umstellung bspw. von Hochkultur zur Populärkultur, die für die Phase des Aufwachsens weit mehr Konsequenzen nach sich zieht, gesamtgesellschaftlich aus, und welcher Bezug lässt sich hier bspw. im Hinblick auf Fortschritt oder Verfall herstellen? Zudem geht es um eine wiederum uhrzeitlich messbare Fokussierung von Zeit, die Prozesse (gefühlter) Zeit nicht mit berücksichtigt.
- Die Thematisierung in der *sachlichen Dimension* orientiert sich weder an Bildungsinhalten noch -gehalten. Sie setzt bei Lebensnotwendigkeiten an, an individuell-aktuellen Problemen wie sie sich der Einzelnen stellen und wie sie sie löst. Hier geht es um Kompetenzen, Qualifikationen und um die Notwendigkeit, sein Leben selbstständig zu meistern. Mit Bildung verbindet sich aber, wie mit der Skizzierung der diachronen Perspektive dargestellt wurde, ein weitaus höherer Anspruch als nur durchkommen.

Ob sich diese Deformalisierungen als neue Faktoren auf Bildung als Begriff und Konzept beeinflussend auswirken, bleibt abzuwarten – kann sozusagen erst dann thematisiert werden, wenn die Zeitlichkeit der Zeit greift.

Davon ausgehend, dass sich Lernen und Bildung immer auf eine sich verändernde Form beziehen lassen, die das jeweilige Bildungsverständnis prägen, wird im Folgenden der Frage nachgegangen, welche pädagogische Form zugrunde liegt. Daran anschließend wird, im Versuch den aktuellen Diskurs distinktionstheoretisch auszubuchstabieren bzw. zu bereichern der Frage nachgegangen, wie überhaupt die Form bzw. Formen entstehen.

5. Unterscheiden lernen

„Existenz ist selektive Blindheit"
(George Spencer-Brown 1999: 189).[85]

Die Ausführungen, die die Gleichsetzung von Form und Ort suggerieren, orientieren sich an den Aspekten, was zu lernen ist (Inhalt), wo gelernt wird (Sozialität), wann gelernt wird (Zeit), wie gelernt (Lernmodi) und wozu gelernt worden ist (Lernergebnis). Allgemein gibt dies die Vorstellung wieder, die mit Lernen und Bildung in diachroner Perspektive verknüpft sind (vgl. Kap. 3.). Diese verweisen auf die historisch sich entwickelnden Konventionen, denen ein pädagogischer Formbegriff zugrunde liegt.[86]

In den aktuellen Diskursen um Lernen und Bildung wird er an prominenter Stelle über die Benennung *form*ell und in*form*ell verwendet. Diese Benennung greift jedoch für weiterführende Analysen zu kurz: Das, was als formell bzw. formal beobachtet und bestimmt wird, misst sich immer daran, was als informell beobachtet und bestimmt wird und umgekehrt. Die Bestimmung der pädagogischen Form vermischt sich mit der Unterscheidung zwischen den Begriffen formell und informell, ihrem allgemeinen Status und ihrer Verwendung. Im Folgenden, zweiten Teil dieser Arbeit, wird es daher zunächst darum gehen, den Formbegriff der Pädagogik darzustellen. Daran anschließend wird der Begriff distinktionstheoretisch aufgearbeitet, um aufzuzeigen, dass die Unterscheidung zwischen formell und informell nicht automatisch auch eine Differenzierung zwischen zwei Zuständen begründet, sondern vielmehr auf eine *konditionierte Ko-*

---

85 An dieser Stelle eine Anmerkung zum Namen und zur Schreibweise „Spencer-Brown": Sie ist in der vorliegenden Literatur nicht einheitlich. Als Grund benennen Schönwälder, Wille und Hölscher (2004), dass George Spencer-Brown dies favorisiert habe, in dem er auf den Bindestrich verzichtet hätte. Für die hier vorliegende Arbeit wurde die Bindestrichversion gewählt. Ausnahmen bilden die Textstellen, wo der Name direkt in Zitaten genannt, die jeweilige Schreibweise somit einfach übernommen wird.

86 Dass die Frage nach der Gestaltung des pädagogischen Raumes insgesamt einen eigenständigen Themenkomplex einnimmt, kann mit Franz-Josef Jelich und Heidemarie Kemnitz (2003) aufgezeigt werden. Sie gehen von einer Mehrdeutigkeit des Raumbegriffs in der Erziehungswissenschaft aus und lenken den Blick auf „die Geschichte von Entwürfen und Praktiken der räumlichen Konkretion, Präsentation und Wahrnehmung von Bildungsprozessen" (ebd.: 11). Dabei gehen sie der Frage nach der Gestaltung des Raumes, ihren pädagogischen Funktionen, Intentionen und Wirkungen unter dem Aspekt von Zuschreibung und Unterstellung nach. Prinzipiell sei davon auszugehen, so der Autor und die Autorin, dass jeder Ort zu einem pädagogischen Raum werden kann. Sie entwerfen „Wandering Images" (ebd.), die deutlich Fragen nach den Transfers und dem Wandel pädagogischer Räume aufwirft. Dies könnte ein fruchtbarer Aspekt für zukünftige Fragestellungen sein.

produktion verweist und damit auf ein *Entstehen in gegenseitiger Abhängigkeit.* D.h. das, was als formell bezeichnet wird, bemisst sich immer daran, was als informell gilt und umgekehrt. Wenn es, wie Alexander Kluge (2003) ausgeführt hat, eine Kunst sei, Unterschiede zu machen, dann steht hinter der distinktionstheoretischen Annäherung an Lernen und Bildung die Intention, die Kunst des Unterscheidens zu lernen.

5.1 Der Formbegriff in der Pädagogik

Klaus Prange (2004) hat sich dezidiert mit dem Formbegriff in der Pädagogik auseinandergesetzt. Für ihn gehört der Begriff der Form zu den Grundwörtern europäischer Geschichte und gibt allgemein Auskunft über Sachverhalte und Verläufe.[87] Er ermögliche eine subjektive und objektive Vorstellung davon, wie sich die Elemente und Aspekte eines Sachverhalts darstellen, wie sich verschiedene Sachverhalte voneinander unterscheiden lassen und wie sie sich aufeinander beziehen (vgl. ebd.: 393). Die Verwendung des Begriffs der Form setzt demnach eine subjektive und eine objektive Kenntnis von Sachverhalten und -verhältnissen voraus, um zwischen Verhältnissen, Dingen etc. zu unterscheiden. Voraussetzung ist jedoch, so Prange, dass Einvernehmlichkeit herrscht, mit welchen Begriffen wir Wirklichkeit erfassen und uns ihre scheinbare *oder* faktisch gegebene *oder* konstruierte Ordnung vergegenwärtigen.[88] Demnach stellt sich überall da die Frage nach einer Form, wo das naive Welt- und Selbstverständnis gleichermaßen auf Denk- wie Reflexionsprozesse verweist (vgl. ebd.). Der Bildungsbegriff als Grundbegriff der Pädagogik, der für das Selbst- und Weltverständnis des Menschen steht, ist nicht nur explizit mit dem Formbegriff verbunden. Der Begriff zielt zudem auf Lern- und Bildungsprozesse als einer Vergewis-

---

87 Klaus Prange (2005) ist u.a. mit seinen Ausführungen zur Zeigestruktur der Erziehung nicht ganz unumstritten. Nicht zuletzt auch, weil er sich mehr als kritisch gegenüber der Sozialen Arbeit positioniert hat, die seiner Meinung nach weder Bildung, noch Lernen oder Erziehung im Blick hätte. Letztlich ist Prange aber derjenige, der sich umfassend mit dem pädagogischen Formbegriff auseinandersetzt und so wesentliche Argumente für den hier zu entfaltenden Ansatz beisteuert.

88 Ulrich Beck (1993) entwirft mit der „Rückkehr der Ungewissheit in die Gesellschaft" ein Szenario, in dem gesellschaftliche Konflikte nicht mehr als Ordnungs-, sondern als Risikoprobleme behandelt werden. Hier gibt es dann keine eindeutigen Lösungen mehr. Die Umstellung von Ordnungs- auf Risikoproblem zeichne sich durch eine „prinzipielle Ambivalenz" (ebd.: 47) aus. Nicht mehr das entweder – oder der Industriegesellschaft zählt als dichotom konstruiertes Alternativpotenzial, sondern das und. Durchgängiges Merkmal, so der Autor, scheint die Diffusion zu sein, in der Wahrscheinlichkeitskalküle, fehlende Eindeutigkeit und Entscheidbarkeit einen vagen Orientierungshorizont bilden (vgl. ebd.: 53).

serung der „Vielfalt dessen, was wir erleben, was uns begegnet und angeht" (ebd.). Er bezeichnet den Versuch, sich einen Reim auf eben diese Vielfalt und ihre Bedeutung für die eigene Lebensführung, das Erkennen von Sachverhalten, die Formulierung von Geboten und der eigenen Positionierung gegenüber anderen und sich selbst zu machen (vgl. ebd.; Böhm 1994). Zu unterscheiden ist die Form als *philosophisches Leitmotiv, konstitutives Merkmal* und *Gedanke*:

Form als philosophisches Leitmotiv

Als philosophisches Leitmotiv markiert die Formfrage den Grund des ständigen Bemühens sich selbst und sein Selbst in seiner Umgebung zu hinterfragen. Als Orientierungsfrage nimmt sie die Verhältnisse als Bedingung und Bedingtheit in den Blick und geht einher mit der Frage nach der Instrumentalisierung ihrer Verwendung; mündet letztlich in die Vorstellung der Unabhängigkeit von Bedingungen (vgl. Prange 2004). In der Thematisierung der Orientierungsfrage wird der Formbegriff als retrospektive Vergewisserung dessen verwendet, was unter der Form zu verstehen ist, was sie beinhaltet, wie sie sich von anderen abgrenzt und welche Bedingungen vorliegen, um eine Form als „Form von etwas Besonderem zu erfassen" (ebd.: 394).

Form als konstitutives Merkmal

Der Formbegriff als konstitutives Merkmal pädagogischen Denkens verweist auf die normative Vorstellung von richtiger und falscher Erziehung, wenn zu etwas erzogen oder gebildet wird. Form bestimmt die pädagogische Semantik da, wo es um distanzierte Beobachtungen und Ansichtsbeschreibungen, Abläufe und Erziehungsergebnisse als Anweisung zur richtigen und als Kritik über falsche Erziehung, um Konzepte, Konventionen und Grundlegungen der allgemeinen Reflexion geht (vgl. ebd.).

Form als pädagogischer Formgedanke

Der pädagogische Formgedanke lässt sich nach Prange auch durch Verwendung von Bewegungsmetaphern nachzeichnen, wie zum Beispiel durch die Begriffe Ausbildungsweg und Bildungsgang oder formaler Bildung. Letztlich verweist auch der Begriff der *Re*form auf die Notwendigkeit „der Erziehung noch erst die maßgeblich richtige Gestalt zu geben" (ebd.). Charakteristisches Moment der Form im pädagogischen Denken ist das faktisch vorkommende allgemeine Moment, „das sich in unterschiedlichen Situationen als wiederkehrend identifizieren und in Hinblick auf erzieherisches Handeln wiederholen lässt" (ebd.).

Die Frage nach der Form und die damit verbundenen Probleme werden aktuell zumeist ausgeblendet und haben im Kontext von ad hoc Konzepten oder tagespolitisch motivierten Slogans wie zum Beispiel dem Lernen des Lernens nur noch eine nach geordnete Relevanz. Begründet wird dies mit der natürlichen, kognitiven und emotionalen Weiterentwicklung des naiven, subjektiven Selbst- und Weltverhältnisses, das in der Weitergabe von Haltungen, Kenntnissen und Fertigkeiten an die nachwachsende Generation auch Annahmen darüber einschließt, wie die Auffassungen, Aneignungen und Deutungen von Sachverhalten beschaffen sind, damit diese gemeinsam ausgebildet und mitgeteilt werden können. Hieraus ergibt sich, dass eine berufliche pädagogische Repräsentation nicht erforderlich ist, um allgemein Lern- und Bildungsprozesse zu initiieren. Professionelles pädagogisches Handeln wird vielmehr erst da erforderlich, wo es gilt zu etwas *zu* erziehen bzw. *zu* bilden. Allerdings schließt die Frage nach der pädagogischen Form in der Weitergabe, die nicht nur aus der bloßen Übermittlung tradierter Wissensbestände und Themen besteht, auch die Vorstellung mit ein, wie gelernt wird. Denn wenn das Erziehungsverhältnis als Inbegriff der Veranstaltungen, durch die wir uns auf das Lernen anderer beziehen, bestimmt wird, differenziert sich die Form nach zwei Seiten, die dann das Verhältnis beider Seiten zueinander bestimmt: Es geht entweder darum, das Lernen anderer in den Blick zu nehmen oder Lernen theoretisch als erkennbarer Sachverhalt und praktisch im Hinblick auf seine Umsetzung zu fokussieren (vgl. ebd.). Prange leitet daraus ab, dass pädagogische Reflexion und Formreflexion zusammen gehören.

Der Formbegriff in der Pädagogik verweist in diachroner Perspektive auf drei Stufen der Veränderung: 1. die Stufe der *Entdeckung und Systematisierung*, die ihren Ursprung im griechischen Denken hat, 2. die Stufe der *Individualisierung*, die im Zeichen christlicher Erfahrung der Einzigartigkeit stand und 3. die Stufe der *Methodisierung und Temporalisierung* der Form, in der Lernen zum zentralen Merkmal der Pädagogik insgesamt wurde und in die reflexive Selbsterfassung modernen Denkens einfloss (vgl. ebd.: 395). Auf die drei Stufen wird im Folgenden kurz eingegangen, weil sie das aktuelle Verständnis von Lernen und Bildung mitgeprägt haben.[89]

Pädagogische Entdeckung der Form

Die pädagogische Entdeckung der Form bezeichnet die Überwindung allgemeiner Vorstellungen, die über Sprache vermittelt und festgelegt werden. Historische Erzählungen dienten der Bewahrung von Tradition, in dessen Verlauf sich dann das Denken von sinnlich gebundener Erfahrung emanzipierte. In Narrationen wurden Gemeinsamkeiten bewahrt, tradiert und präsent gehalten. Als Ord-

---

89 Damit verknüpfen sich auch Aspekte von Erziehung als Aufgabe und Tatbestand, die in die Geschichte des pädagogischen Bewusstseins mit einflossen (vgl. ebd.; Bernfeld [1925] 1973).

nungsprinzip galt, dass das, was gehört wird, derselben Ordnung unterliegt, wie das, was wir wahrnehmen (vgl. Prange 2004: 396). Die Aufhebung der Gleichsetzung von Erzählung gleich Wirklichkeit macht es möglich, Lernen nicht mehr nur als bloßes Nachlernen von Regeln und Zusammenhängen zu begreifen, sondern verweist auf Lernen durch Einsicht und Wiederholung. Lehren kommt die Aufgabe zu, tradiertes und durch Suche vermehrbares Wissen durch Zuhören, Beobachtung, Berechnung und Verallgemeinerung zu ermöglichen und ihr als solches eine traditionsbildende Gestalt zu geben. Darauf baut die Unterscheidung auf, zwischen einem einsichtigen Lernen, das dem Lernen durch Zuhören vorgeordnet wird. Diese Unterscheidung bedingt die Unterscheidung zwischen einem Lernanfänger, der bloß zuhören und ansonsten zu schweigen hat und auf Autoritäten hin lernt, während einsichtiges Lernen im Gegensatz dazu ein Lernen beschreibt, das im Hinblick auf Begründung und Beweisführung erfolgt, als einer Einsicht in eine Idee und Beweis (vgl. ebd.). Denken emanzipiert sich und markiert einen Bereich kontinuierlicher und stabiler Elemente, als nicht zeitliche und invariante Formen, an denen die faktische reale Ordnung gemessen und ausgerichtet wird. Prange verweist darauf, dass das Ideal der Form zweiseitig ist, da es als Mittel der Beschreibung dessen dient, „wodurch das Wirkliche in seiner Ordnung aufgefasst wird" (ebd.), während die andere, nachgeordnete Seite, die Ordnungswirklichkeit der einen Seite als „gegebene Wirklichkeit vor der Idee als Ideal gemessen wird" (ebd.).[90] Die Einzelne ist fortwährend damit beschäftigt, einen balancierten Transfer zu schaffen zwischen Idee und Ideal, wobei die Bewegung selbst eine Lernende zur Lernenden mit einer eigenen Form macht. Diese Form bringt sie in die Position einer Lehrenden (ich lerne, also bin ich auch in der Lage zu lehren): „Lernen wird als Wiedererinnerung ... gefasst, die unter Anleitung eines Lehrers freigelegt und als dasjenige erfahren wird, was wir selber immer schon mitbringen, wenn wir konkretes Wissen erwerben" (ebd.: 397). Lernen als Lernfähigkeit wird bestimmt durch das Vorwissen der Einzelnen, das als solches weitergegeben werden kann. Hier wird Lernen dann zum zentralen Element einer Didaktik als Lehre des Vorwissens und verweist darauf, dass etwas vorgebildet ist, das in der Gegenwart als „eingeborene Ideen" und als dem „empirischen Erfahrung eingeschriebene Apriori" (ebd.) gefasst wird.[91] In der

---

90 Klaus Prange verweist hier auf Plantons Höhlengleichnis, in der die Wechselwirkung als fortwährendes Denkbild beschrieben wird und den Weg der Bildung markiert, „als Aufstieg aus der Verstrickung in den sinnlichen Schein zur Sonne der Ideen" (ebd.: 396). Die Bewegung „aus dem Dunkel ins Licht, aus der Unwissenheit zum Wissen" (ebd.) stellt eine zweite und schmerzliche Geburt des Menschen dar, „in der er zu sich findet und belehrt, geformt wieder geworden ins Dunkel des Alltags" zurückkehrt „und auch den Anderen, die noch im Zustand der Befangenheit und Gebundenheit sind, das erworbene Wissen bringen kann" (ebd.: 396f). Einen ähnlichen Zugang zu Bildung findet sich übrigens bei Hans-Joachim Heydorn (vgl. Sünker 1999; 2003).
91 Lehren und Lernen bezeichnet hier, in der Lernenden das herauszuholen und ans Licht zu führen, „wovon ... [sie] noch nicht weiß, dass ... [sie] es weiß" (Prange 2004: 397).

Unterscheidung zwischen Lernform und Lehrform bezieht sich ersteres auf das, „was wir mitbringen und gewissermaßen investieren, wenn wir lernen, d.h. Neues erfahren und damit den Bestand unseres Könnens und Wissens erweitern" (ebd.). Letzteres wird etwa von Autoritäten verwendet, „wenn sie an einer Aufgabe, an einem Beispiel oder sonst an einer Gegebenheit etwas zeigen, was der Lernende von sich aus sehen und sich zu eigen machen soll" (ebd.). Die Entdeckung der Form konstituiert sich also gerade im Lehren und Lernen als Unterscheidungsmerkmal – genauer: Ohne die Idee der Form ließe sich weder etwas Lernen noch Lehren.

Systematisierung des Formdenkens

Die Systematisierung des Formdenkens in der Pädagogik erfolgte durch die Einsicht in Lernen als nicht abschließbarer Tätigkeit. Sie verweist auf die Unterscheidung zwischen Lernen aus Erfahrungswissen und Lernen durch Erfahrung. Lernen als nicht abgeschlossene Tätigkeit wird als Bewegung gefasst und als menschliches Lernen beschrieben, „von dem aus, was wir schon wissen, auf das zu, was wir noch nicht wissen und nicht können" (ebd.: 398). Die natürliche Ordnung ergibt sich aus sich selbst und ist auf Ordnung hin angelegt. Der Gang der Natur wird in der Erziehung nachgebildet, die über die Pflege zur ausdrücklichen Übung zum Wissen führt. Die Fortschreibung dieser Unterscheidung mündet in die Ausgestaltung einer Praxis, die das „Gerüst der Bildung des freien Menschen" (ebd.) im Blick hat und in den Lehrplänen des Abendlandes seinen Ausdruck fand. In dem sich hier entwickelnden Formenspiel, das der Bildung der Einzelnen das Maß vorgibt, „weil es sich im anderen wiederholt", bleibt das individuelle Streben noch darauf gerichtet, ein „allgemeiner Mensch zu werden" (ebd.: 399). Der Erziehung kommt hier die Aufgabe zu, der Einzelnen zu dieser Allgemeinheit zu verhelfen. Menschenformung verweist dabei auf die Ausbildung eines „Typischen, was den Menschen menschlich macht und ihn mit anderen verbindet" (ebd.). Die Systematisierung des Formbegriffs in dieser Stufe bezieht sich somit auf die Abkehr vom Gedanken, dass die Bildung des Menschen durch das Vorwissen bzw. Erfahrung bestimmt wird hin zu der Ansicht, dass ihn seine Selbsttätigkeit erst zu einem Menschen macht – wobei dies in direktem Zusammenhang mit seelsorgerisch-theologischen Motiven stand (vgl. ebd.).[92]

Individualisierung der Form

Die Individualisierung der Form steht für die zweite Stufe des pädagogischen Formdenkens als historisches Zeitfenster „allegorisch-symbolische[r] Spekula-

---

92 Der ethische Logos, so Prange, wird zu einem christlich-ethischen (vgl. ebd.).

tionen in moralisierend-pädagogischer Absicht" (ebd.: 400). Dabei sind die historisch vermittelten Formen (Lernen durch Überlieferung, durch Erfahrung und als Tätigkeit) zwar noch latent vorhanden, treten aber hinter christliches Denken zurück und treten als geänderte Leitfragen in Erscheinung. Während zuvor noch Form und Materie gleichgewichtig waren und zusammen das Gemeinsame in der Vielfalt bestimmten, wird der Begriff der Form zur Erfassung von Vielfalt und Erzeugungsmoment verwendet. D.h., wenn etwas erkannt wird, wird es im Hinblick auf seine Form und in Hinsicht auf das Allgemeine erfasst (vgl. ebd.: 401). Der Weltbezug drückt sich über Wahrheit aus. Wahrheit folgt dem so Sein und Erkennen folgt metaphysischen Vorgaben: Erkennen „kann sich auf die Konformität von Sein und Denken verlassen" (ebd.). Dem Belehren und lehrbaren Glauben widerspricht jedoch die auf das Individuum gerichtete Erfahrung der Gnade, die nicht erwirkt und im Lernen vorbereitet werden kann, „sondern die jedem einzelnen geschenkt oder entzogen wird" (ebd.). Unter dieser Voraussetzung sind Begriffe und Formen, mit denen Realität erfasst und thematisiert wird, als nur nachgeordnete, veränderliche Benennung zu verstehen, die über kein eigenständiges Fundament (Sinn) verfügen, sondern nur noch der Ordnung der Vielfalt nach metaphysischem Willen dienen. Kategorisiert bedeutet dies, so Prange, eine Abkehr von der Vernunft hin zum Willen, „der sich selbst die Regel gibt" (ebd.) und damit die Unterscheidung zwischen einem allgemeinen Wissen und einer Form besonderen Wissens ermöglicht: Allgemeinheit und Individualität, Rationalität und Glaubensakt werden „zur Programmformel dessen, was unter dem treffenden Namen der Scholastik gefasst wird" (ebd.).[93] Die Spannungseinheit zwischen Lernen und Lehren bezieht sich letztlich auf die Emanzipation von vorgegebenen Antworten: Offenheit und Neugier wird zugelassen, „so dass schließlich das Lernen und Forschen auch gegenüber dem Lehren des immer schon Gewussten Selbständigkeit gewinnen" (ebd.). Die Option, entweder dem metaphysischen Willen oder dem Willen einer eigenen Ordnung schaffend zu folgen, verweist in Bezug auf die Formfrage auf den Ursprung des einzelnen Willens. Beide Optionen stehen sich jedoch ohne Vermittlungseinheit gegenüber, so dass die Einzelne entscheiden muss, sich entweder einem metaphysischen Willen zu unterwerfen oder sich der Welt anzupassen und nach eigenem Maß eine Form zu finden, in der sie leben will.[94] Damit einher geht die Entzauberung der Vielfalt, während sie dem forschenden Lernen zugänglicher wird, dass

---

93 Lernen auf Autoritäten hin wird zum Unterrichten als autoritäre, traditionsgebundene Vorgabe, glaubensgebundene Lehre und lehrbarer Glaube wird zur Theologie und Seelsorge (vgl. ebd.).
94 Unterwerfung führt hier nach Prange „zur Autonomisierung des religiösen Bewusstseins und zur Reformation", während „die zweite zur Verselbständigung der Weltkenntnis und Weltbeherrschung führt" (ebd.: 402). Die vorgegebene (heilige) Ordnung wird abgelöst durch die Methode, mit der eine eigene Ordnung hergestellt wird. Ordnungsdenken wird zum methodischen Denken und Handeln, „bis schließlich die religiösen Prämissen abgestreift werden und der Mensch in die Stelle einrückt, die vorher vom göttlich-verbindlichen Willen besetzt war" (ebd.).

nicht mehr nur wiedergibt, was schon da war, „sondern das von sich aus nachsieht und untersucht, wie alles im Einzelnen ist und unter Begriffe gebracht werden kann" (ebd.: 402).

Form als Methode

Die Form als Methode in der dritten Stufe des pädagogischen Formdenkens beschreibt, nach was und mit was gelernt wird. Lehrerinnen werden zu Forscherinnen, weil sie nicht nur Traditionen kommentierend auslegen, sondern sich auch gegen (schriftliche und mündliche) Autoritäten wenden. Methodisierung, die bislang der Form untergeordnet war und einen Leitbegriff der Neuzeit darstellte, rückt als charakteristisches Titelwort für die Verselbstständigung des Wissens ins Zentrum pädagogischen Denkens (vgl. ebd.). Methoden hatten bisher keinen eigenen Stellenwert und waren an bestehende Sachverhalte gebunden, zu deren Bewältigung sie als „seins- und ordnungsgebundene Formen des Unveränderlichen in der Zeit" (ebd.) dienten. Das methodisch gewordene pädagogische Bewusstsein forcierte eine Weiterentwicklung der Didaktik hin zu standardisierbaren Methoden und messbaren Ergebnissen. Es konkretisiert sich als Unterbau schulförmiger Angebote, denen die Didaktik als Antagonistin der Methode gegenübersteht. Die Fragen nach schulischer Erziehung begründen in Folge dessen einen eigenen Themenkomplex, indem die Form des Unterrichtes einen eigenen Schwerpunkt bildet und vergleichbar ist mit Formen des Regierens, des „weltmännischen Auftretens, der Herrschaft, des künstlerischen Ausdrucks und des Wirtschaftens" (ebd.: 403). Im schulischen Kontext geht es auch um die Beherrschung der Methode als Zugewinn von Rationalität und Kontrolle. Im „Primat der Methode" (ebd.: 404), das sich gegen undurchschaubare, nur zu erduldende Lernprozesse wendet, wird die Erfahrung als materiale Voraussetzung untergeordnet, so dass nur das, was sichtbar und beobachtbar ist, über das, was wahrgenommen wird und wie es hervorgebracht wurde, noch wichtig erscheint. Die Bestimmung der Form wird zum Auftrag und zur Aufgabe des Subjekts. Erziehung stellt hierbei eine Variante dar, der Form Gestalt zu geben, durch die das empirische Subjekt „zu mündigen, ihrer selbst gewissen und schließlich selbstbestimmten Wesens zu bilden sind" (ebd.). Aufklärung, so Prange, wird zum allgemeinen Thema selbstbestimmter Formgebung, dessen pädagogische Gegenspielerin die Erziehung als Methode zum aufgeklärten Bewusstsein darstellt. Zentrales Moment der hier entstehenden Pädagogik ist nicht mehr nur die Angleichung an eine schon bestehende vielfältige Formenordnung, sondern setzt die Selbsttätigkeit des Subjekts voraus, „das zwar am Material lernt, aber doch so, dass es dabei gewissermaßen selber methodisch wird und insofern lernt, wie man Sachverhalte nach eigenem Maß und eigener Einsicht bearbeitet" (ebd.). Unterschieden wird hier zwischen Subjektivierung der Form, deren Voraussetzung und Ziel die Selbsttätigkeit ist und der Formalisierung des Lernens und Erziehens. Ersteres stellt den maßgeblichen Bereich einer Pädagogik dar, innerhalb dessen die Selbsttätigkeit im Lern- und Erfahrungsprozess sowohl vorausgesetzt wird wie anzustreben ist (vgl. Langewand 1994; Kap. 3.1). Um Selbsttätigkeit zu fördern, wird letzteres notwendig, um Erziehung selbst methodisch zu machen und damit Formen bereitzustellen, an denen die Einzelne den Formgebungsprozess erfährt und übernehmen kann. Dieses zweite Spannungsverhältnis, das sich neben dem bereits dargestellten scholastischen Spannungsverhältnis ergibt, markiert das „Methodischwerden des Subjekts" (Prange 2004: 405), das die Kluft zwischen Verstand und Sinn, zwischen Selbsttätigkeit und Sozialität, zwischen reiner Vernunft und menschlicher Geschichte überbrückt und überwindet. Hier, so Prange, haben sich im Laufe der Zeit unterschiedliche Vermittlungsinstrumente entwickelt wie Zeit (Kant), Bewusstsein (Hegel) und Sprache (Humboldt). Die Radikalisierung der Methoden- und Formfrage bestehe darin, dass das, was zunächst als vermittelndes Schema auftritt, sich verselbstständigt und der Unterscheidung zwischen Form und Inhalt, Vernunft und Geschichte, Reflexion und Natur vorgeordnet wird. Das temporale Moment dient der Methode als Verfahren zur Ordnung von Wissensbeständen. Pädagogische Handlungen erscheinen als geordnet und wiederholbar (vgl. ebd.; Paschen 1979). Erst in der Reflexion als Nachdenken über, bezieht sie sich auf sich selbst. Da jedoch, wo es das Denken mit sich selbst zu tun hat, lässt sich Geschichtlichkeit konstatieren (in Kap. 3.2 mit Langewand (1994) als Fortschritt und Verfall thematisiert). Für inhaltliches Erkennen und für Denken gilt, dass es „eine Entwicklung hinter sich und eine Zukunft vor sich [hat]" (Prange 2004: 406).[95] Den im 19. Jahrhundert aufkommenden Erfahrungswissenschaften liegt das Vorhaben zugrunde, „eine Welt zu schaffen, in der sich die Gewissheit endgültiger Grundlagen und letzter Verbindlichkeiten auflöst und dem Bewusstsein der Variabilität des Pluralismus der Formen Bahn bricht, in denen wir unser Welt- und Selbstverständnis formulieren" (ebd.). In diesem Kontext richtet sich Zweck und Ziel der Methode danach, das Gegebene zu rekonstruieren oder neu bzw. schöpferisch zu erzeugen und stellt somit keinen autonomen Universalschlüssel zur Erschließung von vorgegebenen Ordnungen mehr dar. Die Methode „wird selber so zeitlich wie das, worauf sie sich bezieht und was sie hervorbringt" (ebd.). Der zeitlichen Begrenzung, so Prange, geht es nur noch um Vernunftskonzepte und die Umsetzung „methodisch kontrollierter Projekte" (ebd.), nicht mehr um die Suche und Thematisierung von Wahrheit.

---

95 Weder die Formen des Denkens, noch das geordnete Erkennen ist geschichtlich-endlich: „Das Denken steht ebenso unter Bedingungen der Zeitlichkeit wie alles andere auch" (ebd.: 406).

Temporalisierung der Form

Insgesamt verläuft die Temporalisierung der Form in zwei Schritten, wobei der erste Schritt die Form als Methodisierung beschreibt, während im zweiten Schritt die Form der Methode in ihrer Zeitlichkeit (Voranstellung im Hinblick auf Zukunft) erfasst und zum zentralen Element einer veränderbaren Vermittlung von Erkenntnissubjekt und erkanntem Objekt macht (vgl. ebd.: 405). In der pädagogischen Semantik und Programmatik spiegelt sich das in der Auflösung der starren Gegenüberstellung von Form und Inhalt, von Subjekt und Objekt des Erfahrens und in der Emanzipation des Lernens von der Erziehung wider. Das Lernen des Lernens als Ziel und Leitgedanke einer sich hier neu etablierenden Pädagogik geht davon aus, dass sich die richtigen Formen der Erziehung nicht unabhängig vom Lern- und Erfahrungsprozess bestimmen lassen, sondern vom Lernprozess mit seinen besonderen Merkmalen her konstruiert werden müssen. Da es aber keine Orientierung bietende universelle Methode gibt, bleibt nur die Möglichkeit, auf die Mehrheit vorhandener Wissensbestände zuzugreifen. Die Akzeptanz der Pluralität führt unvermeidlich auch zur Pluralisierung der Lernformen, „von denen her Unterricht und Bildungsorganisationen entworfen werden" (ebd.: 407). Einendes Moment ist der *Leitgedanke des Lernen des Lernens*, in dem das Lernen selbst zum Thema wird. Parallel dazu entwickeln sich eigene Lehren des Unterrichtens und Erziehens für einzelne Aufgaben, Themenfelder, Berufsgruppen und Einrichtungen, die wiederum zu einer Pluralität von Lernaufgaben führen und in denen sich aktuelle Sozialerfordernisse widerspiegeln, die keiner einheitlichen Programmatik und Kanonidee folgen (vgl. ebd.). Ziele ergeben sich hier nur noch aus Absprachen und Vereinbarungen, aus Entscheidungen und Konsensfindungen zwischen den Beteiligten nur auf Zeit und auf Widerruf sowie in Hinsicht darauf, „was nach dem Ende der »großen Geschichten«" (ebd.: 407) noch Geltung beansprucht. Der Leitgedanke des Lernens des Lernens wird allgemein auf Lerngelegenheit reduziert. Der Einzelne kann hier seine Kraft und Möglichkeit bei wechselnden und zeitlich festgelegten Zielen überprüfen. Erziehung wird zur flexiblen Lernhilfe, die immer dann eingesetzt wird, „wenn es zu Hemmungen und Störungen des Lernens kommt, dessen die Subjekte bedürfen, um auf eine sich ändernde Umwelt variabel zu reagieren" (ebd.). Wenn es aber keine ideale Form des richtigen Lebens und Verhaltens gibt, kann sich Lernen nur auf sich selbst beziehen und entsprechend wird die „zeitgemäße Kontingenzformel »Lernfähigkeit«" verkündet, „die fallweise und selektiv inhaltlich gefüllt, aber nicht vorweg bestimmt werden kann" (ebd.). Die Pädagogik als Erfahrungswissenschaft kann dann empirisch beschreiben, wie sich mögliche Erziehungsformen auf Lernen beziehen und experimentell erproben, wie sich aktuelle soziale Strategien und Paradigmen auf starr umrissene Lernprobleme auswirken: „In diesem Regelkreis von Problemlage, empirischer Forschung und methodischer Überprüfung darf kein Hauch des Formgedankens dringen, der gegenüber der schlechten Unendlichkeit des Endlichen darauf besteht, dass es die Form ist, aus der das Sein hervorgeht, wie die Tradition behauptet, und dass sie es ist, die das Seiende zur Erscheinung bringt" (ebd.).[96] Unter Temporalisierungs-, Methodisierungs-, Verwissenschaftlichungs-, Pluralisierungs- und Demokratisierungsbedingungen stellt sich demnach die Frage nach der Form nur noch da, wo es um die Kultivierung funktionaler Kompetenzen geht (vgl. ebd.; ausführlich dazu vgl. Kap. 4.3).

Pädagogisches Denken verweist zusammenfassend auf spezifische Formen, denen in der aktuellen Debatte jedoch nicht über die jeweilig zugrunde liegende Formfrage nachgegangen wird. Diese wird sozusagen über die Gleichsetzung von Ort und Form segregiert. In Distanzierung zum aktuellen Diskurs, wird im Folgenden der Versuch unternommen über die Einbeziehung der Distinktionstheorie die Formfrage neu in die Debatte mit aufzunehmen. Damit ist die Absicht verbunden im Kontext eines lebenslangen Lernkonzeptes bestehende Ansätze neu zu überdenken. Exemplarisch für den Bereich der Kinder- und Jugendhilfe bzw. der Sozialpädagogik geht es darum, eine eigenständige Formdebatte anzuregen, die sich nicht nur mit einem Vergleich zufrieden gibt und ihre nonformelle Positionierung in der terminologischen Unterscheidung überwindet (vgl. ausführlich dazu: Kap.4.4).

5.2 Der Formbegriff der Distinktionstheorie

> *"Wenn wir sagen, wir spülen das Geschirr, tun wir diesem tatsächlich überhaupt nichts: Wir tun es dem Rest des Universums, welches wir abkratzen, um dem Geschirr eine saubere Grenze zu geben"*
> (George Spencer-Brown 1999: 189).

Formen basieren, wie mit Klaus Prange gezeigt werden konnte, auf Unterscheidungen, die traditionell gesetzt werden und auf Kontingenz zielen. In diesem Zusammenhang verwendet George Spencer-Brown ([1969] 1999) den Begriff der

---

96 Mit der Verabschiedung der Metaphysik aus der pädagogischen Semantik wird Erziehung als Tatbestand und methodische Inszenierung markiert. In ihrem Aufgabencharakter und damit ihren ethischen Grundlagen gehen soziale Konstruktion und empirische Einzelforschung ineinander über und legitimieren faktisch eine Welt, „die von der Vorstellung begleitet wird, dass sie immer auch anders sein könnte" (ebd.: 407).

Distinktion. Damit wird ein Verfahren bezeichnet, mit dem zwischen etwas unterschieden wird. Formell und informell können im Rahmen dieses Verfahrens nicht nur in ein konkretes Verhältnis zueinander gebracht werden, sie bedingen einander und werden als Form zeitgleich konkret. Als Beispiel ist hier auf den Bereich zu verweisen, der in der terminologischen Unterscheidung als informelle Möglichkeit bezeichnet wird, zu lernen und sich zu bilden: die Familie. Diese wird zumeist im Hinblick auf ihre nur bedingt erwartbaren Leistungen (in Bezug auf Lernen und Bildung) bestimmt. Doch die Institution Familie verweist nicht nur über ihren Institutionalisierungsgrad auf formelle Bedingungen (die zweifelsfrei andere sind als die in Schule). Im intersubjektiven Verhältnis zwischen Eltern und Kindern geht es immer auch um Lernen (Kinder lernen in der Familie ihre Körperfunktionen zu beherrschen, eigene und andere Grenzen zu erkennen, lernen zwischen sich und dem Anderen zu unterscheiden etc.). Unabhängig davon, dass Kinder und Jugendliche in Familie in Echtzeit lernen, ist das Verhältnis zwischen Erwachsenem und Kind oder Jugendlichem formalisiert: Eltern werden auf eine spezifische Art und Weise wahrgenommen, die im Ergebnis zu Bezeichnungen Mutter und Vater, Geschwister – Schwester oder Bruder, die Schwester der Mutter – Tante, der Bruder des Vaters – Onkel usw. führt. Als solches geben die Namensnennungen ein bestimmtes Verhältnis vor, das formell vorstrukturiert und hierarchisch gegliedert ist (vgl. Luhmann 1997). In Abgrenzung dazu bezeichnet das Informelle hier eher spezifische kulturelle Präferenzen, aus denen die Benennung der Bezugspersonen zum einen das Ergebnis gesellschaftlicher Konventionen (Normen und Regeln) ist. Diese legen zum anderen fest, was eine Mutter ist und in welchem Verhältnis sie zu ihrem Kind steht (wir sagen Mutter zur Mutter und nicht Tante) (vgl. Luhmann 2000).[97] Dass das Kind zwischen Mutter und Vater oder Mutter und Tante unterscheidet (ein Ergebnis von Lernen), setzt die Fähigkeit zur Unterscheidung voraus: Die Unterscheidung, dass es Personen gibt, die als solches nicht identisch sind und zwischen denen unterschieden werden kann. Die Unterscheidung zwischen etwas (in diesem Fall zwischen Bezugspersonen) setzt die Fähigkeit zur Abgrenzung voraus, wobei die Betrachtung des Verhältnisses (etwas – nicht etwas bzw. Mutter – nicht Mutter) von Spencer-Brown als Reflexion bezeichnet wird (vgl. Schönwälder 2004).

Der Begriff der distinction (engl.) bzw. Distinktion (dtsch.) wird in seinem spezifischen Gebrauch und in Abgrenzung zum Begriff der Differenz deutlich: „Während letzterer sowohl im Lateinischen (differentia) als auch im Englischen

---

97 Kulturelle Konventionen geben auch vor, wie das Verhältnis zwischen Eltern und Kind sein sollte: erziehend, bildend, liebevoll, versorgend, freundschaftlich, aufmerksam, autoritär. Die Liste der Ratgeberliteratur zur Gestaltung dieses Verhältnisses ist lang und umfassend. Als Beispiel sei hier nur auf Susanne Gaschke (2003), Petra Gerster und Christian Nürnberger (2004) verwiesen, wobei erstere eine „Erziehungskatastrophe" konstatiert und starke Eltern fordert, Gerster und Nürnberger den „Erziehungsnotstand" ausrufen und den Versuch unternehmen, „die Zukunft unserer Kinder" zu retten.

eher für bereits bestehende, vorfindliche, existierende Unterschiede steht, wird »distinction« (distinctio) eher für eine unterscheidende Handlung gebraucht" (Schönwälder/Wille 2004: 66). Der Distinktionsbegriff hat zweierlei Bedeutungen: Einerseits kann er dazu verwendet werden, um „die *Herstellung* von Unterschieden und von Differenzen und die hergestellten Unterschiede, die Resultate von Unterscheidungen" (ebd.) zu beschreiben. Andererseits dient der Begriff auch dazu, „um primär auf den unterscheidenden Vollzug, den Unterscheidungsprozess selbst aufmerksam zu machen" (ebd.), der als Ergebnis der Unterscheidung eine Differenz erzeugt.[98]

Die Einbeziehung der Distinktionstheorie, wie sie von George Spencer-Brown (1999) vorgestellt wurde, wird in diesem Kontext als Möglichkeit verstanden, die Unterscheidung zwischen formellem und informellem Lernen zu überwinden, wie sie in den Diskursen an prominenter Stelle verwendet wird, weil sie für weiterführende Analysen zu kurz greift: *Das, was in der terminologischen Unterscheidung als formell bzw. formal beobachtet und bestimmt wird, misst sich immer daran, was als formell und informell beobacht- und bestimmbar ist und umgekehrt. Mit der Distinktionstheorie wird es möglich, beide Seiten in ein konkretes Verhältnis zueinander zu bringen.*

In der deutschen Diskussion und besonders in der Soziologie hat Niklas Luhmann wesentlich zur Entdeckung und Einführung der „Laws of Form" (Spencer-Brown 1999) beigetragen (vgl. Schönwälder/Wille/Hölscher 2004). Für Luhmann als einem „heterogenen Theoretiker" (Hölscher 2004: 255) haben die Laws of Form eine tragende Rolle in der Systemtheorie. In der Anwendung jedoch geht Thomas Hölscher davon aus, dass die Systemtheorie in gewissen Grundzügen ein produktives Gegenmodell darstellt oder sogar von einem Fall von produktivem Missverstehen ausgegangen werden kann (vgl. ebd.: 246).[99] Damit verweist er darauf, dass die Systemtheorie kein offensichtlicher Weg ist, sich der Distinktionstheorie zu nähern. Vielmehr ist an dieser Stelle ausdrücklich darauf hinzuweisen, dass, um keine weiteren produktiven Missverständnisse zu provozieren, der Weg nur direkt über die Darstellung der Laws of Form beschritten werden kann, wie sie von George Spencer-Brown vorgestellt wurde. Dazu wird dem Lesevorschlag von Tatjana Schönwälder, Katrin Wille und Thomas Hölscher (2004) gefolgt, weil „zur Entwicklung der *Laws of Form* ein Prozess des *Verlernens* gehört, ein *Verlernen* von üblichen Denkmustern" (ebd.: 19).[100]

---

98 Dem Differenzbegriff als Schlagwort in der Erziehungswissenschaft haben sich u.a. Helma Lutz und Norbert Wenning (2001) in dem Band „Unterschiedlich verschieden. Differenz in der Erziehungswissenschaft" gewidmet. An dieser Stelle kann auf ihre kritischen Ausführungen zur theoretischen Tragweite und disziplinspezifischem Einsatz sowie Grenzen und Risiken des Begriffs nur verwiesen werden.
99 Thomas Hölscher geht sogar von einer tragischen Liebe zwischen Systemtheorie und Distinktionstheorie aus (vgl. ebd.: 245f.).
100 Dieser Vorschlag wurde von den Autorinnen und dem Autor von George Spencer-Brown übernommen. Der Lernbegriff, den George Spencer-Brown verwendet, ist nicht der dieser Arbeit

Diesem Vorschlag und der Kritik an der einseitigen Rezeption der Laws of Form wird im Folgenden auf zwei Wegen entsprochen:

1. Es werden die Begrifflichkeiten und Erklärungsmuster der Distinktionstheorie nur in soweit übernommen, als dass sie für die Erfassung von Lernen und Bildung und den damit einhergehenden Figurationen erforderlich sind. Damit bleiben viele Ausführungen und Überlegungen von Spencer-Brown unberücksichtigt: Das Vergessen von bestimmten Inhalten der Distinktionstheorie wird somit zu einem probaten Mittel zum Zweck der Reduktion von (vorhandenen) Wissensbeständen.
2. Das mit der Distinktionstheorie verbundene terminologische Vokabular ist in der Originalliteratur auf den englischen Sprachgebrauch begrenzt. Schönwälder, Wille und Hölscher weisen darauf hin, dass der Versuch problematisch sein kann die deutsche und die englische Sprache und somit zwei Sprachstile zusammenzubringen.[101] Da aber der Autor der Laws of Form selbst die deutsche Fassung als „so genau, wie es menschenmöglich erscheint" (Spencer-Brown 1999: ix) autorisiert hat, wird im Kontext dieser Arbeit, und in Abgrenzung zu Schönwälder, Wille und Hölscher die deutsche Übersetzung zugrunde gelegt. Dies wirkt gleichermaßen reduzierend, wie es gleichermaßen komplexer wird, da die deutsche Sprache eine Fülle von opakem Ausdruckspotenzial bereitstellt.[102]

In den Laws of Form setzt sich Spencer-Brown mit der Entstehung und Eigenschaft der Form durch Unterscheidung auseinander. Dabei geht es weniger darum, bestimmte Formen und Formbildungsprozesse zu untersuchen, sondern es geht um die Grundlagen, die zur Benennung einer Form führen. Die Form der Unterscheidung wird als eine Form bestimmt, die Möglichkeiten aufzeigt wie auf Formaspekte hingewiesen werden kann (vgl. Schönwälder/Wille 2004). Im Fol-

---

zugrunde liegende Lernbegriff. Er wird in der vorliegenden Literatur allgemein, an bestimmten Stellen aber im Zusammenhang mit einer kritischen Perspektive auf Schule thematisiert (vgl. Spencer-Brown 1995; 1999)

101 George Spencer-Brown hat sich in der deutschen Ausgabe der Laws of Form bzw. Gesetze der Form folgendermaßen geäußert: „Unter den europäischen Sprachen ist die deutsche einzigartig, wie sie die meisten verschiedenen Worte für die Bedeutungsnuancen enthält, welche im Englischen durch ein und dasselbe Wort ausgedrückt werden, und der Unterschied dabei durch den Kontext festgelegt wird. Daher geht das, was ich das Irisieren englischer Worte nennen will – ihre Fähigkeit, jeden Augenblick die Farbe zu verändern, die unserer Prosa und Poesie solche Magie verleiht – im Deutschen verloren, wo für jedes Wort die exakte Farbe gewählt und fixiert werden muß, welche nicht das ganze erforderliche Spektrum besitzen mag. Das macht es ungewöhnlich schwierig, die Laws adäquat zu übersetzen" (Spencer-Brown 1999: ix).
102 Das wohl treffendste Beispiel ist der Begriff der Bildung. Im englischen Sprachraum wird dieser zumeist mit education übersetzt und bezieht sich gleichermaßen auf Erziehung wie auf Bildung (vgl. so zum Beispiel im Faure-Report 1973; ausführlich dazu Overwien 2001; Løvlie, Mortensen und Nordenbo 2003).

genden geht es darum, bestimmte Grundoperationen und Begrifflichkeiten der Distinktionstheorie vorzustellen und diese entlang der Aspekte formell und informell zu diskutieren.

5.2.1 Was ist die Form?

In einem dreischrittigen Verfahren wird die Form der Unterscheidung als Form bestimmt: 1. die *Idee der Unterscheidung*, 2. die *Idee des Hinweisens* und 3. die *Idee des Unterscheidens*. Der Idee der Unterscheidung liegt die Prämisse zugrunde, dass etwas unterschieden werden kann, worauf im zweiten Schritt hingewiesen wird. Im dritten Schritt geht es darum, den ersten und zweiten Schritt interpretierend zu verknüpfen, so dass „die Möglichkeit, einen Hinweis zu geben, von einer Unterscheidung abhängig ist" (ebd.: 65). Um dies zu verdeutlichen: Wenn zwischen formell und informell unterschieden wird, dann liegt dieser Unterscheidung:

- die Idee zugrunde, dass es zwei Zustände gibt (Schritt 1), formell und informell, auf die
- durch Thematisierung hingewiesen wird (Schritt 2), die dann
- interpretierend benannt werden (Schritt 3): formell versus informell.

Ob der Benennung erfolgt der Hinweis auf voneinander unterscheidbare Zustände. Diese Zustandsbenennung bzw. -bezeichnung ist und bleibt abhängig von der Idee der Unterscheidung.

Als solches liegt der Unterscheidung zwischen zum Beispiel gut und böse, zwischen guter und schlechter Erziehung oder dumm und klug immer ein solches dreischrittiges Verfahren zugrunde. Nach Schönwälder und Wille erzwingt der Prozess des Hinweisens den Prozess des Unterscheidens, womit dann die „*Form der Unterscheidung* zur Form schlechthin" (ebd.) erhoben werden kann. Zusammengenommen und unter der Voraussetzung der Idee des Unterscheidens wird der Prozess der Distinktion markiert und mündet in die Aufforderung „Draw a Distinction" (ebd.: 67). Der Vorteil liege darin, dass es möglich wird, einen reinen, bewertungsneutralen Unterscheidungsprozess zu initiieren, ohne das ihm schon bestimmte Inhalte zugeschrieben werden und ihn in eine Form der Unterscheidung zu bringen. Als solches wird er nicht als abstrakte Einheit verstanden, sondern als Generierungsprozess eines Gefüges von Beziehungen. Das Distinktionsverfahren ermöglicht es, standortbezogene oder besondere Bedingungen betonende Perspektiven zu überwinden und die Unterscheidung als solche neutral, beobachterunabhängig durchzuführen (vgl. ebd.). Die Idee des Unterscheidens ermöglicht es, die Idee des Unterscheidens und Hinweisens als zwei Momente nur eines Prozesses zu bestimmen, „die nicht separierbar sind" (ebd.). Begründbar wird dies durch die Vorstellung, dass jeder Hinweis immer zugleich und an sich selbst auch eine Unterscheidung ist: „*als* Hinweis *unterscheidet* er sich von anderem" (ebd.). D.h. wenn zwischen formell und informell unterschieden wird, dann wirkt das Hinweisen auf formell wie auf informell als Unterscheidungsart und Unterscheidungsmoment auf die Form der Unterscheidung. Fragt man nun danach, was die Form ist, so lässt sich festhalten: Die Form der Unterscheidung gilt als Form selbst und der Unterscheidungsprozess bzw. Unterscheidungsverfahren wird als das wahrgenommen, was die Form(en) letztlich selbst generiert (vgl. ebd.: 66).

Im Folgenden werden zentrale Begrifflichkeiten der Distinktionstheorie vorgestellt. *Konditionierte Koproduktion* und *Grenze der Form* sowie *re-entry* und *crossing*. Als solches verweisen diese Begriffe auf formale Operationen der Distinktionstheorie, im Hinblick auf einen eigenen (sozialpädagogisch orientierten) Formfindungsprozess aber ermöglichen sie eine neutrale Bestimmung von Lernformen in der Kinder- und Jugendhilfe.

5.2.2 Konditionierte Koproduktion

Karin Wille und Thomas Hölscher (2004) gehen davon aus, dass eine Form der Unterscheidung entsteht, wenn das Ergebnis der Unterscheidung zwei Zustände (hier: formell und informell) sind (vgl. ebd.: 26). Der simpelste Weg, eine Beziehung zwischen diesen Zuständen zu denken und in unserem Fall semantisch darzustellen, verweist auf einen Differenzmodus als Differenz zwischen formell und informell oder für den pädagogischen Kontext zwischen gut und böse oder im wissenschaftlichen Kontext zwischen wahr und nicht wahr. Wenn davon ausgegangen wird, dass die Form bzw. Bestimmung der Unterscheidung von einem Zustand (formell) in Abgrenzung oder Beschreibung zu einem anderen Zustand (informell) bereits eine Abgrenzung darstellt, dann wird die Grenze zentral, die zwischen den Zuständen gezogen wird. Sie agiert als das beschreibende Moment sowohl der Sache bzw. des Zustandes als solchem, „als auch dessen, was es nicht ist" (Spencer-Brown 1999: ix).

George Spencer-Brown ging anfänglich noch von einer Prämisse der Unterscheidung zwischen *nichts* und *etwas* aus und bestimmte das Nichts als voraussetzungslos und leer (vgl. ebd.).[103] Die Unterscheidung zwischen *etwas* und *nicht etwas* wird überflüssig, da insgesamt die Unterscheidung und ihr Verfahren un-

---

103 Spencer-Brown hebt hervor, dass hier die „Erleuchtung" blockiert wird, weil von der Annahme ausgegangen wird, „daß, weil nichts keine Form hat, keinerlei konditionierte Struktur besitzen kann, und somit nicht Basis beobachteter Phänomene sein kann, da beobachtete Phänomene offensichtlich sehr wohl eine konditionierte Struktur haben" (ebd. 1999: x). Abhängigkeiten (Konditionierungen) werden als Konstrukte dargestellt, weil Konditionierung voraussetzt, dass etwas so ist, wie es erscheint und so in ein bestimmtes Verhältnis gesetzt werden kann. Da aber nichts so ist, wie es ist, wird eine Unterscheidung in nichts getroffen (vgl. ebd.).

vermeidlich sind und unabwendbar stattfinden. Das Erkennen bemisst und verhält sich „ganz genau gemäß den Gesetzen »seiner« Form (in der Wirklichkeit der Gesetze der Form der Dinge, die »darin« erscheinen, da es selbst keine Form hat)" (Spencer-Brown 1999: x).[104] Der Akt des Unterscheidens wird zum Indikationskalkül, zur Aufforderung „draw a distinction!" und zur grundlegenden Operation aller beschreibbaren Relationen (vgl. Fischer 1996: 7).[105] Wille und Hölscher (2004) bezeichnen das Indikationenkalkül als Kalkül für Äquivalenz, aus dem sich Transformationsschemata entwickeln lassen. Die Autorinnen werfen jedoch die Frage auf, ob den ableitbaren und unterscheidbare Typen der Schematisierung überhaupt ein Formalitätsmerkmal zugrunde liegt, denn das Kalkül ist erst dann formal, „wenn die verwendeten Symbole für nichts stehen, interpretationsfrei sind, also keine extrasymbolische Bedeutung haben" (ebd.: 28). Mit den Laws of Form glaubte Spencer-Brown bewiesen zu haben, dass wenn eine *Grenze zwischen nichts und etwas* gezogen werden konnte, dass das Erscheinen von allem, was zum Beispiel als Universum oder Kosmos bezeichnet wird, automatisch folgt. Diese Prämisse des Automatismus hinterfragt er in späteren Arbeiten, in Bezug darauf, wie etwas entstehen kann, dem ein nichts zugrunde liegt und wie unterschieden wird, wenn mit nichts begonnen wird und wie aus diesem nichts heraus etwas erscheint (vgl. Spencer-Brown [1971] 1994: 12): „Ich konnte nicht sehen, wie jemals eine erste Unterscheidung gezogen werden könnte, wenn nichts vorausgesetzt ist" (ebd.). Hans Rudi Fischer (1996) erläutert dies in Bezug auf Wissen, denn wenn wir Wissen von etwas haben, weil wir es gesehen haben, wird ein nochmaliges Hinschauen obsolet. Diesem Verständnis liegt die Annahme zugrunde, das Wissen implizit ist und auf die nicht Veränderung des beobachteten Objekts verweist. Fischer bezieht sich hier auf Realität als einen Bereich, „dem wir wirkliches Sein zuschreiben" (ebd.: 7), wobei die Zuschreibung im Wesentlichen aber von den Erwartungen abhängt, dass sich das Beobachtete nicht verändert (vgl. ebd.). Konditionierte Koproduktion bezeichnet also ein Entstehen in gegenseitiger Abhängigkeit. Die eine Seite (formell) existiert nicht ohne die andere Seite (informell). Dies wiederum wirft die Frage auf, wer eine Grenze zieht bzw. wonach eine Grenze zwischen beiden Seiten gezogen wird. Damit rücken die Grenzen der Form ins Zentrum der Überlegung.[106]

---

104 Existenz, so Spencer-Brown „ist formell konstruiert durch die Postulierung eines hypothetischen Wesens, von dem angenommen wird, es nehme es wahr, und unterschiedliche Wesen werden die Konstruktion unterschiedlicher Existenzen hervorbringen" (ebd.: xviii).
105 Als Beispiel benennt Spencer-Brown Ludwig Wittgenstein (1922): „Die Welt des Glücklichen ist eine andere als die des Unglücklichen" (Spencer-Brown 1999: xviii).
106 Spencer-Brown unterscheidet bspw. zwischen Intelligenz und Schlauheit: „Intelligenz ist die Fähigkeit, sich alles für eine bestimmte Kommunikation oder Darstellung des Beabsichtigten ins Gedächtnis zu rufen..." (Spencer-Brown 1999: xiv). Während der Beweis von Verfasstheit Intelligenz voraussetzt, umschreibt der Begriff Schlauheit den Demonstrationsprozess, „den ein Computer ausführen kann" (ebd.). Schlauheit und Intelligenz müssen als Fähigkeiten eingesetzt werden, wobei Intelligenz erforderlich ist, um zu bemerken, was getan werden kann und

5.2.3 Grenze der Form

Spencer-Brown unternahm den Versuch, die innere Struktur des Wissens und der Kenntnis von bestimmten Zuständen zu erforschen und mit der äußeren, physikalischen Struktur des Erscheinens zusammenzuführen (vgl. Spencer-Brown 1999: xxxi). Für ihn war es offensichtlich, dass, wenn bestimmte Gegebenheiten über die allgemeine Erfahrung der Wahrnehmung, die als Innenwelt bezeichnet wird, durch Erforschung dessen, was im Gegensatz dazu als Außenwelt bezeichnet wird, und umgekehrt aufgedeckt werden, dann erfolgt eine Annäherung „von der einen wie von der anderen Seite" über eine „gemeinsame Grenze zwischen beiden" (ebd.). Die als Grenze bezeichnete Linie (boundary) zwischen Innerem und Äußerem stellt eine Limitierung „im Sinne einer unüberschreitbaren Grenze dar, die es gilt, anzuzeigen oder zu markieren" (Schönwälder/Wille 2004: 70). Eine Unterscheidung kann nach Schönwälder und Wille nur dann getroffen werden, wenn durch die Grenzziehung zwei getrennte Seiten entstehen, „so dass ein Punkt auf der einen Seite die andere nicht erreichen kann, ohne die Grenze zu überschreiten" (ebd.). An dieser Grenze bemisst sich der Unterschied zwischen zwei unterschiedlichen Zuständen bzw. Bereichen. Dabei markiert die Grenze, „wo der *Übergang* von einem Bereich, Zustand oder Inhalt" (ebd.) vom einen zum anderen stattfindet und hält die zwei unterschiedenen Zustände bzw. Bereiche auseinander. Damit ist keine Bewertung der Zustände verbunden, sondern nur ausgedrückt, dass sie nicht identisch sind und nicht ineinander übergehen. Festzuhalten bleibt aber, dass sie eine „*gemeinsame* Grenze haben" (ebd.), die durch drei Unterscheidungsaspekte identifiziert werden können: im Hinblick auf das Unterschiedene, als die eine Seite, dann auf das übrige, die andere Seite und letztlich auf die Grenze zwischen den beiden Seiten.

Zusammengenommen stehen diese Aspekte in keinem logischen Zusammenhang oder einer zeitlichen Reihenfolge, sondern sie stehen „in einem Verhältnis der abhängigen Koproduktion oder Koerzeugung" (ebd.: 71) und verweisen auf die Gleichwertigkeit und Gleichursprünglichkeit, jedoch nicht auf Funktionsgleichheit. Spencer-Brown veranschaulicht dies mit einer Fenstermetapher: „Du kannst die Welt auf jede Art, die du magst, betrachten, durch jedes Fenster, das du wählst. Es muß auch nicht immer das gleiche Fenster sein. Wie die Welt erscheint, was du siehst und was du vermisst sowie der Blickwinkel, mit dem du auf etwas schaust, hängen natürlich davon ab, welches Fenster du benutzt. Doch wie kann ein Fenster richtig oder falsch sein? Ein Fenster ist ein Fenster" (Spencer-Brown 1994: 99; vgl. kritisch dazu Blumenberg 2001).[107] Dem hier zugrunde

---

Schlauheit, um es tatsächlich zu tun (vgl. ebd.).
107 Wissenschaft als solches setzt sich allgemein jedoch nur mit den Dingen auseinander, die in der Außenwelt angesiedelt sind (in die Köpfe kann nicht geschaut werden. Nur das was außen beobachtet und über Daten erfasst werden kann, kann auch Gegenstand der Forschung sein). Spencer-Brown verweist hier auf die ideosynkratischen Züge von Verschriftungen: „Die Arbeit jedes

liegenden universalistischen Prinzip, das Formen hervorbringt und sich als besondere Form verändert, liegt immer eine einmal gesetzte Form zugrunde, worauf hin alle darauf folgenden Formen in eine Beziehung zu ihr gebracht werden können (vgl. Spencer-Brown 1999). Spencer-Brown reduziert in diesem Zusammenhang Existenz auf Wahrheit, Wahrheit auf Bezeichnung, Bezeichnung auf Form und Form auf Leere – ohne Aussagen über die Existenz zu machen. Damit übt er zum einen Enthaltung in Bezug auf Existenz, zum anderen reduziert er die Idee von Existenz auf die zugrunde liegende, historische Form, die als solches dann keinen selbstständigen Bestand mehr hat (vgl. Wille/Hölscher 2004).[108] Als charakteristisches Merkmal der Distinktionstheorie, wie sie von Spencer-Brown vorgestellt wurde, bestimmen Wille und Hölscher die Reduktionsbewegung, in der auch Raum und Zeit nicht als bestehende Strukturelemente vorausgesetzt werden, sondern der Ort ihrer Entstehung und damit die Möglichkeit der Verwendung markiert wird (vgl. ebd.). Spencer-Brown verwendet die Begriffe Raum und Unterscheidung in einem spezifischen Sinn. Der Raum (first space) markiert das, was gegeben ist, „wenn es eine Unterscheidung geben könnte" (ebd.: 31) und in dem eine erste Unterscheidung (first distinction) zur Bemessung von Zuständen führt. Der erste Zeitpunkt (first time) wird bestimmt durch die Bewegung zwischen den Zuständen, die als solche keine Dauer hat, sondern „das wäre, wenn es eine Oszillation zwischen den Zuständen geben könnte" (ebd.). Die Form als solche ist „nichts für sich Bestehendes, sondern nur als Generationsprozess zugänglich" (ebd.). Als solches ermöglicht dieser Modus verschiedene Interpretationsspielräume für zum Beispiel konventionelle Entscheidungen und Zustandsbestimmungen wie „marked state" zu Wahrheit bzw. formell oder „unmarked state" zu Falschheit bzw. informell und umgekehrt (vgl. ebd.: 35).[109] Als erste Zusammenfassung wird an dieser Stelle eine grafische Darstellung gewählt, aus der die beiden Seiten einer Unterscheidung hervorgehen

---

menschlichen Autors muß bis zu einem gewissen Ausmaß ideosynkratisch sein, selbst wenn er weiß, daß sein persönliches Ego bloß ein schickes Gewand ist, um der Mode der Zeit zu entsprechen, als das Mittel von Vergangenheit und Zukunft, wo sein Werk einst ruhen wird" (Spencer-Brown 1999: xxxiii). Die Thematisierung von z.B. Mode oder Stil geht daher „unvermeidlich auf Kosten von Mittel oder Vermittlung (mean or meaning), oder es kann keine Verbindung geben von dem, was peripher ist und angeschaut werden muß, zu dem, was zentral ist und intuitiv anerkannt werden muß" (ebd.).

108 Als Folge dessen lassen sich Repräsentation und Wirklichkeit als Idee der Wahrheit in Einklang bringen, wobei auch dies wieder bedeutet, Reduktion als Bewegung zu verstehen, auf die durch die Idee des Hinweisens, „die aber auf die Idee der Form reduziert werden muss, weil das, worauf hingewiesen werden kann, nicht einfach so vorhanden ist" (ebd.: 30).

109 Hier wird eine sprachliche Grenze zum Problem. In der deutschen Übersetzung der Laws of Form wird der Begriff „space" synonym zu „Raum" verwendet (vgl. Spencer-Brown 1999: vii). Tatjana Schönwälder und Karin Wille (2004) weisen auf die Verwendung von „space", „states" und „contents" hin und bestimmen diese als „Möglichkeit für verschiedene Bestimmung der beiden Seiten einer Unterscheidung" die verschiedene Kontexte implizieren, nämlich „Raum, Zustand und Inhalt" (ebd.: 74).

und die nicht als geografische Verortung zu verstehen ist, sondern auf dem Prinzip der Unterscheidung beruht:

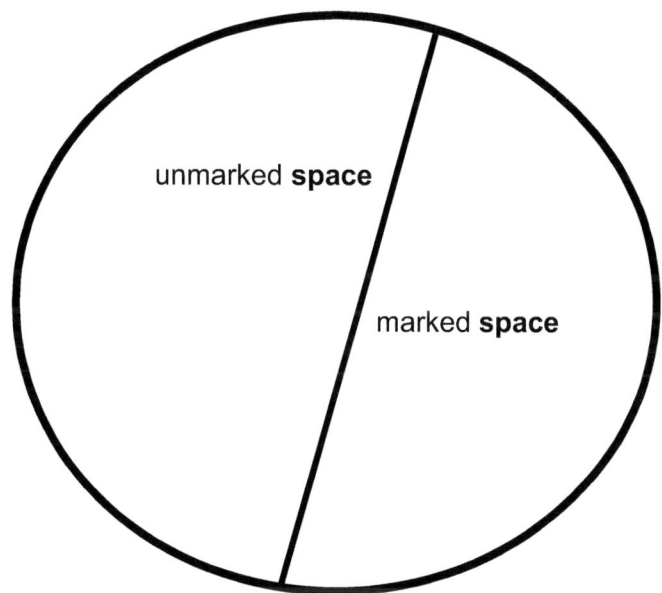

Abb. 1: *Unterscheidung zwischen Zuständen durch Grenzziehung*

Mit Blick auf die Unterscheidung von formell und informell kann distinktionstheoretisch keine Bezeichnung erfolgen bzw. vorgenommen werden, ohne eine Unterscheidung zu treffen: „*Unterscheidung ist perfekte Be-Inhaltung*" (Spencer-Brown 1999: 1). Daraus lässt sich ableiten, dass formell und informell auf einer Unterscheidung beruhen, mit der eine Grenze zwischen zwei Zuständen gezogen wird und diese so zueinander angeordnet werden, dass sich zwei Punkte (z.B. Inhalte) nicht erreichen können, ohne „die Grenze zu kreuzen" (ebd.). Erst dann, wenn eine Unterscheidung getroffen wurde, ist es möglich, Räume, Zustände oder Inhalte auf jeder Seite der Grenze zu unterscheiden und zu bezeichnen. Wesentlich wird die Intention, zwischen den Zuständen zu unterscheiden, weil aus ihr eine Wertung und Bewertung hervorgeht und Inhalte „als unterschiedlich im Wert angesehen werden" (ebd.). Erst wenn ein Inhalt einen Wert hat, so Spencer-Brown, kann ein Name herangezogen werden, um diesen Wert zu bezeichnen. Dieser bewertende bzw. wertende Vorgang kann mit Spencer-Brown als *re-entry*, als Wiedereintritt einer Form in die Form (a wird zu a*) bezeichnet werden und erfolgt unter der Annahme, dass der Konzeption der Form die Absicht zu unterscheiden zugrunde liegt, womit es unmöglich wird, sich der Form zu entziehen (vgl. Spencer-Brown 1999).[110]

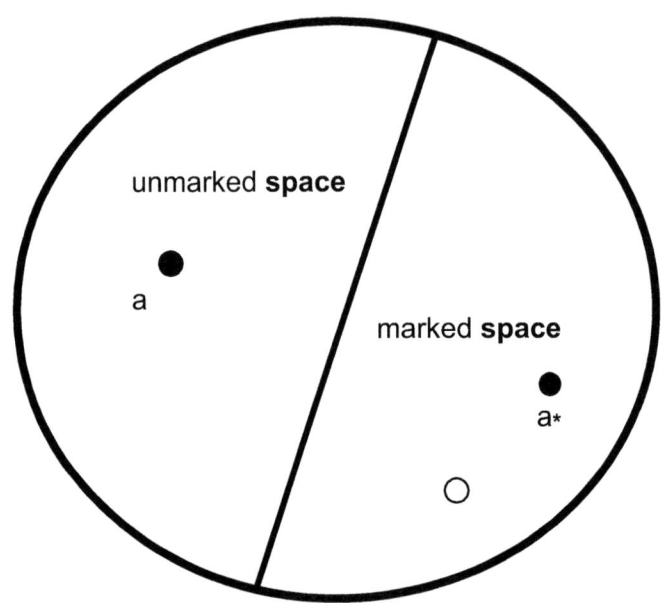

Abb. 2: Unterscheidung und Benennung

Damit wird das Kalkül der Bezeichnung zu einer Perspektive, die Form insgesamt zu betrachten: „Wir können das Kalkül durch die Form sehen und die Form im Kalkül – ohne Anleitung und ungehindert durch das Dazwischentreten von Gesetzen, Initialen, Theoremen oder Konsequenzen" (ebd.).

Der re-entry basiert auf zwei Axiomen, dem *Gesetz des Nennens* und dem *Gesetz des Kreuzens*. Als zentraler Vorgang dient dieser der Vergewisserung, wie spezifische Bewertungen und Werte nicht nur in Bezug auf Zustände (formell, informell) different beschrieben werden, sondern auch wo, sozusagen durch die Hintertür, diese in die Zustände wieder eingeführt werden, die in diachroner Perspektive voneinander abgegrenzt wurden (vgl. Kap. 3 und 4).

---

110 Als Beispiel: Nicht bzw. un-bewusstes Lernen (a) kreuzt die Grenze und wird zum bewussten Lernen (a*). Beiden Zuständen liegt die Idee von Unterscheidung zugrunde: Bewusst-sein.

5.2.4 Re-entry und crossing

Als re-entry lässt sich also auch ein implizit vollzogener Wiedereintritt bezeichnen und so auf spezifische Konsequenzen aufmerksam machen. Hierzu bedarf es ausführlicher Darstellungen der Axiome:

- Im *ersten Axiom* benennt Spencer-Brown das Gesetz des Nennens, indem die Benennung von etwas einen doppelten Wert durch die nochmalige Nennung erhält (*formell*, in- bzw. nicht *formell*). Dabei wird davon ausgegangen, dass, wenn ein Name genannt wird und danach noch einmal genannt wird, der gemeinsame Wert dann derjenige ist, der durch einen der beiden bezeichnet wird: „Wieder-Nennen ist Nennen" (ebd.: 2). Daraus lässt sich ableiten, dass der Inhalt einen Wert hat, dem einerseits ein Motiv, eine Absicht oder eine Anweisung bzw. Aufforderung zugrunde liegt, die Grenze in den Inhalt hinein zu kreuzen und andererseits diese Grenze dazu dient, um den Wert auszudrücken (vgl. ebd.). Das Kreuzen (crossing) der Grenze kann somit auch gleichgesetzt werden mit dem Wert des Inhalts.
- Mit dem *zweiten Axiom* wird das Gesetz des Kreuzens benannt, wobei davon ausgegangen wird, dass der Wert eines nochmaligen Kreuzens nicht dem ersten Wert des Kreuzens entspricht. D.h., „wenn beabsichtigt ist, eine Grenze zu kreuzen, und dann beabsichtigt ist, sie noch einmal zu kreuzen, ist der Wert, der durch die zwei Ansichten zusammen bezeichnet wird, der Wert, der durch keine der beiden bezeichnet wird" (ebd.). Daraus lässt sich für jede Grenze ableiten: „Wieder-Kreuzen ist nicht Kreuzen" (ebd.).

Zusammenfassend kann an dieser Stelle gesagt werden, dass eine Unterscheidung zu treffen, heißt, eine Unterscheidung zu konstruieren, wobei die Bestimmung des Inhalts die erste Unterscheidung bezeichnet. Dazu erforderlich ist ein Raum, in dem die Unterscheidung getroffen wird und der durch die Unterscheidung geteilt oder gespalten wird. Erst in einem weiteren Schritt gilt der geteilte Raum als Begründung für die Unterscheidung zwischen und durch zwei Seiten, Räumen oder Inhalten.

Über die Definition von Unterscheidung als einem formalen Schlussverfahren und im Hinblick auf die zugrunde gelegten Axiome wird es möglich, sich bewusst zu machen, dass die ursprüngliche Form durch Kommunikation (schriftlich und/oder mündlich) weniger eine Beschreibung von Zuständen darstellt, als vielmehr eine Anweisung die Dinge so zu sehen, wie wir sie sehen. Distinktionstheoretisch wird insgesamt unterschieden zwischen Befehlen, Regeln oder Kanons, die eine Ordnung bestimmen oder zur Ordnung rufen sowie eine Rangordnung des Daseins fokussieren und als „permissive Formen" (Spencer-Brown

1999: 87) bestimmt werden.[111] Distinktionstheoretisch ausbuchstabiert, erweist sich ein selektiver Bezug zur Realität als nur „peripher" und im formalen Sinn als „korrupt" und „verwundbar" (vgl. ebd.: 87f.). Selektion fange schon am Anfang an: „Du kamst in diese Welt als und mit nichts, und bekamst einen Wert zugewiesen, indem man dir einen Namen gab, abhängig von diesem dann alle anderen Namen Bedeutung hatten" (ebd.: 191). Entweder gehe es darum, ein erscheinendes Universum zu sehen, dies schließe selektive Blindheit mit ein, oder es wird alles gleich gesehen, wobei es dann ebenso verschwindet wie die Beobachterin: „Nachdem beides in der Realität gleichermaßen möglich ist, doch *nicht mehr* als möglich (die Gesetze der Form sind *nicht mehr* als die Gesetze des Möglichen), gibt es zwischen diesen beiden Möglichkeiten wirklich nichts zu entscheiden" (ebd.).

Zusammenfassend lässt sich festhalten, dass unterschiedlichen Zuständen immer eine spezifische Form zugrunde gelegt werden kann. Erst die Grenzziehung zwischen den Zuständen macht es möglich, sich beide getrennt voneinander vorzustellen. Es ist aber nicht möglich diese getrennt voneinander zu denken, wie es die terminologische Unterscheidung suggeriert. Vielmehr wird der Blick auf die Grenze und Grenzziehung gelenkt: Hier ist die Frage zentral, wer die Grenze zieht und wo genau sie gezogen wird. Im Folgenden werden vier Unterscheidungstypen vorgestellt, in denen dezidiert eine Grenze zwischen formell und informell gezogen wird. Dabei wird davon ausgegangen, dass mit der Einbeziehung der Distinktionstheorie nicht mehr vertikal (bspw. zwischen den geografischen Orten, die neben, in, vor und nach Schule liegen) zwischen formell und informell unterschieden werden kann. Konditionierte Koproduktion findet unabhängig von konkreten Orten, Zeiten und Sozialitäten statt. Demzufolge wird davon ausgegangen, dass eine horizontale Perspektive für eine sozialpädagogische Lern- und Bildungsdebatte fruchtbarer ist. D.h. es wird weiterhin von unterscheidbaren Zuständen ausgegangen, denen eine je spezifische Form zugrunde liegt: formell versus ein form(elles) Anderes: Formell und informell sind das Ergebnis von Unterscheidung. Der Balanceakt zwischen formell – informell, den Kinder und Jugendliche tagtäglich vollziehen müssen, bleibt in der aktuellen Debatte gänzlich ausgeblendet. Hier werden die verschiedenen Lernorte nur funktional und in diachroner Perspektive in den Blick genommen, nicht aber über das Verhältnis zwischen dem *was geht* und dem *was nicht* geht.

---

111 Spencer-Brown (1999) weist darauf hin, dass Befehlsstrukturen zuweilen als Kanon bezeichnet werden: „Sie sind die Art und Weise, in der die anleitenden Anweisungen auftreten, um sich zu Konstellationen zusammenzufügen, und sind somit keinesfalls voneinander unabhängig" (ebd.: 70). Daraus lässt sich ableiten, dass ein Bildungskanon ein Satz von Vorschriften ist, um etwas zuzulassen oder zu- und erlauben, aber nicht dazu dient etwas zu konstruieren oder zu erschaffen.

Bevor die Unterscheidungstypen vertiefend vorgestellt werden, geht es in einem ersten Schritt darum, Status und Verwendung der Begriffe kurz zu skizzieren.

6. Typen der Unterscheidung

> *„»Informel« heißt ... Ablehnung der klassischen, nicht nur in einer Richtung zu verstehenden Formen, nicht Aufgeben der Form als der Grundbedingung für die Kommunikation. Das Beispiel des Informellen wird uns (...) nicht dazu veranlassen, den Tod der Form überhaupt zu dekretieren, sondern dazu, einen artikulierten Formbegriff, den der Form als Möglichkeitsfeldes zu bilden"*
> (Umberto Eco 1977: 182).

Status und Verwendung der Begriffe formell und informell lassen sich nach Peter Kistler (2002) ableiten aus dem lateinischen Begriff *formalis*, das als Adjektiv seit dem 14. Jahrhundert umgangssprachlich verwendet wird. Das semantische Spektrum des formell(en) umfasst zum einen, was zur Form einer Sache gehört oder was die Form einer Sache konstituiert. Hervorgehoben werden damit entweder die äußere Form oder die Kernelemente einer Sache. Die Fokussierung der Begriffsverwendung verweist einerseits darauf, was die äußere Form ist und welche Struktur sie hat, andererseits erfasst sie auch in welcher Relation oder Anordnung die Kernelemente stehen und welche Aspekte den (Form-)Inhalten tatsächlich untergeordnet werden (vgl. ebd.: 61). Synonym zum Begriff formell wird umgangssprachlich auch der Begriff konventionell verwendet. Das Adjektiv informell, als Antonym des Formellen, verweist nach Kistler zumeist auf Handlungen oder Prozesse, die ohne streng vorgeschriebene Prozedur vollzogen bzw. ausgeführt werden. Diese lassen sich kennzeichnen durch das Fehlen von Formalität und Zeremoniell. Als charakteristische Synonyme gelten allgemein Begriffe wie gewöhnlich, locker oder familiär und unoffiziell, relativ locker, spontan, unautorisiert, unkonventionell, privat und speziell (vgl. ebd.; Gukenbiehl 1994).

In der Organisationssoziologie dient die Gegenüberstellung formell versus informell zum einen der Unterscheidung relevanter Aspekte sozialer Organisation, zum anderen der Unterscheidung bestimmter Typen sozialer Beziehungen und sozialer Gruppen (vgl. Laatz/Klima 1988: 237f).[112] Als formal bzw. formell werden diese bezeichnet, wenn sie das Ergebnis planvoller, organisatorischer Festlegung sind. Im Gegensatz dazu beschreibt der Begriff informal bzw. infor-

---

[112] Der Begriff nonformel kommt in den Beschreibungen nicht vor. Daher kann er als Kunstbegriff verstanden werden, der sich mit dem Versuch verbindet, sich im Kontext des Lebenslangen Lernens institutionell zu verorten.

mell zumeist ungeplante und spontane Verbindungen, die als eine Reaktion auf Herausforderungen der formellen Organisation verstanden wird (vgl. ebd.: 238).[113] Daher kann all das als formell bezeichnet werden, was ein Ergebnis eines dazugehörigen Formalisierungsverfahrens darstellt, wobei formalisieren ein explizites festlegen bezeichnet oder einen Formgebungsprozess und die Bezeichnung Informalisierung auf einen Reaktionsvorgang mit einem ungeplanten, spontanen Ergebnis verweist (vgl. Gukenbiehl 1994: 80).

In der *Gruppensoziologie* bezeichnen die Begriffe formell und informell ebenfalls ein Gegensatzpaar, mit dem die Gegensätze zwischen förmlich, ausdrücklich oder die Form beachtend einerseits und formlos, unausgesprochen oder ohne besondere Beachtung der Form andererseits gekennzeichnet werden. In den Sozialwissenschaften gelten die Begriffe formell und informell allgemein als soziale Phänomene, deren Erforschung umfassende Studien der Betriebswirtschaft und der Betriebsplanung zugeschrieben wird und unter dem Stichwort „human relations" als grundsätzliche Kritik an der klassischen Organisationstheorie einen eigenen Forschungsbereich begründete.[114]

Im Rahmen einer sich etablierenden *Industriesoziologie*, deren Aufbau durch die Erkenntnisse des in der ersten Hälfte des 20. Jahrhunderts durchgeführten so genannten Hawthorne-Experiments mitgestaltet wurde, zeigte sich die Bedeutsamkeit der Gruppe für das Befinden und die Leistungsbereitschaft der Einzelnen. Hieran schloss sich eine Trennung zwischen zweckrational-geplanter Organisation als formaler Organisation und personaler Organisation als informaler Organisation an (vgl. ebd.; Vonderach 2001).[115]

---

113 Nach Laatz und Klima (1988) handelt es sich um einen klassischen Fall informeller Gruppenbildung, „wenn auf Grund formalen Leistungsdrucks von oben sich informelle Cliquen bilden, die diesem formalen Druck durch eigene Normsetzung und Leistungszurückhaltung begegnen" (ebd.).

114 George Elton Mayo, einer der Begründer der Human-Relations-Theorie, sah, in Anlehnung an Le Play und Durkheim, dass in modernen Gesellschaften „größere Schwierigkeiten als in einfach gegliederten, primitiven Gesellschaften die notwendige spontane Zusammenarbeit der Gruppen zu erhalten und zu organisieren" bestehen (vgl. Vonderach 2001: 457). In Abgrenzung zur bisherigen etablierten Gesellschaft wurde dabei, gemessen an der damaligen industriellen Entwicklung, die Organisation einer anpassungsfähigen Gesellschaft gefordert. Schlecht ausgebildete Führungspersonen sollten die Verantwortung übernehmen, den Beschäftigten anstelle von traditionellen technischen Fertigkeiten eher eine auf Anpassung zielende „gesellschaftliche Geschicklichkeit" zu vermitteln (vgl. ebd.). Dabei ging Mayo davon aus, dass „die natürliche Gesellschaft aus einer Horde unorganisierter Einzelner" (ebd.) besteht und die Einzelne nur egoistisch handele. Da aber real der menschliche Gesellschaftsinstinkt überwiege, gelte es diesen zu fördern und die Zusammenarbeit zu organisieren. Dies wiederum sei Aufgabe von Führungspersonen und daher gelte es, das Erziehungs- und Verwaltungssystem, dem ein Versagen unterstellt wird, entsprechend umzustellen, ebenso wie die (Gesellschafts-)Wissenschaften bzw. die Soziologie. In diesem Zusammenhang gelte auch, statt Wissen anwendungsbezogen Kenntnisse zu entwickeln.

115 Die Ebenen und Unterscheidungskriterien zwischen formell/formal und informell/informal sind nach Gukenbiehl (1994) Zielsetzung der Organisation, Art der Beziehungen in einer Organisation und die Funktion der Organisation (vgl. ebd.).

Auf struktureller Ebene bezeichnen in der *Organisationssoziologie* formell und informell Bündel zusammenhängender Eigenschaften, die in ihrer Gesamtheit die Strukturmerkmale sozialer Gebilde bezeichnen, dabei aber voneinander dichotom unterscheidbar sind. Gleichzeitig sind sie „auch einander notwendig ergänzende (komplementäre) Teile der tatsächlich existierenden sozialen Organisation (Ist-Organisation)" (Gukenbiehl 1994: 83).

In Fortschreibung organisationssoziologischer Untersuchungen floss der Begriff des formellen in den systemischen Organisationsbegriff ein. Das formale Moment wurde als Merkmalsdimension mit eingeschlossen. Die Differenzprobleme zwischen Person und Sozialstruktur werden von Hermann L. Gukenbiehl mit Rückgriff auf Chester I. Barnard (1970) als formale Organisation eines Systems „bewußt koordinierter Handlungen oder Kräfte von zwei oder mehr Personen" bezeichnet (vgl. Gukenbiehl 1994: 83). Informelle Organisation verweise auf unbewusste Prozesse und damit auf die Gesamtheit der persönlichen Kontakte und Interaktionen, die ohne spezifische, bewusste oder gemeinsame Ziele zustande kommen (vgl. ebd.: 86; Barnard 1970). Die Gesellschaft stellt mit der Ausbildung einer spezifischen Kultur, die auch Institutionenbildung beinhaltet, die umfassendste Form informeller Organisation dar, in die formelle Organisationen mit informellen Teilen integriert sind: „Informelle Organisationen bilden zunächst Sitten, Gebräuche und Institutionen als Grundlage gemeinsamer Bewusstseinsinhalte aus. Zugleich geben sie den Anstoß zur Bildung formeller Organisationen, wie auch umgekehrt formelle Regelungen für jede große, gesellschaftliche Organisation notwendig sind. Auch schlagen sich in den formellen Organisationen Verhaltensweisen nieder, die direkt informellen Organisationen entstammen. Sobald aber formelle Organisationen etabliert sind, schaffen sie wiederum informelle Organisationen, da diese der ersteren als Mittel der Kommunikation, des Zusammenhalts und des Schutzes der Integrität des einzelnen unersetzlich ist" (Gukenbiehl 1994: 86). Als solches differieren formelle und informelle Organisation, neigen aber in der Tendenz dazu, „sich gegenseitig zu korrigieren und tragbare Kompromisse herbeizuführen" (ebd.).

Insgesamt verweist der Formalisierungsbegriff auf einen Prozess, der als Strukturdimension einen Richtwert neben Spezialisierung, Standardisierung, Zentralisierung, Konfiguration oder Traditionalismus vorgibt. Formalität und Formalisierung geben insofern ein Maß vor, „in dem bestimmte Regelungen und Verfahrensvorschriften sowie die entsprechenden Verfahren und ihre Ergebnisse schriftlich fixiert werden" (ebd.).

Zusammenfassend bleibt also festzuhalten, dass die Begriffe formell und informell bzw. Formalität und Informalität sowohl in der common-sense-Beschreibung sozialer Situationen verwendet werden, als auch wissenschaftlichen Kontexten. Als Laienbeschreibungen liegen die Begriffe aber, wie Judith Irvine ([1979] 2001) bemerkt, „too close to our own folk categories – inadequate for cross-cultural comparison, or even for description itself" (ebd.: 774).

Im Folgenden wird versucht aufzuzeigen, welche Einheit der Form verschiedenen Typen der Unterscheidung zugrunde liegt und wie sich diese auf die Bestimmung bzw. distinktionstheoretische Benennung von formell und informell auswirken. Damit ist die Absicht verbunden, die Dimensionen zu erfassen, in denen sich Lernen manifestiert. Den Typen der Unterscheidung liegen vier Theoriekonzepte zugrunde, die zunächst wie folgt umrissen werden können:

- Zunächst wird Niklas Luhmann ([1964] 1999) mit seinen Überlegungen zu „Funktionen und Folgen formaler Organisation" erläutert. Hier wird Formalisierung nicht als Strukturbildungsprinzip aufgegriffen, sondern als Strukturbildungsprozess. Dabei wird davon ausgegangen, dass Personen in einer bestimmten Realität bzw. Welt (space) leben, in der eine Vielzahl von möglichen Handlungen und Ereignissen zugelassen sind. Diese Vielzahl (Komplexität) versucht die Einzelne soweit in den Griff zu bekommen, dass sie einen für sie bewältigbaren Teil aus ihrer Welt sinnbezogen ausgrenzt bzw. begrenzt, um ihn dann wieder für sich verlässlich und stabil zu einem überschaubaren System zusammen zu führen (vgl. ebd.; Gukenbiehl 1994).
- Daran schließen die Überlegungen von Johann August Schülein (1987) an, der sich in seiner „Theorie der Institution" im Wesentlichen dem Institutionalisierbaren und nicht Institutionalisierbarem widmet als einem Prozess „institutionalisierter Relationen" (vgl. ebd.: 132).
- Da bei Luhmann und Schülein die sozialen Verhaltensweisen zwischen Personen nur begrenzt in Bezug auf ihre Veränderungen thematisiert werden, wird mit dem dritten Typ Cas Wouters (1999) und sein Konzept der „Informalisierung" vorgestellt. In Ergänzung der Zivilisationstheorie, wie sie von Norbert Elias ([1939] 1997) vorgelegt wurde, untersucht Wouters diejenigen Prozesse, die im 20. Jahrhundert zu einer Veränderung der Spielräume von Umgangsformen geführt haben. Ziel für Wouters ist es, eine Soziologie der Emotionsregulierung zu etablieren. Der Autor konnte herausarbeiten, dass eine Auflockerung von vorgegebenen Regeln und Vorschriften im Sinne von sozialer Kontrolle nur durch zunehmende Selbstkontrolle möglich wird.
- Im vierten und letzten Typ wird über konkrete, interkulturelle Interaktionssituationen aufgezeigt, dass Formalität und Informalität ein Ergebnis subjektiver Beurteilungen sind. Peter Kistler (2002) hat hier in seiner konversationsanalytischen Untersuchung die interkulturelle Kommunikation zwischen Deutschen und Indonesiern zum Ausgangspunkt genommen, um auf die Korrelationen von prätextuellem Verständnis, Vorerfahrung und Bildung im Hinblick auf Aktion und Interaktion, Kontext und Partizipation hinzuweisen. Formalität und Informalität weisen nach Kistler auf die „positionale Identität im gesellschaftlichen

Gefüge" (ebd.: 57) hin. Über den Begriff der Positionierung in einem (bestimmten, lokalen) Raum im gesamtgesellschaftlichen Rahmen wird auf dieses Gefüge verwiesen; es besitzt damit eine hohe Anschlussfähigkeit an die Distinktionstheorie.

6.1 Luhmann: Sozialität

Niklas Luhmann (1999) bestimmt Institution als einen Bereich historisch gewachsener und generalisierter Erwartung.[116] Die Differenz von formaler und informaler Organisation über Kommunikation, die als Auffangdifferenz für (Umwelt-)Komplexität genutzt wird, ermöglicht es, einem Problem eine Lösung zuzuweisen. Diese Lösung wird entweder auf formalem oder auf informalem Weg gesucht (vgl. ebd.). Grundlage dieser Unterscheidung ist die Mitgliedschaft durch Entscheidung, die als solches übernommen und durch Entscheidung wieder beendet wird: „Es sind also Entscheidungen, mit denen die Organisation sich selbst erzeugt und in der laufenden Kommunikation gegen ihre Umwelt abgrenzt" (ebd.: 400).[117] Der Begriff der Mitgliedschaftsrolle verweist darauf, dass

---

116 Im Epilog zu dem Band „Funktionen und Folgen formaler Organisation" (1999) weist Luhmann auf den 30 Jahre zurückliegenden Entstehungszusammenhang seiner Überlegungen hin, die sich mit der soziologischen organisationswissenschaftlich/organisationstheoretisch aufgeworfenen Leitunterscheidung zwischen formaler und informaler Organisation beschäftigte (vgl. ebd.: 399). Luhmann bilanziert kritisch die Anfang der 1960er Jahre vorherrschende, zumeist US-amerikanische Diskussion über das Schema formale versus informale Organisation, die sich in Bezug auf informelle Gruppenbildung gruppen- und sozialpsychologisch ausrichtete und der Unterscheidung als spontane Eigenleistung von Gruppen im Hinblick auf ihre quantitative (Mehr- oder Minder-)Leistungserbringung zugrunde lag. Zentrale Fragestellung der Forschungen, die zumeist auch nur in industriellen Bereichen stattfanden, war, inwieweit formale Arbeitsorganisationen informelle Bedingungen zur Steigerung der Produktivität nutzbar gemacht werden konnten. Die hier gewonnenen Erkenntnisse, die nur bedingt generalisierbar sind, wurden von Luhmann durch die Unterscheidung von System und Umwelt ergänzt und relativiert. Diese Unterscheidung basiert auf der Annahme, dass Systeme nicht als artifizielle oder natürliche Ganzheiten zu betrachten sind, sondern vielmehr von der Differenz von System und Umwelt auszugehen sei. Als Leitunterscheidung konnte sie sich in der Organisationssoziologie etablieren (vgl. ebd.: 402).
117 Der Begriff der Mitgliedschaft bzw. Mitgliedschaftsrolle, die die Kommunikation innerhalb einer Organisation zum zentralen auf den (formalen) Organisationszusammenhang fokussierenden Zusammenhang bringt, stellt eine zentrale Kategorie dar, die die Unterscheidung zwischen formaler und informaler Organisation mit der Unterscheidung zwischen System und Umwelt verbindet (vgl. Luhmann 1999). Begründet wird dies mit der Unterscheidung zwischen der Kommunikation der Organisationsmitglieder und ihren je spezifischen Rollenzuschreibungen (System) in Abgrenzung zu den vorfindbaren Ressourcen (Gebäuden, Maschinen und Menschen) etc. „und all das, was Nichtmitglieder untereinander aushandeln" (ebd.: 400), dass der Umwelt zugerechnet wird.

Rollen nur die Zugehörigkeit zu einer Organisation regeln. Die Mitgliedschaftsrolle legt bestimmte, generalisierte Erwartungen fest, deren Verletzung langfristig zu einem Verlust der Mitgliedschaft führt, wobei jedoch „noch viel Spielraum offen bleibt, der sowohl durch formale als auch durch informale Kommunikation ausgefüllt werden kann" (ebd.).[118] In dem Versuch Systemtheorie und Entscheidungstheorie zusammenzuführen, wird der Blick auf die informalen Seiten innerhalb formaler Organisation gelenkt, um Abweichungen von Vorstellungen rationalen Entscheidens aufzuzeigen (vgl. ebd.). Dabei wird davon ausgegangen, dass sich das faktische Verhalten in Organisationen mit abgeleiteten Problemen beschäftigt. Abgeleitete Probleme beschreiben Nebenfolgen anderer Entscheidungen oder resultieren aus den Schwierigkeiten, die sich zum Beispiel aus den Folgen struktureller Veränderung ergeben, „die als solche nicht mehr beobachtet oder, weil zu viel daran hängt, praktisch nicht mehr in Frage gestellt werden" (ebd.: 20f.). Die in formalen Organisationen vorfindbaren und stabilen Verhältnisse bilden den Ansatz für eine allgemeine Theorie der formalen Organisation. Der Begriff der Formalisierung wird hierbei für ein soziales Verfahren verwendet, dass sich „aus elementaren menschlichen Kontakten heraus entwickelt, großartige neue Möglichkeiten des Systembaus eröffnet, dadurch aber Folgeprobleme auslöst" (ebd.: 21). Diese Folgeprobleme und die strukturellen Grundentscheidungen werden als formale Systemstrukturen bezeichnet und begründen die theoretische Fokussierung Luhmanns im Hinblick auf spezifische Bedürfnisse, Irritationen, Impulse und Möglichkeiten. Daraus werden verschiedene formale und informale bzw. erlaubte und unerlaubte Strategien abgeleitet, mit denen Verhaltenslasten bewältigt oder in veränderter Form verschoben werden. Unterschieden wird hier zwischen elementaren und formalisierten sozialen Systemen. In elementaren sozialen Systemen, die durch einfache Verhältnisse charakterisiert sind, „kommt die Handlungsorientierung mit Symbolen, Begriffen und Rollenerwartungen aus" (ebd.) und trägt egozentrische Züge, die perspektivisch aus der Situation und Sicht des Handelnden entspringt: „Ein kleines Kind sieht seine Mutter lediglich in ihrer Rolle als Mutter. Es ignoriert ihre Drittbeziehung als Ehefrau, Sekretärin und Dame, und diese Eigenheit der Orientierung scheint eine der Voraussetzungen gefühlsstarker Bindungen zu sein" (ebd.: 80). Im Gegensatz dazu ist es in formalisierten Systemen kaum möglich, andere nur einseitig

---

118 Der nach Luhmann veraltete Begriff der Institution erfasst aber nur bedingt gesellschaftliche Veränderungsprozesse im Hinblick auf soziale Faktoren und ökologische Folgeprobleme (vgl. Beck 1986). Zudem werden über den Begriff die sich verändernden Bedingungen und Aufgabenerweiterungen ausgeblendet, die im wohlfahrtsstaatlichen Kontext u.a. auf notwendige Kooperationen zwischen Betroffenen verweisen, weil Leistungen nicht legal erzwungen werden können (vgl. Luhmann 1999). In der veralteten Semantik des Institutionenbegriffs, der sich auf die Unterscheidung zwischen formaler und informaler Organisation stützt, geraten die sich verändernden Bedingungen außer Sicht, während sie über die Unterscheidung System und Umwelt und sich zum Beispiel über „Korrelatbegriffe" als Institution und Kultur erfasst werden, ohne die Unterscheidung als solches obsolet werden zu lassen (vgl. ebd.: 403).

über ihre jeweilige Funktion zu behandeln. Die perspektivische Ausschnitthaftigkeit der eigenen Rolle wird mit berücksichtigt und der Anderen wird zugestanden, dass auch sie in funktionalen Zusammenhängen steht. Freiheit mündet in eine Abschätzung von Positionen, von denen aus sich konkrete Beziehungen entfalten. Damit hat jede Beziehung für eine andere Beziehung eine indirekte Relevanz (vgl. ebd.). Elementaren und formalisierten sozialen Systemen liegt jeweils ein Handlungssystem zugrunde. Dies gilt unabhängig davon, ob es sich um eine Familie, eine Clique, eine Schule oder einen Verein handelt. Relevantes Unterscheidungsmerkmal ist die Anerkennung von Verhaltenserwartungen, die aus Mitgliedschaftsbedingungen resultieren und aus einem Bündel an spezifischen Rechten und Pflichten bestehen. Diese erfassen aber nur einen Teil der Erwartungen, aber nicht alle real erlebbaren und funktional sinnvollen (vgl. ebd.: 21).[119] Das hier vorfindbare Handlungssystem speist sich aus der Abgrenzung und dem Zusammenhang von Handlungen, wenn Zusammenhänge theoretisch wie mental mit Sinn gefüllt werden können und somit aufeinander verweisen. Dabei sind zeitliche oder räumliche Nähe oder Kausalitäten von untergeordneter Bedeutung, während die Wiederholbarkeit einen hohen Stellenwert hat (vgl. zur Wiederholbarkeit pädagogischer Handlungen: Kap. 5). Eine Abgrenzung erfolgt, wenn Sinnbeziehung zwischen den Handlungen von äußeren Veränderungen (Veränderungen in der Umwelt) abhängig ist. Das System versucht hier Stabilität zu erzeugen, um so dauerhaft zu bestehen.[120] Das Handeln in formalen Organisationen verweist auf den Grad der Koordination und die Vorstellung von Handlungen über die damit verbundenen generalisierten Erwartungen, die sich in Normen und Rollen niederschlagen. Generalisierte Erwartungen wirken sich als generalisierte Strukturen der formalen Organisation auf der Ebene der Handlung und auf der Ebene des konkreten Verhaltens aus. Hier geht es zum einen um die Durchsetzung von Erwartungen, zum anderen um die Ermöglichung von sich ergän-

---

119 Niklas Luhmann (1999) gibt an, dass in der Ontologie statt des Systembegriffs Begriffe wie Ganzes, Teil oder Beziehung verwendet werden. Im Gegensatz dazu verbinde der Begriff des Systems Einheiten bzw. Substanzen „durch Beziehungen als Teile zu einem Ganzen" (ebd.: 21). Das System bildet die Interdependenzen von Teilen im Rahmen eines Ganzen ab und die „Art, wie die Teile zu einem Ganzen zusammengeordnet sind, macht die Struktur des Systems aus" (ebd.: 23).
120 Systemtheoretisch führen diese Handlungen jedoch keine realen Personen „mit Leib und Seele" aus, sondern stellen Aktionssysteme dar, die in der Umwelt zu verorten sind: „Alle Personen, auch die Mitglieder, sind daher für das Sozialsystem Umwelt" (ebd.: 25). Im Kontext dieser Arbeit geht es aber ausdrücklich um physische Personen, die innerhalb formaler Organisationen lernen. Daher wird im Folgenden nicht mehr der Begriff des sozialen Systems verwendet, sondern durch den Begriff „Sozialität" ersetzt, wie er von Langewand (1994) eingeführt wurde. Beibehalten werden die Ausführungen Luhmanns, in denen es explizit um die Beschreibung formaler oder informaler Organisation geht. Da distinktionstheoretisch die Einzelne zwischen Zuständen unterscheidet, wird gleichermaßen versucht, die personale Perspektive, die Niklas Luhmann in einer Vielzahl von Beispielen einnimmt, an prominenterer Stelle zu thematisieren, als er es tut.

zenden sozialen Begegnungen und Kontakten. In Bezug auf die Generalisierung von Verhaltenserwartung arbeitet Luhmann formale und informale Merkmale von Organisationen über ihren Bezug zur Mitgliedschaftsrolle heraus, wobei über diese Rolle die Formalisierung von spezifischen Erwartungen im Bereich des Formalen zum Generalisierungsmedium wird (vgl. ebd.). Hier lassen sich drei Richtungen benennen, in denen Verhaltenserwartung generalisiert wird: sachlich (*Prozess der Rollenbildung*), zeitlich (*Prozess der Normierung*) und sozial (*Prozess der Institutionalisierung*).

Prozess der Rollenbildung

Die *sachliche Richtung* wird durch den formalen Zusammenhang und die Einbeziehung aller Erwartungen bestimmt. Der Verstoß oder die Nichtbeachtung einer Weisung ist Verstoß oder Nichtbeachtung der Sozialität und damit aller formalen Erwartungen: „Wo man aber sich nicht mehr auf die persönliche Einsicht in Zusammenhänge oder auf die Sachlogik aller verlassen kann, muß man wissen oder gesagt bekommen, welche Erwartungen zählen und welche nicht" (ebd.: 63). Erforderlich wird hier eine sachliche Konsistenz der Erwartung, ohne dabei zu einem Lebenserfordernis zu werden. Soziale Ordnung impliziert immer auch die Aufnahme und die Institutionalisierung von Widersprüchlichkeiten. Im Gegensatz dazu können in formalisierte Sozialitäten nur diejenigen Erwartungen aufgenommen werden, „die zumindest miteinander verträglich sind" (ebd.: 63), somit möglich erfüllt werden, ohne offensichtlich gegen andere Erwartungen zu verstoßen. In formalen Organisationen geht es um „Mindestbedingungen praktisch-konsistenter Durchführbarkeit" (ebd.: 64), die als solche dem Einzelnen ein sachliches Orientierungsgerüst bieten, „für das ein Monopol auf Legitimität in Anspruch genommen wird" (ebd.). In der Dimension sachlicher Sinnbeziehung geht es um die Ausbildung einer isolierten, formal konsistenten Ordnung von Erwartungen durch Generalisierung, Spezifizierung und Abstraktion. Diese sind relevant, weil damit sachliche Grenzen zwischen Institutionalisierung von Unpersönlichkeiten und Rollen unverändert bleiben. Hier entstehen jedoch Grenzkonflikte, die in Verhaltensschwierigkeiten münden, die durch die formalen Strukturen nicht behoben, sondern „auf die Einzelpersönlichkeit bzw. auf eine informelle Ordnung des Verhaltens abgeladen werden" (ebd.: 68).

Prozess der Normierung

Die *zeitliche Richtung* von Verhaltenserwartung dient der Unterscheidung zwischen förmlichen und nicht förmlichen Verhaltensnormen. Die Grundlage hierfür bildet ein normativer Sinn eigener Art, nur förmliche von nicht förmlichen Verhaltensnormen deutlich abzugrenzen, deren Anspruch weder auf persönlichen Gefühlseinstellungen beruhen, noch unmittelbar auf sozialem Konsens. Die Einstellungen – die trotz Verletzung durchgehalten werden müssen – basieren auf einer Rollenkombination, „die die Mitgliedschaft im System an die Anerkennung bestimmter Erwartungen bindet" (ebd.: 61).[121] Die Normierungen hier haben ein abstraktes Niveau, weil die Frage nach der Relevanz der Erwartung eine Überprüfung als obsolet erscheinen lässt: „Zeitliche Generalisierung heißt nicht, daß zu allen Zeiten dasselbe gelten soll, sondern nur, daß die im Zeitlauf wechselnden Umstände die Geltung nicht berühren" (ebd.: 62).

Prozess der Institutionalisierung

Die *soziale Richtung* wirkt sich auf die Generalisierung von Verhaltenserwartungen aus, indem innerhalb einer Sozialität Konsens über die formalen Erwartungen unterstellt wird, unabhängig von der einzelnen Person und unabhängig von ihrer individuellen Einstellung (vgl. ebd.: 68). Voraussetzung für Formalisierung einer Sozialität ist die Institutionalisierung von formalen Erwartungen, während eine gemeinsame Situationsdefinition für die Übereinstimmung der Darstellung des richtigen Verhaltens erforderlich ist. Die Unterschiede zwischen formaler und elementarer Ordnung und das damit verbundene soziale Handeln wächst zusammen und macht es möglich, so der Autor, dass jedes Mitglied jederzeit in der Lage ist, eine formale Situation zu erfassen (vgl. ebd.: 84).

Die psychischen Mechanismen, die eine generalisierte Erwartung innerhalb eines Systems in den Alltag übertragen, werden von Luhmann zentral thematisiert, weil eine Sozialität, die auf diese Weise organisiert ist, die Möglichkeit bietet, sich an den formalen Erwartungen zu orientieren. Eine formal organisierte Sozialität basiert in ihrem Kern auf einer umfassenden Konstruktion von Verhaltenserwartungen, in welcher ein Horizont für mögliches Erleben vorgezeichnet wird. Unter diesem Horizont „ist für jede Erwartung entscheidbar, ob sie gilt oder nicht gilt" (ebd.) – während in natürlichen Lebenswelten dieser Horizont nur auf mehr oder weniger aussichtsreiche und vage Erlebnismöglichkeiten hingewiesen werden kann.[122] Dabei wird davon ausgegangen, dass wirkliches Erle-

---

121 Luhmann verweist auf die Variation von Normen in unterschiedlichen Organisationen und konstatiert: „Ob und wie sehr formal geltende Erwartungen wirklich ernst gemeint und zur Sache persönlicher Überzeugung gemacht werden, ist eine andere Frage" (ebd.: 61). Allgemein, verweise dies auf sozialpsychologische Forschungen, die einen Zusammenhang zwischen Mitgliedschaftsgrundlage und Meinungsausdruck vermuten. In sozialen Systemen jedoch, „die nicht nur durch Anerkennung der Person, sondern auch auf indirekte Weise zur Teilnahme motivieren" (ebd.), ist davon auszugehen, dass eine mehr oder weniger starke Diskrepanz zwischen öffentlichem Meinungsaustausch und individueller Überzeugung vorhanden ist.
122 Luhmann thematisiert hier Ansprüche innerhalb sozialer Gesamtkonstruktionen, die verglichen werden mit der mathematischen Definition von Natur: „Auch hier wird die erschöpfende Be-

ben und Handeln in formalen Organisationen, nicht einfach auf determinierte Vorschriften zurückzuführen ist und von ihnen auch nicht einfach determiniert wird. Deshalb, so Luhmann, reicht es nicht aus, sich eine formale Organisation als einen allgemeinen Rahmen vorzustellen, der mit konkreten Lebensumständen und den sich daraus ergebenden Situationen nur einfach gefüllt, mit mehr oder weniger überflüssigen Zutaten aufgefüllt und realisiert wird. Formale Erwartungen stellen einen einfachen und natürlichen Einflussfaktor auf das faktische Erleben der konkreten Handlung dar. Doch dieser Einfluss verläuft nicht nur über eine partikulare Erwartungsbeziehung und einer dementsprechenden Handlung und erfolgt nicht nur in der einfachen Übernahme von Normen. Vielmehr orientiert sich die Einzelne an der Sozialität, in der sie lebt, d.h. nicht nur einseitig an formulierten Erwartungen. Vielmehr reagiert sie auf die „vorfindbaren Strukturbedingungen, die ... [sie] vor bestimmte Probleme des Verhaltens stellen, weil ... [ihr] bestimmte Verhaltenserwartungen entgegengebracht werden" (ebd.: 270) – ohne dass sie Kenntnis davon hat, welche Funktion innerhalb der Sozialität diese tatsächlich haben.

Zusammenfassend bleibt an dieser Stelle festzuhalten, dass sich mit der Rollenzuschreibung spezifische Erwartungen verknüpfen, sich so und nicht anders zu verhalten. Dies sichert zum einen die Unabhängigkeit von Emotionalität, zum anderen werden so allgemeine Verhaltensbedingungen und Anpassungsnotwendigkeiten erforderlich, die die Einzelne von der Verantwortung entlasten, sich selbst entscheiden zu müssen. Die Frage, welches Verhalten richtig und welches falsch ist, wird damit obsolet. Die Mitglieder erleben und erfahren formale Ordnungen als Bedingung für Verhalten im täglichen Leben der Sozialität. Dies führt jedoch nicht automatisch dazu, dass formalisierte Erwartungen in widerspruchsfreier Übereinstimmung zu den eigenen Erwartungen stehen.[123]

Der Verstoß gegen formale Regeln zieht Konsequenzen für die Mitgliedschaftsrolle und die Person nach sich, wobei die Erfüllung und nicht Erfüllung von Erwartungen nicht die Rolle als solche gefährdet. Der Beurteilung bzw. Nachweispflicht, ob Erwartungen erfüllt werden oder nicht „liegt beim Erwartenden", also der Sozialität (vgl. ebd.: 48). D.h. diejenige handelt informal bzw. informell, die noch im Rahmen ihrer Rolle handelt (bspw. im Unterricht Zwiegespräche mit der Nachbarin führen oder Galgenmännchen spielen und damit ge-

---

stimmbarkeit alles Möglichen postuliert und eine Ordnung eingerichtet, von der man aber im faktischen Leben nur hin und wieder Notiz nimmt und nur in speziellen Situationen mit bestimmter Zielsetzung Gebrauch macht" (ebd.: 84).
123 Luhmann verweist hier auf die freie Wählbarkeit der Mitgliedschaftsrolle bzw. die Zustimmung durch den Eintritt in eine Sozialität (vgl. ebd.: 41). Diese kann im Hinblick auf Schule kritisch hinterfragt werden, weil die Schulpflicht die freie Entscheidung zur Schule zu gehen boykottiert. Bezogen auf schulische Angebote kann aber eine freie Wählbarkeit konstatiert werden, weil Eltern stellvertretend für ihre Kinder zwischen verschiedenen Angebotsformen (z.B. Schultypen) wählen können, zumindest optional. Werden die Zugänge jedoch durch das System reglementiert, muss die freie Wahl der Mitgliedschaftsrolle neu hinterfragt werden.

gen bestimmte Verhaltenserwartungen verstoßen). In Abgrenzung dazu kann von einem informalen Status gesprochen werden, wenn eine Person sich für besonders befähigt hält und als Ratgeberin und Helferin durch andere Personen Anerkennung bzw. Achtung erwirbt – etwa beim Abschreiben lassen von Hausarbeiten oder beim so genannten Vorsagen. Die Grundlage, was als formalisiert gilt, wird zumeist über die Objektivierung von Strukturen verbal legitimiert. Dies führt zum einen dazu, dass die Einzelne als Mitglied einer formal organisierten Sozialität diese anerkennend übernimmt, aber hierüber auch der informale Bereich bestimmt wird, weil dieser nur in Abgrenzung und Abhängigkeit vom Formalen erfolgt. Im Vergleich zwischen formalen und informalen Bereichen gelten für letztere andere Techniken als für erstere. Luhmann verweist hier zum Beispiel auf „Harmonisierungstechniken" (ebd.: 49) in Situationen oder Beziehungen, die sich an den Möglichkeiten formaler Situationsauffassung ausrichten, welche auch die informalen Techniken steuern). Damit wird jedoch eine Trennung von Situation und Rollenpartnerin vollzogen, wobei diese Trennung zwischen außen und innen erst gelernt werden muss: Eine formalisierte Sozialität verweist optional auf die Möglichkeit, sich ihr konkret und nicht nur über innere Immigration zu entziehen, sich quasi „nach außen zu versetzen", um sich dabei in „die Situation von Nichtmitgliedern einzufühlen und das eigene System mit den Augen eines Fremden zu betrachten" (ebd.: 41).[124]

Als nur mentale Trennung zwischen innen und außen führt diese Option nicht zwanghaft zu einer Formalisierung von Erwartungen, vielmehr bietet eine Sozialität begrenzte Spielräume für faktisches Verhalten an. Unterschiede werden toleriert, wobei Toleranz wiederum ein bestimmtes Maß an Indifferenz bedingt. Begründet wird dies mit der Möglichkeit, Komplementarität zwischen den Beziehungen zu ermöglichen bzw. herzustellen. Reale bzw. faktische Handlungen innerhalb einer Sozialität lassen sich als Erwartungserfüllung über die Frage nach dem richtigen Handeln beschreiben. In formalen Organisationen wird unterschieden zwischen richtigem, korrektem oder angemessenem Verhalten und Abweichungen davon, wenn es zum Beispiel um Spontaneität als Reaktion oder Idee geht. Gleichermaßen wird ein Unterschied gemacht zwischen „organisierter Rationalität" und „Freiheit", die sich diametral gegenüberstehen und sich „als Gegensätze" auszuschließen scheinen (vgl. ebd.: 382).[125] Gemeinsamkeit lässt

---

124 Ein Kind lernt ab einem gewissen Alter, „daß seine Familie nur eine Familie unter anderen ist. Ihm wird bewusst, daß es nicht nur Mutter, Vater, einzelne Geschwister, das Dienstmädchen, den Kaufmann und andere Leute gibt, sondern eben die eigene Familie, die eigene Personen einschließt, andere ausschließt und gewisse besondere Lebensgewohnheiten durchhält" (ebd.: 41).

125 In der von Luhmann vorgenommenen Bestandsproblematik organisierter Systeme stellt der Mensch als Umwelt von Organisationen einen zentralen Bezugspunkt dar, wobei er ein eigenes System zur Selbstidentifikation bildet und damit die Grenzen zwischen System und sich selbst invariant hält. Durch dieses Verhältnis erhält ein anderer Bezugspunkt Relevanz, der bspw. Ordnungsmotive in den Vordergrund rückt, der wiederum andere funktionale Analysen erfor-

sich über die Generalisierung von Erwartungen innerhalb einer Sozialität herstellen, „nicht aber für bestimmte inhaltliche Ausprägungen" (ebd.: 389). Damit wird Selbstverständlichkeit in Bezug auf Verhalten oder Handlungen konstatiert, während Inhalte im Gegensatz dazu auf einen nicht selbstverständlichen Charakter hinweisen. Auf der Handlungsebene konstatiert Luhmann Konzessionen und Kompensationen als Notwendigkeit, die durch das Bedürfnis nach funktionaler Stabilisierung erzeugt werden. Damit wird jedoch nur eine Formalisierung behauptet, die wiederum nicht formales Handeln zur Selbstisolierung durch „Standard-Freundlichkeit" (ebd.: 390) nach sich zieht. In diesem Zusammenhang wird auf drei unterschiedliche Strategien verwiesen, um sich in formalen Organisationen zu behaupten:

- die Strategie der unpersönlichen, lokalgebundenen und unterwertigen Selbstdarstellung;
- die Strategie der persönlichen Note, die als solches ortlos und personengebunden, somit individuell ist und unsichtbar bleibt und
- die Strategie der Expansion über Performancechancen als Reaktion auf spezifische Angebote, die formal oder informal, legal oder illegal, sachbezogen oder gruppenbezogen sind (vgl. ebd.: 392).[126]

In diese personalen Strategien fließen Vorerfahrungen als Destillate mit ein. Und erst dann, wenn die entstehenden und erlebten Probleme für den Einzelnen verständlich gedeutet werden können, identifiziert und anerkennt der Einzelne die Situation und festigt die eigene Rolle. Angelpunkt der Orientierung ist die, von Mitgliedschaftsbedingungen unabhängige, Entsprechung oder Ablehnung durch ein entsprechendes Verhalten. Nach Luhmann kommt es hier zu Schwierigkeiten, weil die Begründungsmuster für Konflikte und Probleme verallgemeinert werden: „Sie lenken von den eigentlichen Quellen des Übels in den dominierenden formalen Strukturen ab und dirigieren die Vorwürfe ins Persönliche oder Moralische, wo sie ohne Konsequenzen verhallen" (ebd.: 51f.). Der Effekt, der damit erzielt wird, ist die stabilisierende Bestimmung von Formalität, weil die ausgelösten Proteste verlagert und absorbiert werden. Damit wird die Freiheit, zwischen Verhaltensweisen wählen zu können, zu einer Auswahl von Sichtbarem und in der Ausdeutung des Unsichtbaren nicht einfach willkürlich genutzt, sondern im Hinblick auf die dominierenden Erwartungen interpretiert. Das Erleben wird harmonisiert durch vorgezeichnete Bahnen, andere Verhaltensweisen „gelten als Begleiterscheinungen oder bleiben überhaupt unbemerkt" (ebd.: 52). Daraus kann die Konsequenz abgeleitet werden, dass das Ausblenden latenter Beziehungen nur auf Kosten formaler Rollenkonsistenz erfolgt und diese dann als Interpretationshilfe selektives Erleben vordiktiert, an denen sich Bedingungen

---

dert und einfordert und anderen Leistungen dient (vgl. ebd.: 389).
126 Der hier erworbene Status gilt als „Substitut für persönliche Achtung" (ebd.: 393).

ausbuchstabieren lassen. Als umfassende formale Bedingungen, die mit der jeweiligen (Mitgliedschafts-)Rolle in Zusammenhang gebracht werden, sind diese übertragbar auf andere Sozialitäten, während andere damit korrespondierende Situationsmerkmale, verdeckt werden, obwohl sie notwendig mitgedacht werden müssen, weil sie eine „latente Dauerbelastung der herrschenden Konzeption" (ebd.) darstellen. Nur das, was umfassend mit formalen Bedingungen in Zusammenhang gebracht werden kann, erhält Relevanz in Bezug auf die zugrunde gelegte Struktur und wird von ihr mitgetragen. Andere damit verbundene Situationsmerkmale werden ausgeblendet, obwohl sie zwangsläufig mitgedacht werden müssen. Selektive Wahrnehmung und Zurechnung sind die Aspekte, die durch Deutung des Unsichtbaren und durch Ausblendung latenter Beziehungen dazu führen, dass ein oberflächliches Gemenge aus Bedingungen prominent gehalten und Mitgliedschaftsbedingungen zu einer kohärenten Rolle zusammengefügt werden.[127]

In formalen Organisationen wirken Erwartungen „durch die Präsenz des Möglichen" (ebd.: 276), wobei zwischen Organisationen unterschieden werden kann, in denen formale Strukturen im Wesentlichen an den Interessen der Mitglieder ausgerichtet sind und somit weniger Anlass haben, formale und informale Verhaltensweisen strikt voneinander abzugrenzen. Davon unterscheidbar sind Organisationen, in denen Verhalten formal durchgezeichnet und zu einem konsistenten System von Rollen verbunden werden. Formale Organisationen als Arbeitsorganisationen sind ihrem Zweck gemäß durchrationalisiert und werden durch Leistungsgrenzen bestimmt. Wenn jedoch formale Erwartungen einer Sozialität nicht mehr ausgewogen „in sich selbst ruhen" (ebd.: 284) und die Leistung abnimmt, ist nicht mehr davon auszugehen, dass eine einheitliche Struktur für alle Funktionen vorliegt. Als Reaktion hierauf geht es darum, eine differenziertere Struktur zu entwickeln, wobei diese wiederum der „Einseitigkeit des Formalisierungsprinzips" (ebd.: 285) Rechnung trägt. Daraus wird die Hypothese abgeleitet, dass, je stärker ein bestimmter Verhaltensbereich formal durchgezeichnet ist und je stärker Verhaltensweisen zu einem konsistenten Rollensystem verbunden werden, desto weniger werden diese dann andersartigen Erwartungen gerecht. Der Effekt ist, dass andere, nicht passgenaue Erwartungen auf andere Situationen verschoben werden. Der Spielraum für andersartige, fremde Erwartungen ist somit nicht nur für prominente, formale Erwartungen begrenzt, sondern er bedingt, bedient und erfordert auch andere informelle Spielräume innerhalb einer Sozialität. In diesem Zusammenhang verweist Luhmann auf Aspekte

---

[127] Man kann, so Luhmann, „als Erwartender ebenso wie als Handelnder – in vielen Situationen mit dieser Rolle auskommen. Sie strahlt in alle Bereiche des formalisierten Systems hinein. Immer kann man sich unangreifbar auf seine formale Rolle zurückziehen, nie sie vernachlässigen. Und doch zeigt unsere Analyse deutlich, daß sie nicht die volle Wirklichkeit wiedergibt, weder die Wirklichkeit des konkreten Handelns, noch die Fülle der faktischen Verhaltensleistungen, die ein formalisiertes System benötigt, um zu bestehen" (ebd.: 52).

von *Verantwortung, Entscheidung* und *Kontaktverdichtung*, auf die im Folgenden kurz eingegangen wird, weil diese zentrale Momente des Lernens in formal organisierten Sozialitäten darstellen.

Verantwortung

Motivation und Spontaneität als soziale Anpassungsleistungen, haben nach Luhmann nur Teilfunktionen und fügen sich in die Ordnung einer formal organisierten Sozialität ein (vgl. ebd.: 89). Sanktionen gelten als artifiziell zugefügte Handlungsfolgen, die sich entweder materiell oder immateriell ausdrücken und nur Bestandteil einer komplexen Motivationsstruktur sind. Dabei wird davon ausgegangen, dass ihr dosierter Einsatz nur dann Wirkung zeigt, wenn diese aus dem Zusammenhang verstanden werden. Die zugrunde gelegten Motive erhalten Relevanz durch die sozialen Prozesse, in denen gemeinsame Wertschätzungen erarbeitet, sich Zufriedenheit einstellt im Vergleich mit dem, was andere haben und bekommen und dessen Wert sich ausrichtet und festgelegt wird über Ansprüche an Beziehung und in Rücksicht auf andere. Wenn Kommunikationen nur noch informierende und keine motivierende Merkmale mehr aufweisen, dann wird Motivation lediglich über entfernte, fremde Sinnbezüge und abstrakte Symbole gelenkt. Die Einzelne ist aufgefordert zu lernen, individuelle Wünsche und Neigungen aufzuschieben, wie sie gleichermaßen auch lernt, in einem größeren zeitlichen Horizont zu leben: „Wartefähigkeit gewinnt an Bedeutung, und vor allem die Bereitschaft, Energie für künftige Ereignisse zu investieren, an denen man nicht beteiligt ist" (ebd.: 91). Wenn motivierende Befriedigung nicht mehr unmittelbar erfolgt, wird es erforderlich, „Formen der generalisierten Verpflichtung und der Umwegbefriedigung" (ebd.) einzuführen, deren Wirkung auf das alltägliche Handeln gering und weniger plausibel erscheint. In diesem Zusammenhang wird Verantwortung für individuelle Leistung als anknüpfendes Kommunikationsproblem thematisiert, wobei Leistung hier nicht als persönliche Qualität oder Tugend darstellt, sondern durch eine Art „innerer Entschlossenheit" (ebd.: 175) zustande kommt. Verantwortung als Kommunikationsproblem wird definiert als nicht gedeckter Informationswert einer Entscheidung, wobei sich das Ausmaß an Verantwortung an dem Informationsstand einer Sozialität und der zugrunde liegenden Sinnstruktur insgesamt ausrichtet. Verantwortung hat somit zwei Bedeutungen, nämlich einerseits die Übernahme des Überschusses an Information, die nicht dem eigenen Informationsstand entspricht und andererseits die Übernahme der Sinnstruktur der Sozialität, wodurch andere Sinnzusammenhänge ausgeschlossen werden. Verantwortung zu übernehmen heißt, die richtige Kommunikation sicher zu stellen, wobei gewährleistet sein muss, dass „Entscheidungen an bestimmter Stelle und vor allem zu bestimmter Zeit getroffen werden, und daß diesem Erfordernis auch ohne vollständige Information genügt wird" (ebd.: 177). In dem Moment, wo Entscheidungen zu einem notwendigen Mittel der Selbsterhaltung werden, wird auch die nicht Entscheidung zu einer Entscheidung, die als solche Konsequenzen für die Sozialität hat und daher verantwortet werden muss. Damit besteht aber kaum mehr die Möglichkeit, auf Informationsmängel mit Zurückhaltung oder Passivität zu reagieren (vgl. ebd.).

Entscheidung

Mit der Formalisierung von Entscheidungswegen versucht Luhmann, auf das Problem der Verantwortung einzugehen. Soziale Notwendigkeiten werden zu (Mitgliedschafts-) Bedingungen, was dazu führt, dass Kommunikationsprobleme auf die Einzelnen übertragen werden. Die Zumutungen, sich zu entscheiden werden so formalisiert, dass die Einzelne ihnen nicht ausweichen, ihnen nicht entgehen kann, ohne ihre soziale Mitgliedschaft zu riskieren: „… [Sie] muß sich stets entscheiden, zu entscheiden oder nicht zu entscheiden, und muß auch für das Nichtentscheiden Gründe angeben können" (ebd.: 178).[128] Der Verantwortung wird in diesem Zusammenhang die Funktion von „Unsicherheitsabsorption" (ebd.) zugeschrieben, wobei davon ausgegangen wird, dass nur faktische Erwartungen innerhalb eines sozialen Handlungssystems zum Teil formalisierbar sind. Formalen Erwartungen kommt hier die Aufgabe zu, den Bestand der Sozialität durch Stabilisierung von begrenzten Zusammenhängen zwischen generalisierter Ordnung und Motivation herzustellen und nach außen darstellbar, stabil und elastisch zu sein, obwohl sie nach innen ein hohes Maß an Widersprüchlichkeit vorweisen.[129]

Kontaktverdichtung

Es lassen sich eine Vielzahl von Erlebnis- und Verhaltensweisen nachweisen, die sich nicht an formalen Themen orientieren, wobei sie doch nur so in formalisier-

---

128 Dieser Prozess lässt sich auch umgekehrt darstellen, weil sich auch die Empfängerin einer Mitteilung in einer Zwangslage befindet und von einem korrespondierenden entweder – oder ausgeht: „… [Sie] kann die Kommunikation nicht kritisieren, ohne einen besseren Vorschlag zu machen, ohne selbst Verantwortung zu übernehmen bzw. bessere Informationen zu liefern. Die reine Polemik, daß bloße Aufweisen von Schwächen und Unsicherheiten bleibt typisch erfolglos, wenn entschieden werden muß, und macht den »Intellektuellen« in der Organisation missliebig" (ebd.: 178; zur Umstellung vom „entweder – oder" hin zum „und" bei Entscheidungsprozessen: vgl. Beck 1993).
129 Die Art und Weise wie mit Problemen des Dissenses, des Widerspruchs und der Abweichung in einer Sozialität umgegangen wird, wird mit Formalisierung, so Luhmann, nicht aufgehoben, aber im faktischen Verhalten weitgehend neutralisiert und unschädlich gemacht. Sein Interesse ist es, der Frage nachzugehen, wie soziale Systeme damit umgehen und welche Verarbeitungsprozesse aktiviert werden oder vorhanden sind und sich beobachten lassen (vgl. ebd.: 269).

ten organisierten Sozialitäten vorzufinden sind. Davon ausgehend, dass formale Organisation das faktische Verhalten prägt, wird auf die Probleme verwiesen, die in ihrem Ergebnis zu Belastungen und Spannungen führen. Diese treten gleichermaßen bewusst wie unbewusst als „Form von Normanwendungsentscheidungen" (ebd.: 270) auf, so dass zwischen einer Thematisierung von Erlebnisthemen und Verhaltensweisen durch Formalisierung ausgegangen wird und einer nicht Thematisierung von Erlebnissen und Verhalten, die nicht formalisierbar und damit informell bleiben. Durch Beobachtung des täglichen Lebens, so Luhmann, lassen sich formale Strukturen als konstituierende Bedingungen differenzieren: zum einen auf der Strukturebene, mit der Erwartungen generalisiert werden und zum anderen auf der Ebene des konkreten Verhaltens. Unterschieden wird hier zwischen Kontakt- und Erwartungsstruktur, wobei der Strukturbegriff in diesem Zusammenhang genutzt wird als Bezeichnung von Situationen mit Wahloption und auf individuelle Entscheidungen, die „nicht auf ein bloßes Kopieren richtiger Vorstellungen im faktischen Handeln" (ebd.) zurückzuführen sind. Unter der Annahme, dass alle zwischenmenschlichen Kontakte durch komplementäre, generalisierte Erwartungen gesteuert werden, ist es im Wesentlichen die Komplementarität, die als Bedingung fungiert: als Bedingung, dass die Kontaktpartnerinnen entsprechende Erwartungen haben. Dazu notwendig sind jedoch vorgezeichnete und von den Beteiligten akzeptierte Handlungsbahnen, weil es sonst zu Unverständnis und Ablehnung kommt. Zentrales Moment einer generalisierten Erwartungsstruktur ist, „wann, zwischen wem, wie häufig und mit welchen Themen Kontakte zustande kommen" (ebd.: 272). Die Erwartungsstruktur in formalen Organisationen als solche bedingt und bestimmt jedoch keine Kontakthäufigkeiten, -verläufe und -themen. Formalen Erwartungen kommt somit auch nicht die Aufgabe einer genauen Vorzeichnung zu. Vielmehr dient sie der Strukturierung der Sozialität als einer formalen Erwartungsordnung, die ein hohes Maß an Indifferenz und Toleranz für Unterschiede im faktischen Verhalten aufweist. Als generalisierte Erwartungsstruktur ermöglicht sie einerseits einen begrenzten Spielraum für Verhalten, während sie andererseits verschiedene Möglichkeiten als nützlich und funktional äquivalent oder als nicht brauchbar bestimmt, wobei dies nicht weiter gerechtfertigt werden muss. Diese Einsicht ist nach Luhmann nicht neu, sie verweist aber auch darauf, dass bspw. Organisationspläne nicht als Index für faktisches Kommunikationswesen interpretiert werden können. Davon ausgehend, dass menschliche Beziehungen nicht willkürlich sind und ihnen keine strukturlose Verteilung von Kontakten zugrunde liegt, ergibt sich Kontaktverdichtung über Notwendigkeiten, die als solche „formal geregelt" sind (vgl. ebd.: 274). Wenn die Notwendigkeit besteht und zentral thematisiert wird mit anderen in Kontakt zu treten, wird dies über die formale Organisation möglich, wobei sich damit unterschiedliche Probleme ergeben: In Bezug auf die Innenwelt einer formal organisierten Sozialität begrenzt Formalisierung diese nach außen, schottet sie sozusagen ab. Nach innen werden die Problemlösungen durch generalisierte, formale Erwartungen begrenzt, die als solche nicht in beliebiger Anzahl bereitgestellt werden und somit auch noch einmal selbst begrenzend wirken.

Was die formal organisierte Sozialität jedoch nicht festlegt, ist, welche Kontakte und Verhaltensweisen als Lösung gelten. Verhaltenserwartungen und besonders formalisierte Verhaltenserwartungen stellen dabei keinen rigiden Handlungsrahmen dar, sie sind nach Luhmann oft auch gar nicht für das unmittelbare alltägliche Verhalten gedacht. Vielmehr beziehen sich Erwartungen auf Situationen, „die selten oder nie eintreffen, aber als Möglichkeit ständig vor Augen stehen" (ebd.: 275).

Formale und informale Seiten der Organisation von Sozialitäten bezeichnen somit zwei Zustände: der formale Zustand bezieht sich auf den Bereich des Erlaubten (was geht), der andere Bereich den des nicht Erlaubten (was geht nicht). Auf beiden Seiten lassen sich Strategien identifizieren, die zusammen genommen eine (distinktionstheoretische) Form begründen. Diese Form dient auf der sachlichen Ebene der Verantwortung, Entscheidung und Kontaktverdichtung. Unterschiedliche Prozesse begründen die Fixierung generalisierter Erwartungen (Rollenbildung, Normierung, Institutionalisierung) auf der formalen Seite. Die informale bzw. informelle Seite verweist auf nicht generalisierbare Erwartungen. Unterschieden wird hier zwischen formal organisierten und elementaren Sozialitäten. Erstere differenziert zwischen Entscheidungen in Bezug auf *gilt* und *gilt nicht*. In elementaren Sozialitäten kann diese Differenz nicht angeführt werden. Dieser Bereich richtet sich an der Unterscheidung zwischen *mehr* oder *weniger* aus, im Sinne von *aussichtsreich* oder *nicht aussichtsreich* und betont den Moment des Erlebens, das nicht auf Regeln rückführbar ist oder determiniert werden kann. Daraus werden unterschiedliche Unterscheidungsmodi herausgearbeitet wie bspw. Erfüllung und nicht Erfüllung von Erwartung(en) (vgl. ebd.). Unterschiedliche (personale Umgangs-)Strategien gehen mit formalen Regelungen einher. *Zentrales Moment ist jedoch die selektive Wahrnehmung, Zurechnung bzw. Zuschreibung des Unsichtbaren, die zwangsläufig in Bezug auf die Gesamtform mitgedacht werden müssen.*

An dieser Stelle kann festgehalten werden, dass mit formaler Organisation immer eine Form bezeichnet wird, die formale und informale Anteile hat. Ob der Thematisierung ihrer Funktion im gesamtgesellschaftlichen Gefüge der Sozialitäten, wird dies zugunsten einer objektiven Erfassung ausgeblendet, aber zu ungunsten subjektiver Erfahrungs- und Erlebnisbereiche, weil diese als solche nicht standardisierbar und damit weder beschreibbar noch vergleichbar erscheinen. Infolge dessen gilt alles als informell, was zugunsten oder zuungunsten privater bzw. individueller Verhandlungs-, Aushandlungs- und Verantwortungsbereiche in den Bereich personaler Entscheidung verschoben wird. Hier schließen die Ausführungen von Johann A. Schülein an, der sich mit subjektiver Institutionalisierung über die Unterscheidung zwischen institutionalisiert und nicht institutionalisiert auseinandergesetzt hat.

6.2 Schülein: Subjektivierende Institutionen

Johann August Schülein (1987) hebt in der „Theorie der Institutionen" den räumlichen und sozialen Aspekt von Institutionen hervor. Während bei Luhmann die Form organisierter Sozialität im Mittelpunkt stand, siedelt Schülein Institutionen mit Verweis auf die Anzahl der Mitglieder oberhalb von Primärgruppen und unterhalb von formellen Sekundärgruppen an. Der Institutionenbegriff hat bei Schülein Signalcharakter und bezieht sich auf Arbeits- und Lebensräume für eine größere Anzahl von Menschen. Er ist gekennzeichnet durch „gesellschaftliche Vorgaben und interne Strukturierungsprinzipien" (ebd.: 116). Im Rahmen einer institutionentheoretischen Perspektive, werden diese Prinzipien problematisiert und unterschiedliche Dimensionen von Institution identifiziert. Dies sind zum einen Thematisierungsstrategien und -probleme von Institutionen und zum anderen Differenzierungen von Realität durch Interaktion und Institution. Daraus werden verschiedene institutionalisierte Relationen abgeleitet, die sich im Wesentlichen auf die Rangfolge zwischen Relationen, den Konstitutionsbedingungen zwischen Relationen, der Folgen und Nebenfolgen der Institutionalisierung, der Relation von Produktion und Reproduktion durch Institutionalisierung, der Relation von innerer und äußerer Umwelt und der Relation von Institutionalisierbarem und nicht Institutionalisierbarem auseinandersetzt. Letztere, also die Relation von Institutionalisierbarem und nicht Institutionalisierbarem, beschreibt Schülein als formellen und informellen Prozess.[130] Dieser steht bei folgenden Ausführungen im Zentrum.[131] Schülein fragt danach, welche Bedeutung Instituti-

---

130 Um die spezifische Analyse der Theorie der Institution nachvollziehen zu können, ist es erforderlich, nicht erst an dem Punkt von institutionalisierbarem und nicht Institutionalisierbarem zu beginnen, sondern den Ausführungen des Autors zu folgen, mit denen er sich von bis dato üblichen unterscheidet. Schülein problematisiert, dass in den neueren institutionentheoretischen Ansätzen ausgeblendet wird, dass soziale Realität keine auf Dauer gestellte Wahrscheinlichkeit haben: „Das Basisthema der »klassischen« Institutionentheorie war die Frage: Was ermöglicht die Aufrechterhaltung von hochselektiver und hochspezialisierter sozialer Realität?" (ebd.: 119). Als Grundfrage klassischer und moderner Institutionentheorie wird von einer komplexen Realität ausgegangen, die dauerhaft Bestand hat. Diese Dauerhaftigkeit gilt als „gewissermaßen selbstverständliche Voraussetzung" (ebd.) und wird im Hintergrund mitthematisiert. Hieran knüpfen die Fragen an, wie Institutionen es schaffen, sich zu verändern und Veränderungen zu übernehmen. Die Frage nach der Dauer verkompliziert sich gleichermaßen, „weil es nunmehr nicht nur um Dauer als solche, sondern um das Dauern im Wandel – Hegel würde sagen: um die Identität und Nicht Identität geht" (ebd.).
131 Wesentlich ist die „starke Betonung der Notwendigkeit institutioneller Zwänge" (ebd.), zum einen für die Stabilisierung differenzierter sozialer Realität, die zum anderen gleichermaßen als Argument für politische Programmatiken fungiert, wie sie ebenso als Kritik verstanden werden kann für eine distanzierte Positionierung zu „Institutionen als verdinglichte Herrschaftsinstanzen" (ebd.). Hier werden Nützlichkeit und Notwendigkeit gegeneinander ausgespielt, weil Nützlichkeit „für politische Interessen ein wichtiges Selektionskriterium" darstelle, „für die Art und Weise, wie Institutionen thematisiert werden (wobei in die kognitiven Selektionen entsprechen-

onalisierung heute (noch) besitzt und geht davon aus, dass diese nur noch theoretisch Signalfunktion habe. Hierbei verweist er auf Luhmann, der in seinem Modell anspricht, warum Institutionalisierung stattfindet, dass wie aber einfach vorausgesetzt habe. Um dem Dilemma von erwartbaren finalen Lösungen einer Begriffspflege einerseits und Begriffsaktivität andererseits zu entgehen und soziale Realität ab einem bestimmten Punkt begrifflich zu erfassen, unternimmt Schülein den Versuch, über den Institutionenbegriff nur einen Teilaspekt differenzierter Realität zu erfassen.[132]

In der Beschreibung differenzierter Realität wird der Aspekt der Differenziertheit komplexer Realität ab dem Zeitpunkt fokussiert, an dem „eine homogene, undifferenzierte Realität in nichtidentische Besonderheiten übergeht" (ebd.: 124). Die hier entstehenden Unterschiede schließen Bewegung und Kontakt mit ein und umgekehrt, wodurch eine Differenz zwischen einer besonderen, äußeren Umwelt und einer internen, inneren Situation bzw. Zustand entsteht, die ihrerseits wieder Bewegung voraussetzt bzw. bedingt. Während Luhmann Mitgliedschaft oder Nichtmitgliedschaft über die Positionierung im Gesamtgefüge bestimmt, ist es bei Schülein Identität bzw. Nichtidentität, die als Teile eines Ganzen von zwei Seiten zueinander in Beziehung gesetzt werden und zugleich Differenzen hervorbringen.[133] Der Autor geht zur Bestimmung von Institutionen von

---

de psychosoziale Präferenzen eingehen)" (ebd.: 119). Das, was in diesen Debatten jedoch als nützlich herausgestellt wird, entspringt dabei nicht genuin der Institutionentheorie, sondern stellt „Effekte von Sekundärrisiken" (ebd.) dar. Die Institutionentheorie hat an aktiver Begrifflichkeit verloren: „Man kann ohne Substanzverlust statt Institutionalisierung auch vom Aushandeln von Regeln, vom Festhalten an einmal bewährten Typen, von der Tradierung erfolgreicher Mechanismen sprechen, zumal der Begriff Institutionalisierung selbst keine interpretative Bedeutung besitzt, sondern lediglich beschreibt, was passiert: daß bestimmte Sektionen und Verbindungen festgehalten und dabei bestätigt/verändert werden" (ebd.: 121).

132 Begründet wird dies, um den Begriff als Hintergrundverweis zu überwinden und ihm gesellschaftstheoretische Aussagekraft zu geben (vgl. ebd.:123).

133 Zwischen Ganzem und Teilen zu unterscheiden, ergebe nur dann Sinn, wenn Äußeres und Inneres mitgedacht werden: „Der Begriff »Ganzes« wird ohnehin erst durch die Differenz nach außen wie nach innen sinnvoll; mitgedacht werden muß sowohl eine Umwelt, auf die die Einheit sich bezieht, als auch eine Innenwelt, aus der sie zusammengesetzt ist" (ebd.: 124). In der „Begriffstrias Umwelt – Einheit – Innenwelt" (ebd.), die die Grundlage und Prinzip für die Differenzierung von Realität darstellt, verweist unter der Einbeziehung einer diachronen und synchronen Gegebenheit auf die vordifferenzierte Realität der Gegebenheiten und auf die Voraussetzung von Wahrnehmung der Gegebenheiten durch „Nichtidentität" (ebd.), weil vordifferenzierte, homogene Realität, in der keine Bewegung zu verzeichnen ist, in der nichts unterschieden wird, nur ein logisches Konstrukt ist. Die Thematisierung von Reflexion verweise auf eine differenzierte Realität und damit immer auf Interaktion. Somit kann es nur eine differenzierte Realität geben und der „Vorgang des Wahrnehmens setzt Nichtidentität voraus" (ebd.). Hieran angeschlossen werden verschiedene Begriffe von Nichtidentität, Erstarrung bzw. Begrenzung und Bewegung. Nichtidentität verbindet sich mit Interaktion, die eingebunden ist in eine zeitliche Struktur. Sie wird real, wenn sie zu einem bestimmten Zeit-Punkt „quasi erstarrt" (ebd.; vgl. Spencer-Brown 1999; ausführlich dazu Kap. 3.2).

zwei Unterscheidungen aus: Erstens setzt er eine Differenz von Innen/Außen, zweitens eine Differenz zwischen synchron/diachron.

Er arbeitet drei zentrale Dimensionen subjektivierender Institutionen aus, die *zeitliche*, die *sachliche* und die *soziale Dimension*, wobei alle drei auf zwei Effekte hinweisen, die im Zusammenhang mit Lernen voneinander unterschieden werden können. Diese gilt es im Folgenden genauer darzustellen.

Zeitliche Dimension

Bewegung zwischen Außen und Innen, so Schülein, markiert eine zeitliche Positionierung im Vorher und Nachher, wobei die Differenzierung nicht nur eine synchrone Gegebenheit ist, sondern die diachrone Perspektive mit einschließt. Gegenwartsbezogene und historische Realität begründen eine Dimension, in der eine „qualitativ-strukturelle Nichtidentität" (ebd.: 124) und eine zeitliche Differenz mit einfließen. Differenzverstärkend wirkt hier die Eigenzeit von Umwelt und Einheit. Jeder Einheit kann eine eigene Zeiteinheit unterstellt werden. Die synchrone und diachrone Positionierung wird durch zunehmende Differenzierung instabiler bzw. dynamischer, weil jede Differenzierung auf eigene Zustände und unterschiedliche Abläufe verweist. Instabilität und Dynamik führen dazu, dass mehr Möglichkeiten bestehen. Die Ungleichzeitigkeit der Zeit lässt sich auf die Veränderung von Verhältnissen beziehen, so dass Einheiten in Gegensatz zu ihrer Umwelt geraten und ihr internes Gleichgewicht wieder zerfalle (vgl. ebd.: 125). Dies führt zu dem Effekt, dass Bewegungen in der Zeit tendenziell als eigendynamische Prozesse wahrgenommen werden, die kontinuierlich ein neues Ungleichgewicht erzeugen (vgl. ausführlich Kap. 3.2).

Als zweiter Effekt der zeitlichen Dimensionierung lässt sich Akkumulation benennen. Ergebnisse bzw. Endprodukte von Ereignissen fließen in diachrone Gegebenheiten mit ein und dienen als Vorgaben für das was anschließt. Dadurch entsteht eine „neue Qualität der Bewegung" (ebd.: 125), die tendenziell die akkumulierenden Resultate auf ihre „einmal erreichten Wirkungen von Differenzierungen" (ebd.) bezieht und sozusagen darauf aufbauend quantitativ wie qualitativ neue Einheiten entwickelt. Dieser akkumulative Prozess ist emergent, weil er etwas hervorbringt, was bis dahin nicht möglich bzw. notwendig war, wobei Differenz und Bewegung sich wechselseitig stimulieren und akkumulative und generative Effekte aufweisen. Quantitative Verhältnisse bzw. Bedingungen spielen dabei eine zentrale Rolle, weil diese als Gesamtheit an Realität den Rahmen bestimmen, innerhalb dessen Differenzierung und Bewegung stattfindet und gleichermaßen auch regelt, in welchem Umfang sie möglich sind. Schülein geht davon aus, dass, je mehr Spielraum vorhanden ist, desto mehr Differenzierung erfolgt. Dies gilt sowohl für die Binnendifferenzierung als auch für die je spezifische Umwelt. Die Abgrenzung bzw. Begrenzung von Differenz ermöglicht die

Verwendung von mehr Material zur Durchsetzung eigener Zwecke, wobei sich damit auch der Aufbau der inneren Strukturen verbindet. Damit verändert sich jedoch auch die Außen- bzw. Umwelt, weil auch hier von einer Differenzierung ausgegangen wird. Als zwei Seiten derselben Medaille gelten dabei einerseits das Überschreiten des Differenzierungsniveaus von Realität durch die erhöhten Binnendifferenzierungschancen, während auf der anderen Seite die Umwelt zunehmend komplexer und pluraler wird. Dies wiederum führt dazu, dass Eigendynamiken wahrscheinlicher werden, während Homogenität immer unwahrscheinlicher wird. Daraus leitet Schülein die These ab, dass Heterogenität immer anspruchsvoller wird, weil zunehmend mehr und bessere Anpassungsleistungen aufgebracht werden müssen, um die Umweltdifferenzierung aufrechtzuerhalten. Die Koordination der vielfältigen, voneinander unterscheidbaren Differenzen erfordern spezielle Einrichtungen. Interaktion als logische und praktische Konsequenz von „Differenzierung von Realität" (ebd.: 126) gründet auf einem konditionierten Verhältnis zwischen Unterschied und Unterscheidung: „Die Tatsache, daß differenzierte Realität aus Unterschieden, die sich bedingen und aufeinander bezogen sind, besteht, konstituiert Interaktion, erzwingt den Austausch zwischen den verschiedenen Positionen" (ebd.).

Interaktion definiert Schülein als allgemeines Mittel, „um integrierte, aufeinander bezogene Aktivitäten im Rahmen von Differenzierungen" zu koordinieren, „wobei diese Aktivität nicht intentions-, sondern problemgebunden ist" (ebd.). Institutionen haben keinen Eigensinn und werden nicht losgelöst, „sondern *in Beziehung auf ein anderes*" (ebd.) gedacht. Somit sind Institution und Interaktion als die eine und die andere Seite von Differenzierung aufeinander verwiesen. Institutionen existieren somit immer nur in Bezug auf ein anderes, wobei Interaktion der Prozess ist, „der sich *zwischen Unterschiedenem* abspielt" (ebd.). Als Ergebnis von Differenzierung lassen sich Institutionen und Interaktionen als besondere Formen von Realität abbilden, wobei Institutionen weder material noch formal fixiert sind. Sie legitimieren sich nur in Bezug auf eine konkretes und konkretisierbares Gefüge von Realität und als *„Form für ein Anderes"* (ebd.: 131). Darin eingeschlossen ist das, was im Hinblick auf ein bestimmtes Formthema, umgekehrt auch wiederum zum Thema einer Form werden kann. D.h. Institution und Institutionalisiertes sind nicht austauschbar, gleichwohl wird durch sie eine komplexe, auf dem Reziprozitätsprinzip aufbauende Realität konstituiert. Diese Realität trägt dazu bei, dass institutionelle Leistungen möglich werden, weil diese auf parallelen, aber inhaltlich verschiedenen Leistungen gründen. Zentrales Moment dieser Lesart ist somit das, was mit dem Institutionenbegriff thematisiert wird, wobei davon auszugehen ist, dass jeder direkte Eingriff in die Realität selektiv ist und nur Teilaspekte der Trias Außen-Einheit-Innen im Blick hat. In Institutionen wird daher die Gesamtheit verschiedener Relationen auf das Maß bestimmter Relationen reduziert, auf einer bestimmten Ebene dargestellt und festgehalten. Die hier entstehenden Relationen als solche sind nicht übertragbar und erlangen ihre Bedeutung nur im Hinblick auf eine bestimmte, selektive Perspektive.[134] Schülein verwendet den Relationenbegriff im Hinblick auf seinen perspektivischen Gebrauch und grenzt ihn so gegen eine flexible und allgemeine Verwendung ab. „Perspektivischer Gebrauch" verweist auf eine Verwendung des Begriffs, der nur spezifische Relationen auf spezifischen Ebenen hervorhebt und als solches nur begrenzt ist. Eine dieser spezifischen Ebenen bzw. Dimensionen von Institution ist der formelle und informelle Prozess, der als Institution und nicht Institutionalisiertes bestimmt wird (vgl. ebd.: 157).

Sachliche Dimension

Sind Institutionen Formen für ein Anderes, bedarf es einer Konkretisierung dieser Formen durch den Inhalt. Auf der Ebene des Verhältnisses von Form und Inhalt lässt sich die Themenspezifität von Institutionen über ihre Differenz bestimmen. Über die Bestimmung von Form in Bezug auf ihren Inhalt ergibt sich ein bestimmter Rahmen, in dem sich das Thema entfaltet, wobei sich an diesem wiederum bestimmte Relationen als Thematisierung der Relationen selbst darstellen lassen: „Wenn Institutionen ihrer Umwelt vorhandene Materialien, Normen, Ziele entnehmen, dann stützen sie sich dabei auf die Aktivität anderer Institutionen, die für das Vorhandensein dieser Materialien, Normen, Ziele in der Umwelt sorgen, indem sie sie produzieren" (ebd.: 164). Ausgangspunkt ist hier das, was für die eine Seite als gegeben angenommen wird, auf der anderen Seite das Thema selbst ist.[135] Die Differenz von Form und Inhalt bleibt in dieser Perspektive erhalten; sie werden aber nicht als Gegensätze thematisiert, sondern als Formen fokussieren sie auf „Inhalte anderer Relationen" (ebd.) und werden als dynamisches Verhältnis dargestellt.[136] Als spezifische Version von Relationen wird die Differenz von Form und Inhalt erfasst, die in Bezug auf konkrete Institutionen eine Verhältnisbestimmung zwischen institutionalisierbarem und nicht institutionalisierbarem nach sich zieht. Hier geht es um die empirische Form und den empirischen Inhalt als einer Praxis der Umsetzung realer, strukturierter Regelungen, „während umgekehrt die Regelung der Praxis zu ihrer Identität verhilft" (ebd.: 165). Erst der konkrete Verweis auf Form und Inhalt macht eine Institution aus, wobei eine institutionalisierte Relation aus der Verbindung und aus dem Verbundenen besteht. Dabei wird davon ausgegangen, dass die Form vom The-

---

134 Andere Perspektiven bleiben oder werden ausgeblendet: „Man kann etwa Kommunikationsmedien als gesamtgesellschaftliche Institution behandeln, während sie in der Analyse von Schule, Familie, Kirche usw. als Rahmenbedingungen einzustufen wären" (ebd.: 132) und umgekehrt.
135 Als Form selbst gilt das Thema, was im anderen Kontext das Thema ist, was in anderen Institutionen bearbeitet wird: „Themen sind ihrerseits auch Form (für anderes)" (ebd.: 164).
136 Formen, so Schülein, stellen keine bloßen Verpackungen dar, sondern sind Ergebnisse eines produktiven Prozesses spezifischer Institutionen, in die Relationsgewinne eingeflossen sind. Sie sind „die Entitäten, die zusammen mit Inhalten höherstufige Relationen bilden" (ebd.: 164).

ma in einem ersten Schritt festgelegt wird. Die Art und Weise der Bewegung gibt den weiteren Weg vor, sie bestimmt das Thema der Interaktion und sie legt fest, welche Dimension zentral und bedeutsam ist: „Das Thema gibt bestimmte Qualitäten der Institutionalisierung vor" (ebd.: 166; vgl. Kap. 3.1). Die mittelbare Abhängigkeit wird der Bewegung unterstellt, weil sie auf bestimmte Voraussetzungen trifft: „Interaktion ist möglich, wo entsprechende Normen zur Verfügung stehen bzw. generiert werden können. So gesehen sind also Formen und Themen jeweils füreinander (im unterschiedlichen Maß) determinierend" (ebd.: 165). Das Thema zwischen Form und Inhalt regelt auf der strukturellen Ebene zum Beispiel, dass unpassende Verbindungen in offenen Realitäten vermieden, aber nicht ausgeschlossen werden. Generalisierung führt hier zu einem strukturellen Problem, weil die interne Differenzierung und Heterogenität der Institution komplexe Wahrscheinlichkeiten produziert, so dass Formprinzipien nicht mehr der Anpassung sondern der Differenzierung dienen. Dies wiederum führt dazu, dass nicht nur der produktive und reproduktive Prozess, ebenso wie der formelle und informelle Prozess eigene Bedarfe haben, „auch innerhalb der Teilprozesse selbst müssen verschiedene Formen institutionalisiert werden, um den verschiedenen Imperativen gerecht zu werden" (ebd.: 166). Dies führt dazu, dass über die Form ein Regelwerk festgelegt wird, welches reproduktive Prozesse vorsteuert, in dem Zeit und Ort festgelegt werden, nicht aber der eigentliche Ablauf, der zu einem guten Teil offen bleibt. Realität wird als ein Prozess beschreibbar, der gleichermaßen identifizierbare Strukturen als typische Relationen und Interaktionen zwischen institutionalisierten Relationen und ein typisches Spektrum von Widersprüchen und Nichtidentitäten aufweist. Subjektivität wird gleichgesetzt mit Offenheit, wobei die Offenheit wiederum sekundäre Festlegungen bedingt, mit dem Effekt, dass diese als solche nicht wirklich offen oder umfassend, sondern als offene Realität abgeschlossen und lediglich nur bedingt variabel im Hinblick auf den „historischen Spielraum" sind (vgl. ebd.: 157). Im Hinblick auf die Debatte um formell – informell zeigt sich, dass die im Kontext der Lern- und Bildungsdiskurse postulierte Offenheit von informellen Prozessen nur begrenzt offen ist, es somit eher um Grenzverschiebung und nicht um Entgrenzung geht (vgl. Kap. 2).

Als sekundäre Festlegung markiert Subjektivität eine selektive Perspektive und blendet damit, so Schülein, den „fundamentalen Gegensatz" zwischen Subjektivität und Institutionalisierung aus (vgl. ebd.: 157). Da Subjektivität als emergentes, sich selbst begrenzendes und selbststeuerndes Prinzip gerade das nicht Determinierte und Unberechenbare mit einschließt, wird mit dem Begriff darauf verwiesen, dass etwas nicht determinierbar ist, sondern einer eigenen Logik folgt. Subjektivität als Eigenlogik bezeichnet im Kontext von Institutionen eine „institutionenaverse" (ebd.) Seite, die als solche an Institutionalisierung angepasst werden kann, wenn sie sich selbst institutionalisiert unter der Voraussetzung, dass es Institutionen gibt, auf die sie sich beziehen kann und aus denen sie

Stabilität gewinnt: „Auch und gerade in einer subjektivierten Realität muß für das jeweils Subjektive ein anderes, das Objektivität darstellt, gegeben sein" (ebd.: 158).[137] Objektivität ergibt sich hier durch die Umwelt und der dort vorhandenen Institutionen und wirkt auf die Entstehung subjektivierter Institution und umgekehrt. Aus dieser Prämisse leitet Schülein die Konsequenz ab, dass einem Institutionenkonzept nicht einfach zu unterstellen ist, dass es sich nur über Aussagen in Bezug auf Festlegungen und Regelungen des Austausches zwischen Innen-Einheit-Außen bestimmt: Es gilt „zugleich das Nicht-Institutionalisierbare, das Institutionenaverse im Blick haben" (ebd.) und zu versuchen, die Grenzziehung zwischen beiden nachzuvollziehen. Als formale „Exklusivität realisierter Möglichkeiten" (ebd.: 159) verbinden sich diese mit Ausgrenzungsprozessen durch die Normativität institutionalisierter Relationen. Als Folge davon wirkt die Institutionennormativität wiederum auf den exklusiven Trend und damit „indirekt auch auf die damit verbundene Nicht-Institutionalisierung, die quasi als Negativ der Institution – als potentielle Negation – immer zugleich mitproduziert wird" (ebd.). Den Begriff der subjektivierenden Institution versteht Schülein im Hinblick auf damit verbundene Prozesse nur als Metapher, weil (Aus-)Bildung und Sozialisation nicht als lineare, rein technisch ablaufende Vorgänge zu verstehen sind: Reale Bildungs- und Lernprozesse verlaufen „über Identitätswandel und sind daher zwangsläufig mit Destabilisierungen, Krisen, Widerständen, Ungleichzeitigkeiten und Unvereinbarkeiten verbunden" (ebd.: 160). Damit wird deutlich, dass zum Beispiel Schule über die hier ablaufenden reproduktiven Prozesse nicht einfach ein instrumentelles, mechanisches Ineinandergreifen von Funktionen ist und nicht einfach nur auf instrumentelle Kompetenzen zielt (vgl. Olk 2004).

Zusammenfassend lässt sich an dieser Stelle festhalten, dass unter Berücksichtigung von Komplexität und subjektivierender Institution eine Zunahme von Heterogenität und Widersprüchen zu konstatieren ist, weil nicht alle Themen problemlos bearbeitet werden. Auf die hier entstehenden Probleme wird im reproduktiven Prozess mit verschiedenen Strategien reagiert. Zu den Strategien zählen:

- Ausgrenzung und produktive Wendung von Widersprüchen bzw. Sekundärnutzen für Institution und
- Systematische Spaltungsprozesse und Parasitismus (bspw. durch Nutzung inoffizieller Relationen, um persönliche Beziehungen aufzubauen. Flur- bzw. Bürogespräche, Klatsch etc. sind fester Bestandteil von Insti-

---

137 Damit wird es möglich, sich des empathisch aufgeladenen Bildungsbegriffs in Bezug auf das Bildungssubjekt zu entledigen: Ohne Bildungsobjekt kein Bildungssubjekt und umgekehrt. Gleichermaßen gilt dies auch für das lernende Subjekt, das immer ein lernendes Objekt als Regulativ benötigt (vgl. Stolz 2006).

tutionen, führen aber quasi ein Eigenleben, das weder kontrolliert noch vollständig definierbar und definiert ist).[138] Institution kann daher ein konstitutives Moment für kontrollierbare und nicht kontrollierbare Entwicklungen sein (vgl. ebd.: 161).

Diese Vorgänge, Strategien nicht bzw. unkontrollierte Entwicklungen lassen sich aufgrund formaler Gegebenheiten nicht verhindern, obwohl sie von institutioneller Seite wahrgenommen werden. Als informelle Aktivitäten werden sie nicht zur Kenntnis genommen bzw. ignoriert oder werden als illegal oder inakzeptabel bewertet. Bei nicht institutionalisierbarem und nicht institutionalisiertem „als Folge von Grenzen der Institutionalisierbarkeit bzw. als Effekt der Institutionalisierung selbst" (ebd.: 162) wird von einer nicht intendierten Konsequenz für die Institution ausgegangen, die weder eine Strategie ist und noch auf einen spezifischen besonderen Spaltungstyp hinweist (vgl. ebd.). Besonders subjektivierende Institutionen, so Schülein, die in konfliktbeladenen Auseinandersetzungen mit der Umwelt stehen und deren Interessen und Aktivitäten nicht anerkannt und akzeptiert sind, nutzen die informellen Prozesse, um auf ihre Funktion hinzuweisen oder fördern diese implizit wie explizit. Der informelle Prozess wird selbst institutionalisiert und hat eine Funktion, wenn das, was im formellen Prozess nicht erreicht werden kann oder darf, über das informelle dementiert wird. Hier kommt es zu einer Arbeitsteilung zwischen informellem und formellem Prozess, der zur Stabilisierung von schwer zu institutionalisierenden Prozessen beiträgt. *Die Differenz von informell/formell lässt sich also einerseits als wechselseitig determinierend lesen, andererseits wird im Kontext subjektivierender Institution dem selbstdeterminierenden Potenzial ein entscheidender Stellenwert zugeordnet.* Mit Blick auf die Analysen von Cas Wouters (siehe Kap. 6.3) lässt sich dies als wesentlicher Aspekt des Zivilisationsprozesses beschreiben. Zu unterscheiden ist hier jedoch das Subjektverständnis.

Soziale Dimension

Besonders wenn psychosoziale Subjektivität auf personengebundene Identität im engeren Sinn beschränkt wird, bleibt psychosoziale Subjektivität im radikalen Sinn „eigendynamisch" und damit „unkontrollierbar" (vgl. ebd.: 167). Psychosoziale Subjektivität „geht in ihrer Selbststeuerung über die vergleichsweise »mechanische« Subjektivität offener Prozesse hinaus" (ebd.).[139] Damit eröffnet sich eine weitere Dimension im Hinblick auf Form und Inhalt: der Gegensatz von konkret-definiert im Gegensatz zu offen-kontingent (vgl. ebd.).

---

138 Zur Bedeutung des Klatsches vgl. ausführlich etwa Jörg Bergmann (1987).
139 Quasi selbstverständlich ist daher die Aussage, dass „[p]ersönliche Subjektivität ... immer ein konkret Definitionen sprengendes Prinzip [ist]" (ebd.: 167).

Davon ausgehend, dass eine Institutionalisierung von Subjektivität nur eine begrenzte Reichweite hat und aufwendig ist, konstatiert Schülein, dass Sozialisation und Sanktion Methoden der Institutionalisierung von Subjektivität darstellen. Die damit angestrebten Erfolge sind seiner Meinung nach aber eher gering, zumal davon ausgegangen werden kann, dass bei zunehmender quantitativer und qualitativer Komplexität Institutionalisierungseffekte auf die Subjektivität selbst wirken und sich reduzieren auf „programmiertes Verhalten" (ebd.). Die Programmierung des Verhaltens und die Institutionalisierung von Subjektivität stehen jedoch in einem Zusammenhang, weil persönliche Subjektivität nur begrenzt in formelle Zwänge eingebunden werden kann und sich als Aktivität an der „Logik primärer Mechanismen" (ebd.) orientiert. Zudem sind sie an körperliche wie psychische Ausdrucksformen gebunden: „Weder der Körper noch die Psyche sind durch sekundäre Prozesse »transzendierbar«; bei aller Sozialisation, bei allem Training bleibt subjektive Aktivität körperlich und psychisch (eingefärbt)" (ebd.). Als das Besondere an institutionalisierter Subjektivität wird ihre begrenzte Technisierbarkeit herausgearbeitet, die nicht aufbewahrt werden kann, wohl aber Routinen und Strukturen ausbildet. Als solche sind diese jedoch nicht konservierbar bzw. konvertierbar, sondern sie beschreiben ein Fließgleichgewicht: „Sie bewegt sich mit ihrem Thema und kann es nicht vollständig fassen, steht also immer in einer gewissen Ungleichzeitigkeit zu ihm. Aber sie bewegt sich mit ihm und das heißt: auch sie unterliegt einer historischen Entwicklung" (ebd.: 168). Formen von Subjektivität finden ihren Ausdruck in praxisgebundenen Relationen, unterliegen Schwankungen, setzen sich gegen andere durch, sind krisenanfällig, zerfallen und werden durch andere ersetzt: „Das Über-Ich entwickelt sich (mehr oder weniger ausgeprägt) biographisch" (ebd.: 169) und funktioniert in unterschiedlichen Bedingungen anders unterschiedlich. Als historische Form von Handlungskontrolle, haben sich bestimmte Formen gegen andere Formen durchgesetzt, koexistiert neben anderen Formen und verändert sich von Generation zu Generation. Somit kann davon ausgegangen werden, dass die Form institutionalisierter Subjektivität selbst als subjektiv bezeichnet werden kann: sie ist das Ergebnis historischer Entwicklungen, wobei dadurch Form und Inhalt noch einmal mehr aufeinander verweisen. Subjektiven Prozessen wird hier unterstellt, dass sie insgesamt im Hinblick auf einen qualitativ weit reichenden und aufwendigeren reproduktiven Prozess gekennzeichnet sind: Subjektive Realität setzt Reflexivität voraus. Institutionalisierte Reflexivität basiert auf der Ablehnung „präsubjektiver Realität" (ebd.) und markiert eine Grenze zwischen „struktureller Subjektivität", die sich auf reflexive Mechanismen stützt und mehr oder weniger differenziert ist und „persönlicher Subjektivität" als aktiver Reflexionsleistung (vgl. ebd.). Die Unterscheidung zwischen struktureller und persönlicher Reflexivität erhält einen zentralen Wert, „weil die *Institutionalisierung reflexiver Prozesse*" (ebd.) Schwierigkeiten und Folgen hervorbringt. Als Merkmale reflexiver Prozesse werden hier direkte und indirekte Selbst-Thematisierung genannt (das

Nachdenken über Handlungsziele impliziert auch immer ein bestimmtes Bild von sich selbst als Aktualisierung, Bestätigung, Fortschritt und Verfall). Zudem verweist der Begriff der Selbststeuerung auf die Einbeziehung eines Selbstbildes, dass „auch unmittelbar zum Thema des reflexiven Prozesses werden kann und muß" (ebd.): „Je weniger externe Vorgaben Steuerungsfunktionen übernehmen (können), desto stärker ist der Bedarf an direkter, aktiver Reflexion der eigenen Identität" (ebd.). Selbststeuerung kann daher als ein voraussetzungsvoller wie riskanter Prozess interpretiert werden, „weil er verlangt, daß die sich selbst thematisierende Identität über die notwendigen Reflexionskapazitäten verfügt" (ebd.: 169f.). Selbst-Reflexion geht dabei über Interpretation und Einschätzung von Situationen und Ereignissen hinaus und stellt einen Teilaspekt von reproduktiven Prozessen dar. Selbstreflexion bezeichne eher den reproduktiven Prozessteil, der damit beauftragt ist, „sich quasi am eigenen Schopf in die Höhe" (ebd.: 170) zu ziehen. Subjektive Reflexivität basiert somit darauf, sich selbst zu thematisieren und erschöpft sich nicht darin, etwas anderes zu reflektieren. Mit der hier zugrunde liegenden Terminologie, in der produktiver und reproduktiver Prozess gleichwertig sind, ergeben sich sekundäre Leistungen nur aus primären Leistungen: Formalisierungen sind dabei nur bedingt hilfreich. Damit wird gleichzeitig ein bestimmtes Kompetenzrepertoir vorausgesetzt, mit dem „Filter- und Verstärkungswirkungen der eigenen Wahrnehmungs- und Interpretationsroutinen" (ebd.) in den Reflexionsprozess mit einbezogen werden (vgl. ebd.; Kirchhöfer 2002). Selbst-Thematisierung wird zum Risiko, wenn damit reflexive „De-Stabilisierung" die Basis der eigenen Identität gefährdet: „Selbstreflexion impliziert, daß zumindest theoretisch nichts als Gesichertes stehen bleiben kann, daß alles thematisierbar und damit de-institutionalisierbar ist" (Schülein 1987: 170). Selbstreflexive Prozesse erfordern, so Schülein, besondere Absicherungen. Wo beides fehlt, kommt es zu defizienten und pathologischen Varianten: Ideologien, Selbst-Mythologisierungen, Projektionen. D.h. die primären Mechanismen der Identitätsstabilisation setzen sich auf Kosten der differenzierten Selbstreflexion durch.[140]

Der Autor wendet sich mit seinen Ausführungen dem institutionalisierbarem und nicht institutionalisierbarem zu. Wesentliches Argument ist hier die Notwendigkeit von Institutionalisierung, um soziale Realität zu stabilisieren. Dabei geht er davon aus, dass Homogenität durch Heterogenität abgelöst wird und diese als nicht identische Besonderheit ko-existieren. *Unterschieden wird institutionalisiertes und nicht institutionalisiertes, die die Form der Institution insgesamt begründen und in der beide Seiten in einem relationalen Verhältnis zueinander*

---

140 Mit dem Ausspruch: „Nichts gilt nur darum, weil es bisher so war", wird der eigenen Identität „der Teppich unter den Füßen weggezogen" (ebd.: 170). Ihr werde systematisch in „einem offenen Prozeß seine sekundäre Fixierung entzogen", was dazu führt, dass „damit die notwendige Reststabilisierung der Identität unterminierend wird – Reflexion kann Identitätskrisen zwar nicht produzieren, aber auslösen und verstärken" (ebd.).

stehen. Form und Inhalt determinieren sich gegenseitig, wobei Inhalt hier zum Beispiel über die (gesellschaftliche) Funktion der Institution bestimmt werden kann. Institution kann aber auch verstanden werden als subjektivierende Institution, wenn es um Identitätsaufbau und -wandel geht. Subjektivierende Institutionalisierung ist ein sich selbst-determinierender Prozess, weil er sich zum einen eigendynamisch und unkontrollierbar entwickelt, zum anderen über psychische und physische Voraussetzungen nur begrenzte Ausdrucksformen zulässt und nicht transzendierbar ist. Diese Ausdrucksformen als Umgangsformen gilt es im nächsten Schritt genauer zu betrachten.

6.3 Wouters: Generation

Cas Wouters (1999) definiert auf der Grundlage der Zivilisationstheorie von Elias ([1939] 1997) Informalisierung als einen Prozess generationaler Veränderung von Umgangsformen. Aus soziologischer Perspektive geht der Autor den Veränderungen von zwischenmenschlichen Gefühls- und Verhaltensformen nach, die in der ersten Hälfte des 20. Jahrhunderts noch als nicht akzeptabel galten, während sie sich in der zweiten Hälfte flexibilisierten. Begründet wird dies mit strukturierten Entwicklungen, die Wouters zum Beispiel in Bezug auf Geschlechterbeziehungen über eine Analyse von niederländischen Anstands- und Etikettbüchern nachzeichnet (vgl. Wouters 1986).

In den von Wouters (1999) vorgestellten Analysen zu Informalisierungsprozessen im 20. Jahrhundert beschäftigt er sich mit dem Umgang zwischen sozialen Klassen und den Veränderungen spezifischer Verhaltensformen (bspw. der Umgang mit Trauer oder Sexualmoral).[141] Wouters nutzt den Informalisierungs-

---

141 Die hier nachgezeichneten Veränderungsprozesse wurden von Claus Tully (2006b) für den Bereich und im Kontext von Lernen und Bildung übernommen. Tully stellt die These auf, dass sich das Lernen der Jugend insgesamt verändert und geht in seinen Überlegungen der Frage nach, wie es sich verändert: „Lernen bezieht sich auf die Gesellschaft, in der Jugendliche heute aufwachsen. Dies sollte ihnen egal wo und was sie Lernen vermittelt werden" (ebd.: 74). Die Schule ist nach Tully der einzige Ort, „wo dies organisiert geschehen kann" (ebd.). Im Kontext von Lernen und Bildung wird die Frage zentral, welchen Anforderungen und Einflüssen Lernen unter dynamisierten Verhältnissen ausgesetzt ist. Die maßgeblichen Veränderungen der Organisation von Lernen werden im Hinblick auf unterschiedliche Phasen der Formalisierung und Informalisierung der Wissensvermittlung untersucht und bestimmt. Als „Formalisierung von Bildung" (ebd.: 10) wird als erste Phase die gesellschaftliche Organisation von Lernen interpretiert, die gesellschaftlicher Differenzierung folgt. Während es in der ersten Phase um die Aneignung von Gesellschaft geht, geht es in der zweiten Phase um die Differenzierung von Lernprozessen, die in der Regel und bevorzugt technische Entwicklung über die Mobilisierung von Reserven und die Bereitstellung von Qualifikation fokussiert. Die dritte Phase der Bildungsformalisierung lässt sich mit der Pluralisierung und Potenzialisierung von Lernen und Lernanlässen als Folge technischer und sozialer Veränderungen der letzten 20 Jahre begründen. Hier kommt es zur

begriff, um Veränderungsprozesse hervorzuheben bzw. bewusst zu machen, die bislang verdeckt bzw. unbewusst blieben und innerhalb dessen sich aus zivilisationstheoretischer Perspektive Verhältnisse, Verhaltensweisen und Umgangsformen aus rigiden, engen und vorschriftsmäßigen Regelungen flexibilisiert haben (vgl. Wouters 1999: 17).[142]

Davon ausgehend, dass sich distinktionstheoretisch die Form über ihre formellen und informellen Anteile bestimmt lässt und diese Anteile gleichwertig zu beachten sind, stellt sich mit Wouters die Frage, wie sich im konkreten, intersubjektiven Umgang die Verhältnisse verändern und welche Unterscheidung zugrunde gelegt wird. Als Orientierungsfolie werden dazu die *sachliche, zeitliche* und *soziale* Dimension verwendet (vgl. hierzu ausführlich Kapitel 3), um einen Anschluss an die bereits dargestellten Typen der Unterscheidung zu ermöglichen.

Sachliche Dimension

Formalisierungsprozesse sind nach Wouters gekennzeichnet durch eine „fortschreitende Verschärfung der Codes für Verhalten und Gefühl" (ebd.: 11). Das, was als Verhaltens- und Gefühlscode allgemein akzeptiert wird, findet seinen Ausdruck u.a. in Symbolen, Regeln, Vorschriften, Umgangsformen und Verhaltensformen. Der symbolische Ausdruck spiegelt und bestätigt die in einer Gesellschaft vorherrschenden Verteilungsmechanismen von Macht, Status und Respekt, wobei alle Mitglieder einer Gesellschaft durch gültige Umgangsformen mit Erwartungen und Anforderungen der eigenen Kontrolle (z.B. von Emotionen) konfrontiert sind und mit einem „Zwang zum Selbstzwang" (ebd.: 16) einhergehen. Unterschieden wird hier zwischen formalen Regeln, die der Festigung und dem Erhalt dienen und als „äußerliche Symptome" (ebd.: 84) bezeichnet werden. Im Gegensatz dazu stellten informelle Regeln und Regelungen innere bzw. verinnerlichte Regeln dar, die „höhere Anforderungen an den Selbstzwang" (ebd.: 85) markieren und in denen sich reduzierte gesellschaftliche Status- und Machtdifferenzen widerspiegeln. Die Veränderungen von Umgangsformen verweisen auf zwei Aspekte, weil sich mit ihnen nicht nur ein Einfluss auf Macht- und Abhängigkeitsverhältnisse nachzeichnen lässt, sondern auch Effekte in Bezug auf eine Veränderung von Selbstkontrolle.[143] Die Ausweitung der Nuancie-

---

Umstellung und Favorisierung von situativem Lernen, statt „geregeltem" Lernen. Lernen wird zu einer Notwendigkeit, das eigene Leben aktiv zu organisieren (vgl. ebd.: 11).
142 Ein Vergleich der Untersuchungen von Wouters (1999) und Tully (1994, 2004, 2006a, 2006b) scheint im Hinblick auf die unterschiedlichen Untersuchungsfelder unter der Fragestellung, wo und wie Kinder und Jugendliche durch Umgangsformen lernen interessant, kann aber an dieser Stelle nicht erfolgen, weil es primär um die Frage der Bedeutung und Konsequenz von Informalisierungsprozessen geht.
143 Mit den Veränderungen der Selbstkontrolle und den damit verbundenen Erwartungen „ändert

rungen von Verhalten und Erwartung führt zu einer Zunahme von „homo clausus-Erfahrungen", die Wouters definiert als „Erfahrung von sich selbst als von anderen Menschen abgeschlossen und abgesondert" (ebd.: 25). Dieser Prozess, der bislang unter dem Begriff der Individualisierung subsumiert wurde, verweist in diesem Zusammenhang auf die Selbstreflexivität, wie sie mit Schülein (1987) bereits dargestellt wurde: „Wenn Menschen über sich selbst als denkende Wesen nachdenken, wird die gedankliche Distanzierung von sich selbst rasch als eine wirklich gegebene räumliche Distanz erfahren, als Einsamkeit, während es sich doch eigentlich um die Distanz zwischen Triebzentrum und ziemlich permanent und stark automatisch wirksamen Kontrollfunktionen handelt, zwischen »Gefühl« und »Verstand«" (Wouters 1999: 25).[144] Die Einzelne hat zwar eine „relative Autonomie gegenüber gewissen Figurationen" (ebd.: 31) und damit einen gewissen Spielraum, sie kann jedoch die Figuration als solche aber nicht beeinflussen. Demnach bezieht sich relative Autonomie bzw. der Spielraum nur auf die Situation, aber nicht auf die Figuration, wobei der Umgang mit der Situation dynamisch wird, nicht aber der Umgang mit der Figuration. Begründet wird die relative Autonomie bzw. der Spielraum mit der „fortschreitenden Verflechtung von Erfahrungen, Gedanken und Handlungen von vielen Menschen und Menschengruppen und auf der außermenschlichen Natur" (ebd.: 31). Formalisierung und Informalisierung stellen dabei nicht sichtbare Prozesse dar, die unabhängig von den individuellen Plänen und Absichten vom Menschen ablaufen.[145] Informalisierungsprozesse lassen sich mit Wouters als eine Entdeckungsreise bezeichnen, die in die eigene nahe und ferne Vergangenheit führt und sich als selbstreflexive Schleife mit den Gründen auseinandersetzt, „weshalb und auf welche Weise das eigene Gefühlsleben in die Bahnen, denen man gefolgt ist, gelenkt worden war" (ebd.: 87). Als ein Beispiel hierfür wird auf das Verhältnis zwischen Eltern und Kind verwiesen, in dem sich Informalisierung konkretisiert, wenn Kindern und Jugendlichen mehr Spielraum für die Äußerung von Gefühlen und Durchsetzung von subjektiven Bedürfnissen gegeben wird: „Die Eltern ver-

---

sich die Art, in der die Menschen miteinander zu leben gehalten sind; deshalb ändert sich ihr Verhalten; deshalb ändert sich ihr Bewußtsein und ihr Treibhaushalt als Ganzes" (Wouters 1999: 16; vgl. Elias 1997).

144 In interaktionsbasierten Beziehungen stellt sich eine Distanz zwischen sich und dem anderen ein, das als Gegenüber erfahrbar wird, wobei gleichzeitig eine gefühlte und damit real existierende emotionale Bindung erwart- und erfahrbar ist: „Aufgrund der homo clausus-Erfahrung sieht es so aus, als ob Veränderungen »von außen« kommen, als ob sich nur die 'Umstände', unter denen die Menschen leben, verändern und sich die - im übrigen als gleich bleibend vorgestellten – Individuen darauf einstellen" (Wouters 1999: 31).

145 Unterschieden wird hier zwischen intentionalen und nicht intentionalen Handlungen, die, „weil alle intentionalen Handlungen sowohl aus nicht intentionalen Interdependenzen hervorgehen als auch zu solchen hinführen" (ebd.: 31), gleichermaßen Prozess und Ergebnis beschreiben. Insofern ermöglichen es die zivilisationstheoretischen Überlegungen von Elias, aufzuzeigen, wie sich Figurationen in historischer Perspektive verändert haben, worauf sie gründen und wie frühere zu späteren geführt haben (vgl. ebd.).

suchen auf diese Weise zu vermeiden, dass ihre Kinder sich ihrem Gefühlsleben »entfremden« und Kontrollen erlernen, die hauptsächlich dazu dienen, die Autorität von herrschenden Gruppen (einschließlich der Eltern selbst) ohne weiteres zu akzeptieren" (ebd.: 88). Zurückgeführt wird dies auf die elterlichen Erfahrungen von eigener Erziehungspraxis, die es gilt, einem (kritischen und reflektierten) Erziehungsideal anzupassen und mit dem der Versuch unternommen wird, sich von eigenen, erfahrenen Kontrollformen loszulösen bzw. zu distanzieren. Damit verbindet sich die Absicht, „sich selbst und ihre Kinder in den Stand zu setzen, mit dem Leben großzügiger fertig zu werden und gleichzeitig eine stabilere und haltbarere emotionale Befriedigung zu erreichen" (ebd.). Als Konsequenz wird daraus abgeleitet, dass die Eltern an ihre eigene emotionale Regulierung höhere Anforderungen stellen – sozusagen ein eigenes „Ideal" entwickeln: „[E]in derartiges Ideal verlangt von ihrer Selbstkontrolle im Umgang mit ihren Kindern mehr. Sie könne sich nicht mehr bequem an feste Regeln klammern oder sich einfach auf ihren Befehl berufen:»weil ICH das sage«. Sie sind bereit, länger eine größere »Wildheit« ihrer Kinder in der Erwartung zu tolerieren, dass sie so auf lange Sicht lernen, mit einem größeren Spielraum von Situationen besser aus eigener Kraft fertig zu werden als Kinder, die in eher autoritären und formellen Eltern-Kind-Beziehungen aufwachsen" (ebd.: 89). Unterschieden wird auf dieser Ebene zwischen *formellen Eltern-Kind-Beziehungen*, die autoritär sind und *informellen Eltern-Kind-Beziehungen*, die jedoch als anti-autoritäre Beziehungen dabei keinen Gegensatz zu formellen Eltern-Kind-Beziehungen darstellen. In beiden Beziehungstypen wird ein *formelles Verhältnis* vorausgesetzt, dass sich erst in der Bereitstellung und Gestaltung von Spielräumen als informell im Hinblick auf das damit verbundene Ideal interpretiert wird. Hier ist das Ziel relevant, welches Eltern anstreben, wenn sie bspw. erreichen wollen, dass „ihre Kinder durch diese Toleranz ihre Impulse und Emotionen durch Langsicht und durch erwartete Gefühle von Schuld, Scham und Reue zu regulieren lernen, und weniger aufgrund von Angst vor der erwarteten Strafe von anderen" (ebd.. Mit Lernergebnis wird hier die Thematisierung der Situationseinschätzung genannt, wobei von unterschiedlichen Ergebnissen im Hinblick auf unterschiedliche familiäre Umgebungen ausgegangen wird, wenn bspw. Kinder, die in strengen häuslichen „Regimes" (ebd.) aufgewachsen sind und wahrscheinlich weniger gut lernen, „ihre eigenen Grenzen und Möglichkeiten als auch die Bedingungen der Situationen, in denen sie sich befinden, einzuschätzen" (ebd.). Wenn Kinder dann in Situationen, Institutionen oder Organisationen kommen, deren Regeln weniger rigide sind, fehlen oder locker gehandhabt werden, somit anders sind als das, was „sie gewohnt sind" (ebd.), erhöht sich nach Wouters das Risiko, „die eigenen wie die sozialen Grenzen zu übertreten" (ebd.). Umgekehrt lässt sich dies auch für Kinder konstatieren, die in „weniger strengen Regimes" aufgewachsen sind und sich in diesen offenen familialen Beziehungen eine stabilere und umfassendere Selbststeuerung aneignen konnten (vgl. ebd.). Zusammenfassend lässt sich an dieser Stelle hervorheben, dass die Bezeichnungen formell und informell zunächst auf nur eine Unterscheidung von Bedingungen hinweisen, wobei sich die Bewusstheit von Veränderungen zum Beispiel in Bezug auf Umgangsformen als „umstandsabhängige Regeln" (ebd.) bestimmen lassen. Damit wird eine „fluide Grenzziehung" betont, die einer generationalen und kulturellen gesellschaftlichen Veränderung unterworfen ist (vgl. ebd.: 107).

Zeitliche Dimension

Nach Wouters treten Informalisierungsprozesse in Übergangsperioden auf, „in denen sich Gruppen vormaliger Außenseiter emanzipieren und bis in die gesellschaftlichen Machtzentren vordringen können" (ebd.: 49). Damit verändern sich auch die auf die Bedingungen abgestimmten Verhaltensstandards und die damit verbundenen bislang dominierenden Formen der Selbstkontrolle. Informalisierung verweist in diesem Zusammenhang auf die Vergrößerung der Spielarten durch Informalisierungsprozesse, die die soziale und individuelle Definition von Spielräumen in Bezug auf Selbstkontrolle von Verhalten in formalisierten Situationen verändert. Informalisierungsprozesse werden dabei entweder als Emanzipation oder als Anpassung verstanden, wobei alternative Rahmungen auf bestimmte Reaktionen verweisen und „die sich zum Beispiel bei Kindern zeigen, die ein regelverhaftetes, starres Erziehungsmilieu gewohnt sind im Zusammentreffen mit Personen oder anderen Kindern, die eher aus »offenen« Erziehungsmilieus kommen" (ebd.: 56).[146] Davon ausgehend, dass „das heutige informalisierte Muster der Selbstregulierung" (ebd.: 208) im Gegensatz zu den ehemals formelleren Verhaltenscodes ein Zugewinn an verfeinerter und flexiblerer Abstimmung bedeutet, wirken sich die Veränderungen auf die Einheit von Ort, Zeit und Handlung aus und verändern insgesamt die Situationswahrnehmung und Beziehungsgestaltung (vgl. ebd.).

Soziale Dimension

In der sozialen Dimension wird die Vorstellung eines „Umgangsideals" zentral thematisiert, das sich in der Balance von kollektiver und individueller Situationswahrnehmung niederschlägt (vgl. ebd.: 57).[147] In dem Maße, wie eine Lockerung

---

146 Cas Wouters bezeichnet dies mit der Reaktion des „sich verschließen (sich nicht lösen)" im Gegensatz zu dem „sich gehen lassen (zu weit gehen)" (ebd.: 56).
147 Wouters spricht hier zwar von Erziehungsmilieu; der Aspekt des Einflusses von unterschiedlichen Rahmenbedingungen und der damit verbundenen kollektiven und individuellen Bedeutung lässt sich auch auf Bildung und Lernen übertragen. Heidrun Herzberg (2006) verweist zum Beispiel auf die biografische Reflexivität, definiert als „Fähigkeit, sich der eigenen biografischen Ressourcen und dem Potenzial an bisher nicht gelebtem Leben bewusst zu werden. Auf dieser

von Regeln zu verzeichnen ist, steigt auch das Maß an Selbstregulierung, weil der Umfang rigider und enger (Verhaltens-)Vorschriften sich einerseits reduziert, andererseits aber nicht mehr als umfassend, detailliert oder streng wahrgenommen werden. Im Gegenzug bedeutet dies jedoch, dass die Erwartungen an Selbstkontrolle selbstverständlich an sich und andere vorausgesetzt werden und diese zunehmend detaillierter, umfangreicher und starrer werden. Die Zunahme an Selbstkontrolle auf der einen Seite und die Abnahme von Regeln auf der anderen Seite sind zentrale Merkmale eines Informalisierungsprozesses.[148] Der Begriff der Kontrolle wird in diesem Zusammenhang jedoch nicht (nur) als Überwachung, Repression oder Unterdrückung interpretiert, sondern in Abgrenzung dazu wird mit Informalisierung auch die „Bewältigung von Situationen" hin zu „selbstständiger Selbststeuerung" und damit von „Selbstkontrolle" bedeutsam (vgl. ebd.: 37).

Pädagogische „Maßarbeit", die zwischen selbstverständlicher und erzwungener Anpassung platziert wird, wirkt, so Wouters, gegen Verhältnisse, die sich temporeich und distanziert von Hierarchien entwickeln und an einen flexiblen und variantenreichen sozialen Umgang anpassen (vgl. ebd. 155).[149] Begründet wird dies einerseits mit der Verschiebung in Richtung Aushandlungsverhältnisse, die sich zunehmend etablieren und andererseits durch die Möglichkeit einer selbstgesteuerten und -kontrollierten und damit reflektierten Familienplanung, die ihrerseits weitere Veränderungen vorantreibt: „Die Familien bekommen weniger Kinder, die zudem bewusst »gewünscht« waren" (ebd.). Die Umstellung und Veränderung von Rigidität hin zu Reflexion in familialen Systemen wird für eine Staats- wie Persönlichkeitsregierung konstatiert, die „Hand in Hand" ineinander übergehen: „In jedem dieser drei Regimes [Familie, Staat, Person; P.B.] sind die Verhältnisse egalitärer, offener, geschmeidiger und fließender geworden. Auf dem Niveau der Persönlichkeit machte das autoritäre Gewissen einem Gewissen Platz, das auf egalitäre Verhältnisse und einen geschmeidigen sozialen

---

Grundlage werden Bildungsprozesse möglich, bei denen Menschen eine neue Haltung im Verhältnis zwischen sich und gegenüber der Welt einnehmen" (ebd.: 599).

148 Wouters konstatiert hier eine tatsächliche „Kursänderung des westeuropäischen Zivilisationsprozesses im Sinne einer Ausweitung von erlaubten Verhaltensalternativen, aber zugleich auch einen Fortgang in Richtung eines kräftiger, stabiler, gleichmäßiger und umfassend werdenden dominanten Musters der Selbstkontrolle und Gefühlsregulierung, der von Elias als kennzeichnend für den europäischen Zivilisationsprozesses betrachtet worden ist" (ebd.: 62).

149 Ein Beispiel dafür findet sich bei Werner Thole und Dorothea Witt (2006), die der Frage nach Formen „historischer Beobachtung zur Herausbildung von Kindheit nachgehen" und ihre Ausführungen mit der Gegenüberstellung von „Knigge" gegen „Bauchnabel" beginnen (vgl. ebd.: 9). Als Gegenbeispiel dafür kann der Debatte über „Manieren & Stil: Wissen Sie wirklich alles über richtiges Benehmen? Der Knigge für Tisch, Karriere, Liebe und Small Talk" verwiesen werden (FOCUS 2003). Hier wird von zunehmender Stilkontrolle berichtet, die sich gegen „Sittenverfall" wendet und in der es darum geht, „Manier-Fibeln" zu „studieren" und „Etikette-Kurse" zu besuchen (vgl. ebd.: 102).

Verkehr abgestimmt ist" (ebd.: 156).[150] Die Disziplinierungsphase des „Zwangs der sozialen Kontrolle" (ebd.: 166) wendet sich zunehmend zur Situations- statt Personenkontrolle und auch Sanktionen werden dann davon abhängig, dass „man in einer bestimmten Situation nicht angetroffen wird" (ebd.). Als spezifische Situation lassen sich diese charakterisieren über eine begrenzte und begrenzende Anzahl von Eckdaten wie „Alter, Geschlecht, Lebensphase, Vermögen, Position im Haus und Position des Hauses im Dorf" (ebd.) und verbinden sich mit deutlichen Verhaltensregelungen: „Diese Vorschriften werden erst nuancierter, persönlicher und flexibler gehandhabt, wenn sich der Zwang der sozialen Kontrolle von Situationen auf die Handlungen und Motive der Individuen verschiebt" (ebd.). Bei der Umstellung von gesellschaftlichem Zwang zum Selbstzwang wird sich dabei immer weniger an der Reproduktion von Ordnungen und Traditionen orientiert. Vielmehr wird davon ausgegangen, dass dort, wo es um die Auslegung von Vorgaben und Regeln geht, es zu einer Favorisierung eigener, individueller Gefühls- und Wollensbestände kommt und Egoismen in den Vordergrund rücken. Auch das, so Wouters, charakterisiere den Informalisierungsprozess, weil er eine Befreiung von zwanghaften und totalitären Aspekten verweist, wobei dies als „psychisches Pendant" zur Verringerung von sozialen Machtdifferenzen bestimmt wird (vgl. ebd.: 166).

Informalisierung kann somit auch verstanden werden als Durchsetzung von Tendenzen reduzierter Kontrastierung und zunehmender Nuancierung zwischen Zuständen: Je rigider und strenger Macht- und Rangdifferenzen gehandhabt werden, je mehr Informalisierung wird möglich.[151] Mit dem Begriff der Informalisierung geht es um eine stärkere Bewusstmachung des Unbewussten, wobei sich die ablaufenden Informalisierungsprozesse jedoch der Plan- und Vorhersehbarkeit entziehen (vgl. ebd.: 182).[152]

---

150 In allen drei Bereichen „wird eine Phase des »beherrschen lernen« abgelöst durch die Möglichkeit des »beherrscht loslassen«" (ebd.: 156).
151 Wouters weist darauf hin, dass sich solche Tendenzen auch auf die Tendenzen zur Verringerung von Kontrasten zwischen nationalstaatlichen bis hin zur weltweiten Ebene durchsetzen: „Bei oberflächlicher Betrachtung kann der Prozeß der Übernahme westlicher Codes ziemlich leicht den Eindruck erwecken, es handele sich um einen Formalisierungsprozeß: westliche formelle Kleidung, Büstenhalter, formelle Zusammenkünfte, Schließungszeiten und dergleichen. Jedoch aus einem Vergleich mit den traditionellen Verhaltenscodes dieser Länder ergibt sich, daß es sich meistens um einen Informalisierungsprozeß handelt: Die alten Codes waren Ausdruck von viel stärkeren und undurchdringlicheren Trennlinien zwischen den sozialen Schichten, den Generationen und Geschlechtern. Wenn sie sich jetzt zufolge der alten Codes verhalten würden, würden viele, vor allem junge Menschen, sich als lächerlich erleben. Sie würden sich eingeschlossen fühlen in ein rigides System sowohl von Umgangsformen als von sozialer Schichtung. Das bedeutet, dass die alten Machtverhältnisse und die darauf abgestimmten formellen Normen und Praktiken ins Treiben gekommen sind und dass sie bis zu einem gewissen Grade schon Lockerungen und Informalisierung zeigen" (ebd.: 206).
152 Wouters behauptet, dass keine der beteiligten Gruppen diese Veränderungen ausreichend im Griff hat (vgl. ebd.).

Zusammenfassend lässt sich an dieser Stelle konstatieren, dass die individuelle Gestaltung von Spielräumen darauf verweist, dass die Einzelne zunehmend darauf angewiesen ist, dass, wenn sie etwas will, sich am individuellen Gefühl zu orientieren und nicht an fremden oder äußeren Regeln. Dies wiederum bedeutet, dass innere, informelle Regeln und Selbstzwang den äußeren, gesellschaftlichen Zwang verdecken. Diese Regeln selbst zu wollen, verweist einerseits auf ein höheres Niveau von Selbstzwang, während anderseits Selbstkontrolle auch bedeutet, eigene Regeln zu entwickeln, denen flexibel und nuancierter nachgegangen werden kann: „Um so wenig wie möglich vom Zwang der Menschen aufeinander zu spüren, müssen die Selbstzwänge sowohl äußerst flexibel als auch ziemlich automatisch funktionieren" (ebd.: 107). Ob diese Annahme tatsächlich so kausal hergeleitet werden kann, bleibt allerdings abzuwarten.

6.4 Kistler: Interaktion

In Abgrenzung und Vertiefung der Überlegungen von Cas Wouters steht bei dem vierten und letzten Typ der Unterscheidung die zwischenmenschliche Interaktion im Zentrum. Peter Kistler (2002) geht in seiner konversationsanalytischen Untersuchung davon aus, dass die allgemeine Verwendung des Gegensatzpaares formell und informell bestimmte Formparameter erfüllt und Faktoren ausgeblendet werden, die es den Beteiligten ermöglicht, selbst zu entscheiden, ob ein Gespräch formell oder informell verläuft (vgl. ebd.: 65).[153]

Ausgangspunkt seiner Überlegungen ist, dass mit der Zunahme von ökonomischem und sozialem Austausch kulturelle Grenzen im Kontext einer Weltgesellschaft überschritten werden. Er hinterfragt das relationale Kommunikationsverhalten zwischen den Mitgliedern. Während es im 19. und 20. Jahrhundert, so der Autor, noch die Chance und das Vorrecht von gesellschaftlichen Eliten war, „ihr eigenes Kommunikationshandeln in der Fremde als allgemeingültigen Maßstab anzusetzen und zu erproben", ist gegenwärtig davon auszugehen, dass durch die „Zunahme der individuellen Mobilität, die Begegnungen über die Grenzen primordialer Gemeinsamkeiten hinaus ermöglicht" (ebd.: 11) wird und sich da-

---

153 Kistler geht davon aus, dass jede Formalisierung, auch wenn sie nicht als solche bezeichnet wird, eines der Phänomene ist, die über eine Konversationsanalyse „sichtbar gemacht werden kann", wenn die Bezugnahme der Interaktionsteilnehmerinnen als Kopartizipantinnen über die Frage nach „konditioneller Beziehung" zwischen den Kopartizipantinnen aufgeschlüsselt wird (vgl. Kistler 2002: 65). Der Autor hat dafür in seiner konversationsanalytischen Untersuchung in interkultureller Perspektive Gespräche zwischen Indonesiern und Deutschen zum Gegenstand gemacht. Seinen Überlegungen liegt die Annahme zugrunde, dass sich im Zuge von Internationalisierung „die Anzahl der Kontaktmöglichkeiten zwischen einander fremden Mitgliedern unterscheidbarer Kulturen in bisher ungekanntem Ausmaß" erhöhen (ebd.: 11).

durch die Bereiche für Interaktionsanlässe ausweiten. Historisch waren diese auf die Ziele von Kommerz, Kolonialisierung und Mission bezogen und auf ihre Ziele ausgerichtet. Gegenwärtig seien durch „freiwillige und erzwungene Mobilität" wie „Migration und Flucht" vergrößerte Spielräume zu konstatieren (vgl. ebd.). Diese Spielräume eröffnen Optionen und Zwänge, wobei „mit den Privilegien und Bildungschancen kosmopolitischer Lebensstile zunehmend auch die pragmatische Notwendigkeit zur Kommunikation über die eigenen Kommunikations- und Interaktionsmuster hinweg täglich gefordert wird" (ebd.: 11). Vorausgesetzt wird, dass wenn sich die Bindung an ein bestimmtes Territorium ändert, es flexibel wird oder sich auflöst, Interaktionen zwischen Mitgliedern unterschiedlicher Territorien zunehmend selbstverständlich werden. Daher kommt es zu einer „Gewöhnung an Kontakte mit Fremden", die „automatisch" eine Zunahme an Binnendifferenzierungen provoziert, „die in allen Gesellschaften ständig besteht" und „allmählich bewusst" wird (vgl. ebd.: 12).[154]

Bei der Unterscheidung zwischen formell und informell geht Kistler von Differenzierungen aus, „mit denen bestimmte Qualitäten sozialer Beziehungen durch die sozial Handelnden selbst bewertet werden" (ebd.: 62). Der Begriff formalisieren steht dabei für einen interaktiven Aushandlungsprozess mit dem Ziel zu „formalisieren" (ebd.). In Abgrenzung dazu verweist der Begriff der Deformalisierung auf einen Deformalisierungsprozess mit dem Ziel der „Informalität"

---

154 In Anlehnung an John Gumperz (1982) unterscheidet Kistler zwischen „communities of the ground" und „communities of the mind" (ebd.: 12). Communities of the ground bezeichnet die Vielzahl von Varianten in der Verwendung zum Beispiel der „Weltsprache Englisch, die so viele Räume und Ideologien überspannt" und mit der sich zeigt, „welch enorme sprachliche, gesellschaftliche und kulturelle Vielfalt im »ground« einer einzigen Verkehrssprache verborgen sein kann" (ebd.: 12). Differenzen beruhen hier auf unterschiedlichen sozialen Milieus und auf den sozialen und regionalen Sprachräumen der Teilnehmer. Daneben tragen eine Vielzahl von Faktoren dazu bei, „dass wir feine kulturelle Unterschiede wahrnehmen können" (ebd.), wobei sich diese nicht ausschließlich durch das Raster von Erkenntnis erfassen und beschreiben lassen, „die auf nationalstaatliche, sprachliche oder gar phänotypische Merkmale rekurrieren" (ebd.). Innerhalb einer community of the mind sind die Teilnehmer „noch Repräsentanten und Rezeptoren traditioneller Rollen, die auf Interaktionsformen in »communities of the mind« basieren" (ebd.: 12f). Damit wird hervorgehoben, dass ein Großteil der vorhandenen Interaktionsbedingungen der communities of the mind auf den communities of the ground basieren und dort damit „in den traditionellen, räumlich verortbaren, territorial existenten und sich auch dort strukturierenden Gemeinschaften" (ebd.: 13) gründen. Die hiermit verbundene „territoriale Zugehörigkeit" (ebd.) kann in dem Maße überwunden werden, wie sich die Interaktionssituation nicht einfach an den Prägungen des sprachlichen und kulturellen Verhaltens ausrichtet. Vielmehr kann sie charakterisiert werden durch flexible und kontinuierliche Antizipation der situativen und sprachlichen Bedingungen als „Rezeptionsbedingungen": „Interaktanten handeln nicht ausschließlich nach den Schnittmustern kultureller Prägungen, sondern sie passen ihr Verhalten aus dem Verhalten anderer Teilnehmer an" (ebd.), die sich ebenfalls auf die Situation einstellen. „Die Fähigkeit, den Kontext der Interaktion zu modifizieren und damit determinierende Faktoren der Prätexte zu umgehen, ist ein Kennzeichen von Interaktionen in „communities of the mind" (ebd.). Die individuelle Interpretation des der Interaktion zugrunde liegenden Kontextes, kann jedoch Missverständnisse produzieren, was zu ständigen Gefährdungen führt (vgl. ebd.).

(ebd.): „Wenn Kopartizipanten de-/formalisierende Handlungen ausführen, folgen sie nicht nur einzelnen Regeln, sondern identifizieren Regelsysteme, innerhalb derer sie Einzelregeln wie in einer Grammatik ableiten können. Diese Systeme von DE/Formalisierungen sind abhängig von den repräsentierten sozialen Strukturen" (ebd.). Damit verweist der Begriff der Deformalisierung auf Regelsysteme, die eine Orientierung ermöglichen und zum Beispiel in einer konkreten Interaktion die Beteiligten in eine reflexive Schleife bringen, um sich zu vergewissern, wie sie diese als legitim reproduzieren oder aber infrage stellen.[155]

Ein Formalisierungsprozess kann u.a. über drei Merkmale charakterisiert werden:

- Ein hohes Maß an Strukturiertheit, wobei die verwendeten Codes widerspruchsfreier sind und damit Konsistenz aufweisen und ein zentraler Aufmerksamkeitsfokus die Situation bestimmt bzw. angestrebt wird;
- Strukturiertheit, Konsistenz und zentraler Aufmerksamkeitsfokus ziehen sich durch alle Handlungsebenen und verteilen sich damit insgesamt auf alle Verhaltensrepertoires;
- Verhaltensrepertoires insgesamt sind unterschiedlich stark ausgeprägt und kommen unterschiedlich zum Einsatz (vgl. ebd.: 66; Irvine 1979).

Auch bei Kistler lassen sich Aspekte *sachlicher, zeitlicher* und *sozialer Dimensionierung* in Bezug auf alltägliche Interaktionen identifizieren, auf die im Folgenden eingegangen wird. Diese vervollständigen das Spektrum der Unterscheidung zwischen formell und informell, wobei der Fokus hier auf den Möglichkeiten individueller Einflussnahme und subjektiver Interpretation liegt, die mit (Selbst-)Technologien und (Selbst-)Positionierung korrelieren.

Sachliche Dimension

In der sachlichen Dimension kann davon ausgegangen werden, dass sich, wenn eine Interaktion als „formal" erscheint, Kommunikationsteilnehmerinnen situativ und lokal in Institutionen durchsetzen konnten und formalisierende Mittel, die als relativ zu den ausgehandelten und aktuell geltenden Institutionen beschrieben werden, eingesetzt bzw. durchgesetzt haben (vgl. ebd.: 64). Institution definiert Kistler als „relativ stabile Gruppe, deren Handlungen dazu koordiniert sind, um

---

155 Als offensichtlich bezeichnet Kistler „die sozialen Repräsentationen von Zuständen sozialer Ungleichheit und von Egalität. Möglicherweise aufgrund ihrer Bedeutung für die »Aufrechterhaltung des status quo«... werden diese Regelwerke als »Etikette« expliziert" (ebd.: 62; Bloch 1975; Wouters 1999). Der Autor verweist darauf, dass „...[s]oziale Etikette, zumindest die europäische, ... ihre Ursprünge im ritterlichen Kodex [hat]. Noch heute macht man sich formell und informell bekannt, indem man die Reihenfolge entsprechend dem Alter, den sozial und kulturell attribuierten Geschlechterrollen (gender) und dem sozialen Status »abarbeitet" (Kistler 2002: 62).

bestimmte Aufgaben zu lösen oder Herausforderungen zu begegnen" (ebd.: 63). Die Betonung von Zweck und Ziel sozialer Institutionen auf der Sachebene macht ein regelorientiertes Verhalten von Mitgliedern auf der Sozialebene erforderlich und ist langfristig auf der Zeitebene ausgerichtet. Soziale Institutionen werden in diesem Zusammenhang als totale Institutionen bezeichnet, weil „der Mensch die gesamte Zeit seines Lebens in ihnen verbringt" (ebd.: 64). Als Beispiele werden Institutionen wie Gastfreundschaft, Freundschaft, Familie, Schule und Religion genannt, die ihre Existenz dadurch legitimieren, „dass Kopartizipanten situiert und lokal Rollen einnehmen" und diese im institutionellen Rahmen gemäß der dort gültigen Regeln ausgestalten (vgl. ebd.: 63).[156, 157] Die Fragen nach Situiertheit bzw. dem Anlass und Lokalisierung bzw. Verortung stellen die Faktoren dar, die Formalitätskonzepte verflüssigen. Auch über die Benennung bzw. den Verweis auf institutionelle Kontexte lassen sich die damit verbundenen Positionierungen bzw. personalen Identitäten nicht definitiv bestimmen. Begründbar wird dies mit den hier vorfindbaren Zwischenräumen, wie sie Niklas Luhmann (1999) beschrieben hat, als Ausweitung von Spielräumen, wie sie Cas Wouters (1999) herausgearbeitet hat oder mit Schülein (1987) als Relation beschrieben wurde. Damit steht eine Vielzahl von Gestaltungsmöglichkeiten in Institutionen zur Verfügung. Daher können Deformalisierungen und Formalisierungen „als Indices für gesellschaftliche, d.h. sozial ausgehandelte und konstruierte Positionen auf bestimmten hierarchischen Ebenen aufgefasst werden" (Kistler 2002: 61).[158] Als formalisierende wie auch deformalisierende Mittel in Interaktionen gelten bspw. Identität und Macht, mit denen es gelingt, die einzelne (eigene) Positionen zu stabilisieren. Der Begriff des „Settings" ermöglicht zum Beispiel Rückschlüsse darauf, welche sozial und kulturell vorgegebenen Strukturen erwartbar sind. Die Bezeichnung Deformalisierung bezieht sich hier auf Abweichungen von der Regel als „paradigmatische Variationen" (ebd.: 70).[159] Während Formalisierungen damit begründet werden, dass Interaktantinnen „präskriptive Regeln befolgen" und damit eine der Regelung folgende Ordnung bzw. Einheit „produzieren", innerhalb derer einzelne Momente als Symptome der Einheit interpretiert werden, erfolgt De- bzw. Informalisierung „subversiv" (vgl. ebd.: 71). Diese Prozesse, so Kistler, brechen mit Etablierungen wie Gewohnheit, Tradition, Regeln oder Vorschriften und agieren über Handlungen,

---

156 Kistler verweist hier auf Ervin Goffman und den Begriff der Animation (vgl. Goffman 1981).
157 Dieses zunächst starre, determinierte und mechanische Modell von Rollenfindung und Rollengestaltung wird auf der Mikroebene durch unterschiedliche Faktoren zu einem dynamischen Modell, das auf der Makroebene soziopolitischer Ereignisse als plurale kulturelle Vergemeinschaftung an den Rand der Gesellschaft verschoben wird (vgl. ebd.).
158 Die Interkulturalität in der Sozialpädagogik insgesamt wird wohl neben Generationenproblemen, pluralen Normalitätsentwürfen und Armutslagen, „künftig eines der herausragenden Themen der Sozialpädagogik sein" (Mollenhauer [1996], 2000: 288; Otto, Schrödter 2006).
159 Kistler benennt hier als Beispiele Einrichtung und Kleidung, wobei letzteres zum Beispiel über den Begriff des „dress-codes" zum Ausdruck kommt (vgl. ebd.: 69).

Verhalten und Signalen, die „sich nicht gehören" (ebd.). De- bzw. Informalisierungsprozesse irritieren Ordnungen, die auf Macht basieren, weil sich Verpflichtungen entziehen und mit Kommunikationsproblemen bzw. -techniken einhergehen. Hier wird auf den Gegensatz von Ernsthaftigkeit und Spaß verwiesen, die als „paradigmatische" Momente in formellen wie informellen Settings einen persönlichen (Umgangs-)Stil bezeichnen, wobei bspw. Ernsthaftigkeit gleichermaßen Formalisierung erfordert und bedingt, während Humor oder Scherze eine formalisierte Situation auflockern bzw. von der Formalität entlasten kann und somit „deformalisierend" wirken (vgl. ebd.).[160] Begründet wird dies mit einer besonderen Semantik, die Scherzen zugrunde liegt und deren Bedeutung sich aus bestimmten Ebenen der Handlung oder bestimmten Wissensmustern bezieht. Somit wird sie von formellen Momenten unterschieden, denen andere Zeichen zugrunde gelegt werden. Ob etwas witzig ist oder nicht, entspringt somit unterschiedlichen Zusammenhängen, wobei die zugrunde gelegten Handlungsebenen oder Wissensmuster „normalerweise nicht gemeinsam auftreten" (ebd.: 72). Damit wird deutlich, dass die Begriffe Formalität bzw. Informalität eine spezifische „Indexikalitätstoleranz" (ebd.) besitzen, d.h. sich einer konkreten und einfachen Eingruppierung, Zuordnung oder Unterordnung entziehen und insgesamt verstanden werden können als „situativ konkretisierte Gemeinschaftsleistung" (ebd.: 79) von Gesprächssituationen innerhalb einer spezifischen Sprachgemeinschaft, wobei die Bewertung als formell und informell ein Ergebnis dieser Leistung darstellt.

Zeitliche Dimension

In der Komplexität des Entstehungsprozesses von Formalität und Informalität geht es in der zeitlichen Dimension darum, trotz der Vielfalt der Möglichkeiten die einheitlichen Momente herauszuarbeiten und die Charakteristika von Formalitätsprozessen und Formalitätsgraden aufzudecken, die sich zum einen am Grad der Strukturierung des Auftretens der Interaktantinnen und der Gesprächshandlung bestimmen. Zum anderen stellen auch der Grad der Strukturiertheit in Bezug auf die Vorhersagbarkeit der Handlungen als Performance der Beteiligten und die Konzentration auf ein Thema wesentliche Einflussfaktoren dar. Auf der Mikroebene, als einer „grundlegenden Ebene menschlicher Interaktion" (ebd.: 179), wird durch Formalisierungen und Deformalisierungen politischer Macht sichtbar, wobei diese in formalen Kontexten als Codes homogenisiert und „kookuriert" eingesetzt werden (vgl. ebd.).[161] Durch den Einsatz und die Verwendung

---

160 Vergleiche hierzu auch die Auseinandersetzung von Oliver Dimbath (2005) zu „Alles aus Spaß an der Freud? Ein Versuch über die Bedeutung von >Spaß< in der Jugendarbeit" (ebd.: 389).
161 Der Begriff „kookuriert" verweist auf den Umstand, dass die vorfindbaren Codes Restriktionen und Einschränkungen unterliegen, die die Teilnehmerinnen als Kopartizipantinnen zum einen

„formalisierender Techniken" wird die Situation entweder als formell oder aber als informell erleb- und erfahrbar (vgl. ebd.).[162] Diese Interpretation bzw. Situationsbewertung und die damit verbundenen Reaktionen, die eine Unterscheidung zwischen formalisierenden oder deformalisierenden Handlungen möglich machen, hängt jedoch wesentlich von der Existenz so genannter „Kulturstandards" (ebd.) ab. Das Wissen und die Kenntnis von kulturellen bzw. eines kulturellen Standards liegt der Hierarchisierung der Situation zum Beispiel als wichtig oder nicht wichtig zugrunde und verweist auf die Erwartung der Beteiligten, die „ihre eigenen Handlungen und die Handlungen ihrer Mitspieler interpretieren und interpretiert haben möchten" (ebd.: 179f.).[163] Die Möglichkeit der graduellen Abstufung im Hinblick auf Formalität bzw. Informalität und damit die Formalitätsgrade werden interaktiv bestimmt „je nach Wissensbestand der Teilnehmer über die zur Verfügung stehenden Kommunikationsressourcen" (ebd.: 181).

In seiner Untersuchung verwendet Peter Kistler zunächst die Begriffe Formalisierung und Deformalisierung, die in der Interaktion auf der Mikroebene nachweisbar sind und „als lokale Repräsentationen" gesellschaftliche Makrophänomene abbilden und auf diese hinweisen (vgl. ebd.: 16). Es werden drei Effekte benannt, die die Interaktion beeinflussen: a) die prätextuellen Bedingungen (Vorerfahrungen), welche die Normen und Erwartungen vorstrukturieren; b) die mit der konkreten Interaktionssituation verbundenen Normen und Erwartungen, die die Beteiligten an Interaktionssituationen stellen, die durch Sozialisation vorbereitet wurde und c) die Anpassung der Erwartungen an die konkrete Interaktion, die eine „spezifische Inter-Situation" erfordert und zu berücksichtigen ist (vgl. ebd.: 36). Kontextualisierung und Situationswahrnehmung verläuft demnach unter zwei Aspekten: Zum einen der Aspekt, der die Situation als solche in den Blick nimmt und die in einem spezifischen Kontext verortet wird (Kontextualität). Zum anderen unter dem Aspekt der Situation, welche die Situation in den Blick nimmt und die gegen andere Überschneidungssituationen im Hinblick auf normal oder nicht normal abzugrenzen ist (Situativität). Das hier zugrunde liegende Verständnis von Normalität unterscheidet sich in interkulturellen Interaktionen jedoch „beträchtlich von den monokulturellen Normalitätserwartungen" und setzt „antizipierte Normalitätserwartungen" (ebd.: 67) als kognitive Vergleichsprozesse zwischen diachroner und synchroner Erfahrung voraus.[164]

---

sprachlich signalisieren und zum anderen auch die Bedingung widerspiegeln und bestätigen (vgl. ebd.).
162 Kistler konnte in seiner Untersuchung einen Zusammenhang zwischen der Zuschreibung von Autoritäts- und Statuszuschreibungen (Macht) und den Aushandlungen über Gruppenzugehörigkeit rekonstruieren, die sich mit Formalisierungs- wie auch Deformalisierungsprozessen verbanden (vgl. ebd.).
163 Kistler verwendet synonym zum Begriff des Kulturstandards den Begriff der „Ideologie" (vgl. ebd.).
164 Hier wird von einer „Grundordnung als Normalzustand" (ebd.: 66) ausgegangen, die sich mit der Erwartung verbindet, einerseits Abweichungen von dieser zu erkennen, andererseits aber

Um eine Situation oder ein Ereignis als normal (formal) oder davon abweichend als nicht normal (informal) bewerten und beurteilen zu können, „müssen Menschen dieses Ereignis mit vorhergehenden, erlebten oder gelernten Ereignissen diachronisch vergleichen" (ebd.: 67). In synchroner Perspektive ergibt sich die Möglichkeit, das Ereignis auch mit ablaufenden Ereignissen zu vergleichen, denen Normalität zugeschrieben wird. Es verknüpft sich mit der Handlungsebene eines bestimmten Interaktionsereignisses oder mit Situationen, die der Lebenswelt entnommen werden, die als Ebene der gesellschaftlichen Struktur bezeichnet wird. Kistler geht davon aus, dass hier Prozesse stattfinden, die zu Grenzziehung, Konventionalisierung und Traditionskonstruktion führen (vgl. ebd.: 67).[165]

Soziale Dimension

In der von Kistler zugrunde gelegten „unsichtbaren Ordnung" des Interaktionsrahmens stellen „Formalisierung und Deformalisierung" in der sozialen Dimension Aktivitäten dar und ermöglichen Hinweise auf die Kontextualisierung (vgl. ebd.: 56). Deformalisierungen und Formalisierungen werden in diesem Zusammenhang als „Mittel für die interaktive Konstruktion von sozialer Bedeutung" bezeichnet, wobei sich mit ihnen auch „soziale Bedeutungen und die ihnen zugrunde liegenden kulturellen Normen im Sprechereignis" (ebd.) verbinden lassen.[166] Dies ermöglicht über die Feststellung und Festlegung des Formalitätsgrades Rückschlüsse auf bestimmte Funktionen. In Anlehnung an Wouters (1977), der „Deformalisierung als Veränderung von Verhaltensstandards in Richtung einer allgemeinen Permissivität" (Kistler 2002: 57) beschreibt, folgt die so genannte Permissivität „den sie kennzeichnenden Verhaltensregeln in gleicher Weise, wie z.B. auch informeller Smalltalk bestimmten Formansprüchen entspricht, um überhaupt als solcher (an-)erkannt zu werden" (Kistler 2002: 58; zum Begriff der Permessivität: vgl. Kap. 6.3). Deformalisierung und Formalisierung als selbstgesteuerte oder fremdgesteuerte Handlung führen dazu, dass

---

auch erwartet wird, die davon abweichenden Strukturen auf sie bezogen neu ausrichten bzw. verändern zu können.
165 Positiv konnotiert wird hier, wenn abweichendes Verhalten von Fremden „erwartet" und damit „auch eher toleriert" wird, während bei einer pauschalen Ablehnung davon ausgegangen werden kann, dass „von den Normalitätserwartungen abweichende, häufig durch Stereotype geprägte Erwartungen an das Aussehen und das Interaktionsverhalten (Ausdruck, Stil, Gebahren, Benehmen) von Fremden gestellt" (ebd.: 36) wird.
166 Kistler weist darauf hin, dass es variierende „Grade von Ritualisierung, Gebundenheit, beziehungsweise Alltäglichkeit, Lockerheit und Freiheit im Verhalten erlauben, die Kategorisierung von Sprechereignissen entlang eines Kontinuums von formalisierter bis hin zu informeller Rede" (ebd.: 56) zu gestalten. Sowohl Teilnehmerinnen als auch Beobachterinnen und Analytikerinnen von Interaktionen schließen dabei von den jeweils festgestellten Formalitätsgraden auf bestimmte Funktionen. So würden Situationen gerne über den subjektiv wahrgenommenen oder objektiv festgestellten Grad von Formalität definiert.

„Formvariationen in Interaktionen" (ebd.: 60) das Ergebnis von institutioneller Konstruktion und von (Macht-)Position darstellen und als Emotionsmanagement fungieren. Als Identitäten und (Macht-)Positionen sind diese jedoch nicht starr und unveränderbar, sondern werden kontinuierlich neu ausgehandelt, sind somit ständig einem Bedeutungswechsel unterworfen. Im Hinblick auf die Nachweisbarkeit von Informalisierungsprozessen, die Wouters (1999) mit seinen Überlegungen stärker ins Bewusstsein bringen wollte und als Beweisführung die sich historisch verändernden Umgangsformen nachzeichnet, geht Peter Kistler davon aus, dass die „Macht die Form der Etikette die sozialen Strata einer Gesellschaft sichtbar" (ebd.: 63) werden lässt, jedoch über De- bzw. Informalisierungsprozesse „diese Sichtbarkeit wieder rückgängig" (ebd.) gemacht wird. Damit kann nicht individuelle Handlung angeführt werden, um Informalisierungsprozesse nachzuzeichnen, sondern das mit der Interaktion hergestellte „Ko-Produkt" stellt den formalisierten Interaktionsrahmen dar, „der weiterhin zur Disposition steht" (ebd.). Sich in formalisierten Interaktionsrahmen gemäß der Etikette „zu benehmen" bedeutet hier, „die Formen der eigenen sozialen Handlungen mit den Rollenerwartungen in einer bestimmten Situation abzustimmen" (ebd.). Einem Abstimmungsprozess, dem eine zustimmende Übereinstimmung von Handlungen und Normen zugrunde liegt, reduziert die Fehlinterpretation und hebt auf der Konkretisierungsebene die Notwendigkeit fluider und interaktiver „Formbarkeit der Zustände" (ebd.) hervor: „In der Tat legen gesellschaftliche, institutionelle und politische Machtverhältnisse bestimmte normativ präfigurierte Ausgangspositionen für Interaktionen nahe. Diese werden jedoch auch interaktional durch mehrere Rede- und Handlungszüge konstituiert. Nicht die einzelnen Handlungen" (ebd.).

Als problematisch erscheint eine Zuschreibung von Formalität und Informalität, wenn in interkulturellen Überschneidungssituationen der Versuch unternommen wird, die Vorstellungen von Normalität aufrecht zu erhalten. In dem Versuch, Konfrontationen über Wahrnehmung von Abweichungen von Normalität zu vermeiden, werden diese als Informationen über die Interaktionspartner, als „Hinweise auf die Existenz weiterer Normalitäten" (ebd.: 181) verstanden und nicht als Bewertung im Hinblick auf Abweichung oder Defizit. Dies, so Kistler, ermöglicht eine Ausweitung des Normalitätsverständnisses hin zu einem „plurinormalen" (ebd.) Weltverständnis, innerhalb dessen agiert wird.

Für Kistler liegt der analytische Nutzen der Begriffe Formalität und Informalität in dem jeweils zugrunde gelegten Handlungs-, Interaktions- oder Verhaltensspektrum von sozial und kulturell bedeutsam erscheinenden Faktoren wie Status, Macht, Loyalität und Identität (vgl. ebd.: 179). Werden diese als integrative Faktoren verstanden, dann wirken diese formalisierend bzw. deformalisierend, wenn sie nur einseitig auf Hierarchien bezogen und als linear getrennte Handlungen verstanden werden: „In der situierten Vollzugswirklichkeit jedoch verlaufen sie simultan, gegenläufig und widersprüchlich" (ebd.). Dabei wird jedoch ausgeblendet, dass gesellschaftliche und kulturelle Institutionen ihre Existenz über spezifische Regelungen legitimieren, die die Institutionsmitglieder reproduzieren, in dem sie diese in ihren Interaktionen befolgen, durchsetzen und für ihre Ziele einsetzen.

6.5 Quintessenz

Welches Fazit lässt sich daraus ziehen? Mit Niklas Luhmann ging es darum aufzuzeigen, dass moderne Gesellschaften ein ausdifferenziertes Spektrum an Sozialitäten umfasst, das formal durchorganisiert ist (vgl. dazu auch Mennicke 2001). Das diese formal organisiert sind, ist kein Bestandteil lebensweltlicher Semantik. Als solches werden sie nur bedingt hinterfragt, sie werden so gelebt und erfahren wie sie erscheinen. Erst in der Unterscheidung zwischen etwas, mit der eine Grenze zwischen Zuständen gezogen wird und diese verglichen werden, erscheinen sie als interpretierende Benennung, wie mit George Spencer-Brown gezeigt werden konnte, in Zusammenhang mit unterschiedlich motivierten Interessen. Die spezifischen Motivationen können an dieser Stelle nur vermutet werden. Gleichermaßen lässt sich dies auch auf die Ausführungen von Schülein beziehen. Seine Überlegungen zu subjektivierender Institution verweisen im Kontext von Formalität und Informalität auf Identitätsfindungsprozesse, denen in den aktuellen Debatten um Lernen und Bildung nur eine marginale Bedeutung zukommt. Die Bedeutung von Institutionen auf diese Prozesse, darf aber nicht vernachlässigt werden, weil sie außerhalb davon kaum noch kontingent aufgebaut werden können, sondern ob der Heterogenität und Widersprüchlichkeit kaum noch stabile Identitätskonzepte erwartbar sind. Gleichwohl entstehen noch mehr Probleme, wenn auch diese der Selbstbestimmung und Selbststeuerung überlassen bleiben.[167] Damit verbindet sich nicht automatisch der Anspruch, wieder mehr Fremdkontrolle einzuführen wie es bspw. mit Cas Wouters vermutet werden könnte. Hier scheint vielmehr eine objektiv geführte Debatte erforderlich, die nicht in einem empathischen Verständnis von Bildung aufgeht, sondern auch die Nachteile mit in den Blick nimmt, die sich durch die radikale Durchsetzung eines lebenslangen Lernkonzeptes besonders für die Phase des Aufwachsens ergeben. Hier einfach nur auf Schule zu schauen und ihr Wirksamkeitsverlust zu unterstellen ist insofern zynisch, weil sich Schule und Kinder- und Jugendhilfe gemeinsam an einem – möglicherweise veralteten – Konzept orientieren, das noch die Kindheits- und Jugendphase als Moratorium begreift. Gerade im Hinblick auf die Möglichkeiten und Angebote – heute –, erfordern andere (sozial-)

---

[167] Dieter Thomä (2005) hat sich ausführlich zur Frage von Selbstbestimmung und Desorientierung gewidmet. An dieser Stelle kann nur auf seine Ausführungen verwiesen werden (vgl. ebd.: 289).

pädagogische Konzeptionen. Mit Cas Wouters kann bspw. darauf hingewiesen werden, dass es notwendig ist, unterschiedliche Sphären, Erfahrungs- und Erlebnisbereiche im Hinblick auf unterschiedliche Ideale zu untersuchen. Erste Ansätze dazu lassen sich zum Beispiel bei Büchner und Krah finden (2006), aber nur in Bezug auf den Vergleich zwischen Familie und Schule (vgl. Kap. 4.3). Zudem bleibt hier, wie allgemein, die Frage offen, was denn Selbstkontrolle in der Kindheits- und Jugendphase meint: Meint dies diszipliniert jeden Tag in die Schule zu gehen? Das mit dem Zwölften Kinder- und Jugendbericht (2006) fokussierte Verständnis von Bildung als „Fähigkeit zur Selbstregulierung" verweist deutlich in diese Richtung. Dies hat aber, wie mit Verweis auf die in Kap. 3 diachrone Perspektive auf Bildung gezeigt werden kann, nichts mehr mit Bildung als Entfaltung aller Kräfte zu tun. Vielmehr geht es hier um die Anpassung des Einzelnen oder Gruppen an gesellschaftliche Veränderungsprozesse: Nicht mehr Bildung, nur noch Lernen im Sinne von aushalten, durchkommen und bestehen. Hierfür wird, wie mit Peter Kistler nachgezeichnet wurde, ein umfangreiches Instrumentarium an Selbsttechnologien erforderlich, um sich in alltäglichen Interaktionen durchsetzen zu können und zu bestehen. Wer darüber verfügt, oder anders ausgedrückt – wer Bildung hat –, dem gelingt es eher sich durchzusetzen und zu bestehen: Bildung als Zweck und als Ziel?

Die verschiedenen Typen, wie sie in Bezug auf die Organisation von Sozialität und auf subjektivierende Institution, durch generationale Veränderungsprozesse und interaktionelle Bedingungen dargestellt worden sind, ziehen Grenzen zwischen unterschiedlichen und doch vergleichbaren Zuständen. Mit den Ausführungen verband sich die Absicht aufzuzeigen, dass eine (nur) terminologische Unterscheidung zwischen institutionellen Lern- und Bildungsorten zu kurz greift, weil sie wesentliche Elemente im Prozess des Aufwachsens ausblendet: Kinder und Jugendliche, die tagtäglich zwischen diesen *switchen* müssen und sich in diesen bewegen, lernen zu unterscheiden zwischen dem *was geht* oder *was nicht geht* und das unabhängig davon, ob es sich um Familie, Peers oder Schule handelt.

Lernen und Bildung, die ehemals als Modelle kontrollierter Entwicklung thematisiert wurden, erscheinen heute wesentlich weniger unkontrolliert, die Welt für Heranwachsende wesentlich offener bzw. freier zugänglich. Dass sie das eben nicht ist, nicht radikal entgrenzt und/oder selbstbestimmt, wird bei der vernachlässigten Dimension von Lernen und Bildung selbst vernachlässigt.

Die aktuellen Debatten um Lernen und Bildung verweisen neben der Selbstreferentialität von Bildung auf zwei weitere Aspekte: Zum einen auf die Synonymität der Begriffe Lernen und Bildung. Mit dieser wird widergespiegelt, dass zwischen beidem kein Unterschied besteht. Aber wenn „alles bildet" (vgl. von Hentig 1996), aber „nicht alles Bildung ist" (vgl. BMFSFJ 2006), stellt sich die Frage: Was ist Bildung? Was hat Lernen mit Bildung zu tun, wenn diese gleichermaßen das Ergebnis von Arbeit und von Konsum ist (vgl. Kade 1997). Ist es eine pädagogische Überbetonung der (Lern- und/oder Bildungs-)Form? Ist dies nicht die eigentliche Frage, die zunächst beantwortet werden muss, gerade, wenn es sich um eine lebenslange Angelegenheit handelt?

Mit den vier Typen der Unterscheidung konnte ebenfalls herausgearbeitet werden, dass sich – und da sind sich die Autoren einig – eine Vielzahl von Spielräumen bzw. Grenzbereichen ergeben. Distinktionstheoretisch ist es nicht das formelle oder informelle, die als konditionierte Koproduktionen aufeinander verweisen. Es ist die Grenze dazwischen, die es gilt genauer zu betrachten. Diese Grenze dehnt sich aus, im Bild gesprochen – die Grenze wird breiter – und bezeichnet ein Vakuum, das sich wohl am ehesten mit dem *Kunstbegriff nonformell* bezeichnet werden kann. Auch diese Annahme kann in zwei Richtungen diskutiert werden:

- Entweder die Grenze wird breiter und schottet die Zustände gegeneinander ab, dann stellt sich jedoch die Frage nach den Möglichkeiten gegenseitiger Beeinflussung, die immer weniger aushandelbar erscheinen, sondern sich strikt gegeneinander isolieren: Sie führen ein Eigenleben. Aber mit Luhmann und Schülein bleibt dies wohl eher unwahrscheinlich, weil Leben nicht linear und mechanisch in Ort, Raum und Zeit gedacht werden kann.
- Die Grenze bildet einen eigenen Bereich, der quasi als *black boundary* fungiert. Als solches beschreibt er genau den Bereich, der sich nicht empirisch erfassen lässt und sich auch einer Kategorialisierung von entweder formell oder informell entzieht. Möglicherweise und unter der Bezeichnung nonformell ist dies der Bereich in dem es lohnenswert erscheint sich theoretisch auseinanderzusetzen. Im Denken innezuhalten und sich dezidiert mit den konkreten Bedingungen für Aufwachsen auseinanderzusetzen ohne dabei gleich auf mess- und evaluierbare Faktoren zu zielen, scheint jedoch keine lohnenswerte Aufgabe mehr zu sein (vgl. Liessmann 2006).

Das nächste Kapitel widmet sich dem Versuch, sich näher mit dem Begriff des Lernens auseinanderzusetzen. Dabei wird nicht der Versuch unternommen, die historischen Auseinandersetzungen der Sozialpädagogik mit dem Begriff wiederzugeben (exemplarisch sei hier nur auf die Überlegungen Mollenhauers (1985, 1993, 1987, 1998 a,b,c) verwiesen). Es geht vielmehr darum, einen Rahmenvorschlag zu unterbreiten, in dem Lernen vor dem Hintergrund des gesellschaftlichen Ist-Zustandes im Hinblick auf Fähigkeit, Notwendigkeit und Zugang dargestellt wird. Damit verbindet sich die Absicht zu einer Neupositionierung der Kinder- und Jugendhilfe im Kontext des Lebenslagen Lernenkonzeptes anzuregen. Denn dieses Konzept ist längst kein abstraktes politisches oder ökonomisches Denkmodell mehr, sondern für alle Lebensalter und Lebensumstände real und bestimmend.

7. Lernen

> *"Im Schacht meines Gedächtnisses sind unter dem Namen Lernen vornehmlich Erlebnisse abgelegt, in denen es mir gerade nicht gelang zu lernen, was ich sollte oder wollte. Erinnerung an Unvermögen, Verweigerung, Blockade"*
> (Frigga Haug 2003: 13).

> *"Die Bürgerschule entlässt nie, als nach vorgängiger Prüfung, und, es sei denn zum Übergang in eine andre Bürgerschule, erlangter reife, oder anerkannter Unfähigkeit des Kindes, je weiter vorzurücken. Eltern, die ihre Kinder früher wegnehmen wollen, kommen in die Kategorie derer, welche sie nicht zur Schule schicken"*
> (Wilhelm von Humboldt 1964: 22).

Allgemein wird, wie bereits dargestellt, die Unterscheidung im Hinblick auf den Formalisierungsgrad von Lernen und Bildung über die Unterscheidung zwischen Schule und nicht Schule zum Ausgangspunkt gemacht. In den Grundoperationen der Distinktionstheorie, wird jedoch prinzipiell davon ausgegangen, dass das *"[w]as ein Ding ist, und was es nicht ist, ... in der Form identisch gleich [ist]"* (Spencer-Brown 1999: xi). Dieses Prinzip gründet auf der Annahme, dass eine einheitliche Form, Definition oder Unterscheidung die Grenze oder Beschreibung, "sowohl des Dinges als auch dessen, was es nicht ist" (ebd.) bestimmt. *Daraus lässt sich die These ableiten, dass es die Schule ist, die darüber bestimmt was das eine (eben Schule) und was das andere (nicht Schule) ist, da Schule das zentrale semantische Unterscheidungskriterium ist.* Da die schulbezogene Bildungsdebatte jedoch nicht der thematische Gegenstand dieser Arbeit ist, sondern die Lern- und Bildungsdebatte in der Sozialpädagogik, stellt sich hier die Frage, welche Unterscheidung bzw. welche Form hier Pate steht. In den aktuellen Debatten um Lernen und Bildung wurde dieser Bereich bislang mit den (Bindestrich-)Begriffen nonformell oder nicht-formell beschrieben. Diese irreführende und zu kurz greifende Bezeichnung markiert das Ergebnis eines Vergleichs, der sich an einer Unterscheidung zwischen Formalitätsgraden orientiert. Die Schnittstelle zwischen der terminologischen Unterscheidung und Distinktionstheorie liegt in der Ausdifferenzierung der Form, die sozusagen als kleinster gemeinsamer Nenner vorausgesetzt wird und distinktionstheoretisch auf ihren semantischen Kern hin überprüft werden soll.[168] Das breite semantische Spektrum der Bedingungen und Bedeutungen von und für Bildung scheint trotz des umfangreichen Referenzrahmens (vgl. Kapitel 4.1) einen nur begrenzten Reflexionsrahmen zuzulassen. Mit der Einbeziehung der Distinktionstheorie verband sich daher die Absicht, sich zu vergewissern, worum es im Kern eigentlich geht. Und festzuhalten ist: Es geht um Lernen in unterschiedlichen Dimensionen.[169]

Im Folgenden wird es daher zunächst darum gehen, sich mit dem Lernbegriff auseinanderzusetzen. Dies erfolgt anhand der Thematisierungen des Begriffs, der zentrale und wiederkehrende Aspekte enthält, die im Hinblick auf das Konzept des Lebenslangen Lernens unterschiedlich gewichtet werden. Es geht nicht darum, das gesamte und breite Spektrum der Lerntheorie insgesamt darzustellen, sondern nur einen kleinen Ausschnitt, in der *Lernen als Fähigkeit (sachliche Dimension)* als *Notwendigkeit (zeitliche Dimension)* und als *Zugang (soziale Dimension)* thematisiert wird. Diese Unterscheidungen liegen quer zu den Dimensionen, in denen sich das Reden von Bildung vollzieht (vgl. Langewand 1994). Damit ist die Absicht verbunden, die diachrone und die synchrone Perspektive in einem Raster zusammenzufügen, um darauf aufbauend die bisher vorliegenden Überlegungen zu Lernort und Lernwelt (vgl. Kap. 4.3.1), auf ihren Gehalt hin zu überprüfen.

7.1 Lernen als Fähigkeit

Mit dem Begriff Lernen verknüpfen sich unterschiedliche Assoziationen. Neurophysiologische Studien lassen Lernen als eine physiologische Tatsache erscheinen, die in der menschlichen Natur liege: „Wenn man irgendeine Aktivität nennen sollte, für die der Mensch optimiert ist, so wie der Albatros zum Fliegen

---

168 Diese Vorstellung wird gestützt durch spezifische Begrifflichkeiten, die im Wesentlichen durch die diachrone Perspektive hervortreten (vgl. Kap. 3). In allen Bereichen werden in Bezug auf Bildung zum Beispiel Autonomie, Emanzipation, Selbstbestimmung und Lernen in unterschiedlicher Gewichtung thematisiert. Hier stellt sich die Frage, wieso das überhaupt möglich ist. Eine erste (weitere) Vermutung stellt sich hier ein: ist möglicherweise theoretisch immer das Gleiche gemeint und nur ob der praktischen Umsetzung unterscheiden sich die Bereiche?

169 Allen pädagogischen Grundbegriffen wie Erziehung, Sozialisation und Bildung liegt implizit oder explizit ein Verständnis von Lernen zugrunde. Anders ausgedrückt: In Konkretisierung pädagogischer Realität geht es um Lernen. Lernen ist somit eine Voraussetzung und Bedingung für Erziehung, Sozialisation und Bildung: Der Mensch kann nicht nicht lernen. Der Formalisierungs- bzw. Institutionalisierungsgrad im Sinne einer Erzeugungsdidaktik (Klemm 1999) (wo wird gelernt = wie wird gelernt = was wird gelernt / Schule = formelles Lernen = formelle Bildung) setzt die Idee des Unterscheidens voraus, die es gilt, neu zu bestimmen.

oder der Gepard zum Rennen, dann ist es beim Menschen das Lernen" (Spitzer 2002: 10; 2004). Zum „Lernen geboren zu sein" (Spitzer 2002: 65) stellt keinen besonderen Vorgang in Bezug auf die Aneignung von Wissensbeständen dar: Es bezeichnet einen aktiven, auf Veränderungen im Gehirn zielenden, physiologischen Vorgang, in dem eine Repräsentation der Außenwelt im Gehirn, die sowohl in Form von Handlungen als auch in Form von Bildern bleibende Spuren hinterlässt. Die Vorgänge, die zur Entstehung dieser Repräsentation beitragen sowie ihre Veränderung, werden als Lernen bezeichnet und das, was „der Magen für die Verdauung, die Beine für die Bewegung oder die Augen für das Sehen sind, ist das Gehirn für das Lernen" (ebd.: XIII). Lernen wird so zu einem lebenswichtigen Prozess, der aus Sicht der Neurophysiologie kontinuierlich, natürlich und individuell ist, wobei der Anteil der Menschen, die selbst lernen, nach Manfred Spitzer bei 100% liegt: „Ob wir es wollen oder nicht – wir lernen immer" (ebd.: 19).[170, 171] Neurophysiologie bzw. Gehirnforschung und Pädagogik akzentuieren Lernen über den Versuch, physiologische Vorgänge und pädagogisches Wirken aufeinander abzustimmen als „wechselseitige Befruchtung" (Hafeneger 2004: 4): „[D]ie menschliche Entwicklung zum Lernen geboren" zu sein bedeute, „von Anfang an offen, lernfähig und formbar" (ebd.) zu sein[172] Offenheit, Lernfähigkeit und Formbarkeit des Menschen ermögliche es, das „das innere Selbst des Menschen durch eigene, interaktive Erfahrungen mit der sozialen Umwelt und deren Anregungen herausgebildet wird" (ebd.). Die neuen Erkenntnisse und Ergebnisse aus naturwissenschaftlicher und pädagogischer Forschung könnten sich hier, „ohne erneut in lerntechnologische Vorstellungen und Versprechungen zu verfallen" (ebd.), wechselseitig beleben, ergänzen und erkunden. Der Ausspruch „Leben heißt Lernen" (Treml 1995: 94) wird so zu einer *anthropologischen Konstante*, die Lernen als (menschliche) Eigenschaft in den Blick nimmt. Dass diese Erkenntnis nicht wirklich neu ist und nur über die Einbezie-

---

170 Manfred Spitzer (2004) belegt die Aussage, dass „Menschen wirklich zum Lernen geboren sind" (ebd.: 65) über den Verweis auf das Lernen von Säuglingen und Kindern: „Sie können es am besten, sie sind dafür gemacht; und wir hatten noch keine Chance, es ihnen abzugewöhnen. Zweijährige verhalten sich ihrer Umgebung gegenüber nicht wie Reflexautomaten oder mit Fakten zu füllende Behälter. Sie versuchen vielmehr aktiv ihre Umgebung zu begreifen, indem sie kleine Tests durchführen – ganz ähnlich wie Wissenschaftler – Hypothesen darüber prüfen, wie sich die Dinge sowohl verhalten. Dreijährige lernen alle 90 Minuten ein neues Wort, und mit fünf Jahren beherrschen Kinder nicht nur bereits Tausende von Wörtern, sondern vor allem auch deren Gebrauch und damit die komplizierte Grammatik der Muttersprache" (ebd.; zur Relevanz des kompetenten Säuglings für die Psychoanalyse: vgl. Dornes 1999).
171 Bereits der amerikanische Reformpädagoge John Holt wies darauf hin, dass es ein Irrglaube sei, wenn Schulen, Lehrer oder Eltern denken würden, es sei ihre Aufgabe, „bei den Kindern Lernprozesse eintreten zu lassen, und dass diese nur dann eintreten würden, weil sie sie eintreten ließen" (Holt 1999: 45).
172 Auch die Psychoanalyse hat entdeckt, dass „Säuglinge ihren körperlichen Bedürfnissen keineswegs passiv ausgeliefert sind" wie bislang angenommen wurde und geht von einem „kompetenten Säugling" aus (vgl. Dornes 1999).

hung der Gehirnforschung eine neue Akzentuierung erhält, lässt sich mit John Holt (1999) belegen, der Lernen beschrieb „als ein Ausweiten unserer Person in die uns umgebende Welt hinein" (ebd.: 25) und darauf hinwies, „dass zwischen Leben und Lernen kein Unterschied besteht; Leben ist Lernen, und es ist unmöglich, irreführend und schädlich, sich beides getrennt vorzustellen" (ebd.).[173, 174]

Damit bleibt jedoch eine Perspektive ausgeblendet, die Lernen als Konstante für Veränderung voraussetzt, „dass ein Mangel dem Subjekt problematisch" und „die Überwindung des Problems intendiert ist" (Haug 2003: 21). *Lernen als Fähigkeit weiterzulernen* beinhaltet eine entsprechende Lernhaltung, die „eine auf Dauer gerichtete Kumulation des Gelernten ist, so dass ein höheres Niveau an Handlungskompetenz erreicht wird" (Haug 2003: 21; Holzkamp 1993). Klaus Mollenhauer (1993) bezeichnete die aus einem Mangel heraus entstehende Lernhaltung für den Bereich der Sozialpädagogik als „Umlernen" im Kontext der Frage, „ob das sozialpädagogische Feld möglichst große Geschlossenheit oder Offenheit anstreben soll" (ebd.: 81). Seiner Meinung nach hätte es nur Sinn von Umlernen zu sprechen, „wo bereits gelernt wurde; es setzt die relative Geschlossenheit eines zurückliegenden Erziehungsvorganges, im guten wie im schlechten Sinn voraus" (ebd.). Sozialpädagogik als gezielte Umlernhilfe sei „aber ... gerade dadurch bildend, daß sie den Heranwachsenden aus dieser Geschlossenheit" (ebd.) herausführe und ihn mit „neuen Bedingungen seiner gesellschaftlichen Existenz" (ebd.) konfrontiere und darin, dass sie ihm dazu verhelfe, „sich diese Offenheit zu bewahren, die Erfahrungen des Umlernens wach zu halten, um nicht in persönliche, institutionelle oder ideologische Verhärtungen zu verfallen" (ebd.: 81f.). Die Bewahrung von Offenheit und die Möglichkeit verweisen auf *Umlernen als Fähigkeit*, um in „neuen Situationen auch neu und beweglich" (ebd.: 82) reagieren zu können.

Die Unterscheidung zwischen Lernfähigkeit als *lernen können* (anthropologische Konstante) und *gelernt haben* (ontogenetische Konstante) wird mit Blick auf den Einzelnen und im Hinblick auf die Umgebung zentral, wobei letzteres aus pädagogischer Sicht nicht nur persönliches Wesensmerkmal darstellt, sondern eine Voraussetzung und ein Ergebnis für erfolgsorientiertes pädagogisches Handeln ist (vgl. Heid 1993).

Klaus Prange (2004), der sich dem Begriff über die Bedeutung und Verwendung des Formbegriffs für die (allgemeine) Pädagogik nähert, verweist ebenso

---

173 Als Reformpädagoge und Kritiker des vorherrschenden amerikanischen Schulsystems versuchte er die Weltsicht der Kinder und ihre emotionale Intelligenz verstärkt in den Blick zu nehmen (vgl. Holt 1999).
174 In Abgrenzung zu John Holt und über die Betonung, dass der Mensch zu jeder Zeit und an jedem Ort lernt, verweist das Lernen können darauf, dass dieser Aspekt als Lernfähigkeit neurophysiologisch unhinterfragt bleibt. Diese wird – quasi – vorausgesetzt und lässt den Menschen erst als Menschen erscheinen. Umgekehrt kann daraus gefolgert werden, dass, wenn der Mensch nicht lernt, er kein Mensch bzw. nicht menschlich ist. Lernen zum Zwecke der Menschlichkeit?

wie Mollenhauer auf die Relevanz von Vorwissen. Lernen als Fähigkeit kann mit Prange beschrieben werden als die Fähigkeit, auf latentes Vorwissen zurückzugreifen zu können, „das der Form nach schon bereitliegt und im Lernvorgang artikuliert wird" (ebd.: 397). Als solches verweist der Lernbegriff zum einen auf den Umstand, dass bereits etwas vorhanden ist, das als (mentale) Form immer schon mitgebracht wird. Zum anderen wird es damit erst möglich, „andere zu belehren und ihnen etwas beizubringen" (ebd.). Ein solches Verständnis von Lernen und Lehren ist Ziel und Zweck einer Didaktik als „Lehre davon, wie wir andere unterweisen, ihnen etwas beibringen und so zeigen können, dass sie es von sich aus wieder zeigen können" (ebd.: 397).[175] Als Lehre vom Vorwissen verweist diese einerseits auf die Bedeutung des Vorwissens, über die Betonung der Fähigkeit findet Lehre (im umfassenden Sinn) jedoch erst ihre Begründung, „indem wir im Lernenden das herausholen und ans Licht führen, wovon er [der Lerner; P.Bo] noch nicht weiß, dass er es weiß" (ebd.: 397).[176] Konkret bedeutet dies, dass ohne Form bzw. Idee weder etwas gelernt noch etwas gelehrt werden kann. Dies verweist über die Ausblendung dieses Aspektes auf die Aufspaltung in Denken (in Formen) und körperlicher Wahrnehmung, an welche sich Fragen nach dem Ort anschließen (vgl. ebd.).[177] Der Ausspruch „Leben heißt Lernen" (Treml 1995: 94) hebt somit nicht nur *Lernen als Fähigkeit* hervor, seinen Zustand dauerhaft zu verändern, sie verweist über die (historische) Unterscheidung zwischen Denken und Verortung von Lernen auch auf die Bedeutung der Orte, an denen Lernen möglich ist.[178] Hier lassen sich drei Aspekte anführen, die einen Einfluss auf Lernen als Fähigkeit haben:

1. Der Aspekt, dass Lernen „von einer unübersichtlichen Zahl von abhängigen und unabhängigen Variablen" (Hafeneger 2004: 3) bestimmt sei.

---

175 Damit sei, so Klaus Prange (2004), „nicht Belehren" im „Sinne von »Eintrichtern«" (ebd.: 397) gemeint und auch nicht bloße Übung „dessen, was wir in einer zwar unvollkommenen, aber steigerungsfähigen Weise schon können" (ebd.).
176 Prange weist in diesem Zusammenhang darauf hin, dass, ob der nur einseitigen Betonung des Lehraspekts, jedoch die Möglichkeit besteht, eben diese (Lehr-)Form unter Ausblendung des Vorwissens auszunutzen, die es Autoritäten ermöglicht, „wenn sie an einer Aufgabe, an einem Beispiel oder sonst an einer Gegebenheit etwas zeigen, was der Lernende von sich aus sehen und sich zu eigen machen soll" (ebd.: 397).
177 Daran angeschlossen wurden nach Prange wiederum Fragen nach der „Formsubstanz" (Prange 2004: 397).
178 Der Begriff der Lernfähigkeit, der nach Langewand (1994) einen zentralen Einflussfaktor auf die Bestimmung der sachlichen Bildungsdimension darstellt, verweise durch Einbeziehung und Verwendung des Bildungsbegriffs auf den Einfluss der Systemtheorie, die diesen zur Selbstvergewisserung über Funktion und Leistung des deutschen Erziehungssystems verwende. Bildung werde in diesem Zusammenhang definiert als der „Versuch des Erziehungssystems, die eigene Rolle gegenüber der gesellschaftlichen Umwelt (Familie, Wissenschaft, Staat usw.) zu finden" (ebd.: 83). Während im 18. Jahrhundert und in einer Vorläuferstufe der Begriff Bildung noch an die Idee von humaner Perfektion angeknüpfte, wurde stattdessen seit dem 20. Jahrhundert eher der Begriff der „Lernfähigkeit" verwendet (vgl. ebd.: 83).

Benno Hafeneger verwendet hier Begriffe wie „[i]ntelligentes Lernen" und „wirkliche[r] Wissenserwerb", deren Erwerb über Erfahrung, Nachahmen und (Nach-)Denken erfolge und sich nicht in „Begriffswissen und ... gepauktes Faktenwissen" (ebd.) niederschlägt. Dieses Lernen über Erfahrung, Nachahmung und Nachdenken funktioniert „nicht wie ein Nürnberger Trichter durch die Eingabe von »hirngerechtem« Stoff" (ebd.), sondern erfolgt nur in fördernden und anregenden Lernumgebungen und sei „von der Qualität der Lerngelegenheiten abhängig" (ebd.).
2. Lernen als Erfahrungslernen verweist zunächst auf die Unterscheidung zwischen Lernfähigkeit als natürlich-menschlichem Merkmal (anthropologische Konstante) und der Annahme, dass lernunabhängig personale Eigenschaften vorliegen, „um überhaupt oder etwas Bestimmtes oder über eine »festliegende« Grenze hinaus zu lernen" (Heid 1993: 52). Der Begriff der Lernfähigkeit wird hier verwendet „für erworbene, also lernabhängige Voraussetzungen (Dispositionen) erfolgreichen (Weiter-)Lernens" (ebd.).
3. Der Begriff der *Lernfähigkeit* bezieht sich gleichermaßen auf menschliches Lernen als Voraussetzung und auf das „Ergebnis menschlichen Lernens" (ebd.).

Gleichermaßen argumentiert Alfred K. Treml (1995), der sich dem Begriff der *Lernfähigkeit* über die Akkumulation von Erfahrung zuwendet. Der Fähigkeitsbegriff, der sich nicht nur auf Konditionierung stützt, sondern die Bandbreite der Reaktionen bzw. möglichen Verhaltensweisen insgesamt mit in den Blick nimmt, wendet sich auch der Einzelnen zu, der zwischen (theoretischen wie realen) Möglichkeiten wählt.[179] Welche der faktischen oder nur imaginären Möglichkeiten aber praktisch umgesetzt werden, liegt im Wesentlichen an den vorher gesammelten Erfahrungen.[180] Der Begriff der Lernfähigkeit, so bleibt an dieser Stelle festzuhalten, bezeichnet somit unter Einbeziehung der Möglichkeit, bewusst oder unbewusst zwischen spezifischen Angeboten bzw. Optionen wählen zu können, eine Reaktion auf die in einer Umwelt bzw. Umgebung vorfindbaren Anregungen. Als Veränderung erscheinen diese, wenn sie beobachtbar sind bzw. beobachtet werden.

---

179 Thomas Höhne (2003) beschreibt dies ähnlich, wenn er konstatiert, dass das Individuum Informationen zumeist im Hinblick auf wichtig – nicht wichtig verarbeite und so eine Entscheidung ausführt. Relevant für das Treffen von Entscheidungen sei die Bedeutungszuweisung der Information als Zustandsveränderung im Sinne von besser oder schlechter. Diese basiere im Wesentlichen auf der Vorerfahrung die die Einzelne gemacht hätte. Hier stelle Selbststeuerung eine der zentralen, personenbezogenen Ressourcen zur Konstruktion von Wissen dar: Die Selbststsseuerung erfolge bewusst und selbsttätig oder „selbstreferentiell" (vgl. ebd.: 255).
180 Dies wird nach Treml (1995) allgemein mit dem Begriff der „Prägung" (ebd.) umschrieben und stelle die Ur-Form von Lernen in einer Umwelt dar und fände durch unterschiedliche Verhaltensweisen wie Sprechen, Lächeln oder Weinen statt (vgl. ebd.; Mollenhauer 1993).

Lernfähigkeit als ontogenetische Konstante hebt hervor, dass die Einzelne in einer und durch eine Umwelt lernt, wobei die Umwelt zwar eine „Bandbreite von varianten Möglichkeiten" (ebd.: 95) bereitstellt, diese aber „durch eine bestimmte Erfahrung in und mit einer Umwelt eingeschränkt und auf eine konkrete Möglichkeit, sich verhalten zu können, beschränkt – sprich: gelernt [wird]" (ebd.). Werner Loch (1999) verwendet im Zusammenhang mit seinen Überlegungen zu den „Phänomenologische[n] Grundprobleme[n] einer allgemeinen Pädagogik" (ebd.: 290) den Begriff der „Ontogenese" als Frage zu den „Bedingungen der Möglichkeit von Erziehung" (ebd.). Mit Blick auf Kinder und Jugendliche als „Edukanden" münde dies in die Frage, „was er können muß, um erzogen werden zu können" (ebd.: 293). Beim „ontogenetischen Problem" ginge es somit „um das Verhältnis von Anlage und Umwelt, Wachstum und Lernen, Persönlichkeitsentwicklung und Erziehung" (ebd.).

Mit der Betonung der Kontextabhängigkeit von Lernen, die in Opposition zu Lernen als anthropologische Konstante steht, wird Lernen als ontogenetische Konstante hervorgehoben. Hier stellt im Wesentlichen die Kritik am institutionalisierten Lernen das Moment dar, um zu belegen, dass das, was zum Beispiel unter dem Begriff des „Allgemeinwissens" zu verstehen ist, immer weniger über Schule vermittelbar und damit zunehmend kontextabhängig ist (vgl. Angilletta 2002: 131). Stattdessen wird versucht, stärker das Konzept des Lernen des Lernens umzusetzen, das neben der Vermittlung von Lernkompetenzen selbstgesteuertes Lernen ermöglicht und zudem auch weiterhin fachliches Lernen möglich bleibt, mit dem konkrete Wissensinhalte verbunden sind. Fachliches Lernen übernimmt nach Salvatore P. Angilletta mehrere Funktionen: „Zum einen die Vermittlung fachlicher Wissensbestände und Methoden. Darüber hinaus aber auch Schlüsselqualifikationen, Kulturtechniken, Schlüsselprobleme und ein fachliches und überfachliches Lernen in Dimensionen" (ebd.: 131f.). Schlüsselqualifikation dienen hier dem allgemeinen Erwerb neuen Wissens, die als „additierbare Fähigkeiten" wiederum „eigenständiges Lernen ermöglichen sollen" (ebd.: 132). An eigenständiges und selbstgesteuertes Lernen werden zentrale Aspekte geknüpft, um gesellschaftliche Schlüsselprobleme zu lösen, „die vermutlich in absehbarer Zukunft die wichtigsten Fragen der menschlichen Existenz berühren werden" (ebd.: 132).[181]

Mit dem Konzept des Lebenslangen Lernens verbinde sich die gesellschaftliche Erwartung, dass nur über einen lebenslangen und selbstgestalteten Prozess

---

181 Dabei ginge es (vordergründig) nicht, wie Micha Brumlik im Hinblick auf die Verbindung von „Bildung und Glück" (2002) betont, um ein Wiederaufleben der Debatte um notwendige „Tugenden" oder „Werte" in einer Gesellschaft, nicht um „moralisierende Zumutungen der Gesellschaft, sich so oder so zu verhalten", es gehe vielmehr um die Frage, „über welche Fähigkeiten, heute spricht man von Handlungskompetenz oder auch von »Schlüsselqualifikationen«, Individuen verfügen müssen, um sich gesellschaftlichen Zumutungen gegenüber behaupten und ein glückliches Leben im Verein mit anderen anstreben zu können" (ebd.: 14).

„auf die von ständigen Weiterentwicklungen und Umbrüchen, Chancen und Risiken gekennzeichneten Biographien" (ebd.: 139) reagiert werden könne. Die Veränderungen in Bezug auf steigende „Qualifikationsanforderungen im Arbeitsleben wie auch Veränderungen im unmittelbaren privaten Umfeld bis hin zu politischen globalen Situationen" erforderten „Kompetenzen und Dispositionen, die es dem Subjekt jederzeit erlauben, sich Informationen, Handlungsoptionen und Werte aus dem Angebot des bestehenden zu wählen, zu aktivieren und zu gestalten" (ebd.). Lernen als anthropologische Konstante, die auf Selbstlernen zielt, verweist unter der ontologischen Perspektive darauf, dass selbstbestimmtes und selbstgesteuertes Lernen in dem Moment ein (soziales) Problem darstellt, wenn damit bestimmte Erwartungen und Anforderungen verknüpft werden. Hier stellt sich die Frage nach der Freiheit oder dem Zwang, selbstgesteuertes Lernen zu lernen. Es schließen sich zwei Problemfelder an:

1. Das erste ist verbunden mit der (pädagogischen) Abkehr und Kritik an der „Erzeugungsdidaktik", die allem institutionellen Lernen zugrunde liegt, hin zu einer „Ermöglichungsdidaktik" (vgl. Klemm 1999: 22), die Lernen „als ein Vorgang der Selbsterschließung von Wissen" (ebd.) versteht. Die Abkehr von pädagogisch geplanten und organisierten Settings verweist auf die Notwendigkeit „Orte und Gelegenheiten der Selbsterschließung von Wissen und Erfahrung" bereitzustellen, „statt Orte der mechanischen und verplanten Aneignung" (ebd.). Damit wird dem zuvor geschilderten Problem auch eine mögliche Lösung offeriert: die Notwendigkeit alternative Bereiche anzubieten bzw. bereitzustellen, an denen Kinder und Jugendliche lernen zu unterscheiden, was (perspektivisch) selbst bzw. fremd ist; in denen sie lernen zwischen eigenem und fremden Wissen ebenso zu unterscheiden wie im Hinblick auf Gehalt und Inhalt zwischen wichtig und nicht wichtig.
2. Das zweite Problemfeld entsteht nach Kirchhöfer (2002) durch die Favorisierung des informellen Lernens, das im Kontext radikaler Individualisierungskonzepte zur „Vertiefung sozialer Differenzierungen durch Bildungsdifferenzen" führt (ebd.: 28). Wenn in diesem Rahmen der Einzelnen die alleinige Verantwortung für ihr Lernen zukommt, heißt das „...[ihr] auch das Risiko des Scheiterns zu übertragen" (ebd.).[182] Eine Lösung dieses Problems ergibt sich (möglicherweise) zum einen durch eine Steigerung von pädagogischer Verantwortung, die insgesamt einen Ausdruck über die Betonung von „Aufwachsen in öffentlicher Verantwortung" (vgl. BMFSFJ 2002) findet.

---

182 Nach Kirchhöfer (2002) sei es insbesondere „das Spielen und Vorformen des Arbeitens, in denen das Kind lernt informell zu lernen" und erst in der Ontogenese entstehe „aus einem beiläufigen Lernen die Kompetenz informell zu lernen" (ebd.: 31).

Beide (Lösungs-)Aspekte liegen nah an der Beschreibung Mollenhauers (1993), nur sozusagen in umgekehrter Richtung, mit den „*neuen* Bedingungen seiner gesellschaftlichen Existenz" (ebd.: 83; Hervorheb. P.Bo) zu konfrontieren, die im Kontext des Lebenslangen Lernens, nur noch offen und nur noch unverbindlich und nur noch als selbst erscheinen. Der Begriff der Lernfähigkeit, der von Treml zunächst als „unspezifische Offenheit" (Treml 1995: 95) thematisiert wurde und der noch darauf hinwies, dass die Fähigkeit in dem Maße abnehme, wie Anreize aus der Umwelt ausblieben, scheint derzeit eher auf die gegenläufige Richtung zu verweisen (vgl. Ziehe 1994).[183, 184, 185]

7.2 Lernen als Notwendigkeit

Lernen als Notwendigkeit hebt den zeitlichen und den grenzüberschreitenden Aspekt von Lernen hervor. Der zeitliche Aspekt verweist darauf, dass zum Beispiel Gewohnheitslernen ein langfristiger Entwicklungsprozess ist: „Lernen aus Gewohnheit [braucht] relativ viel Zeit" (Treml 1995: 96). Lernen als Entwicklung über eine (zeitliche, das Individuum über seinen jetzt Stand hinausentwickelnde) Grenze hinaus hebt in der Ontogenese die Notwendigkeit hervor, schneller als (nur) über Gewöhnung oder beiläufig zu lernen: es muss quasi schneller gelernt werden. Begründet werden kann dies mit der Zunahme der Komplexität und Heterogenität von Welt, in der Gelerntes notwendig wird, um im Sozialen zu überleben. Die Notwendigkeit, mit Lernen (inhaltliche und zeitliche) Grenzen zu überschreiten, begründet Treml damit, dass „Lebewesen" nicht nur mit, sondern auch in Systemen lernen (Gemeinschaft, Gesellschaft, Organisationen) und selbst „kompliziert aufgebaute und verletzliche Systeme" (ebd.: 94) sind. Bei der Unterscheidung zwischen genetischem (Reifung) und nicht genetischem Lernen (Erfahrung) geht es im Wesentlichen um Bewährungswis-

---

183 In der Phylogenese betont sie die langfristige Notwendigkeit von (genetischem) Lernen, in der Ontogenese die kurzfristige, flexible Notwendigkeit zu (nicht genetischem) Lernen durch Veränderungen in der Umwelt (vgl. Treml 1995).
184 Treml führt hier den Begriff „Irreversibilität" (ebd.: 95) ein, dies scheint jedoch gerade im Hinblick auf neurophysiologische Studien nicht mehr angebracht zu sein (siehe dazu: „Nachwachsende Nervenzellen – Forscher entdecken einen Jungbrunnen im Gehirn". In: Der Spiegel: 2006, Heft 20)
185 Auf der Unterscheidung zwischen genetischem und nicht genetischem Lernen bauen die verschiedensten Vorstellungen von Lernen auf: Lernen durch Gewohnheit (Übung, Training), latentes Lernen (Mitlernen), Erziehung (funktionales Lernen), Sozialisation (intentionales Lernen), inzidentielles Lernen (beiläufiges Lernen), die wiederum die Begründung für einen wissenschaftlich fundierten Lernbegriff darstellen und unterschiedliche Lerntheorien hervorbrachten (vgl. Treml 1995; zur Rezeption in den erziehungswissenschaftlichen Lerndiskursen vgl. ausführlich Thomas Höhne 2003).

sen, um Wissen über Bestandserhaltung und Entwicklung, um die Veränderung von Zuständen (Gegenwart) und um die Möglichkeit, in vergleichbaren Situationen zu einem späteren Zeitpunkt diese Wissensbestände zu aktivieren (Zukunft):[186] Erst durch die Reaktionsmöglichkeit auf Veränderungen in der Umwelt und der damit verbundenen Anpassung an die neuen Bedingungen erhöhe es „die Chance, seinen Bestand zu bewahren" und könne „nicht voraussehbare Änderungen der (Über-)Lebensbedingungen durch ein flexibles Verhalten abfedern" (ebd.). *Lernen als soziale Konstante* kann, unter Berücksichtigung des zeitlich und inhaltlich grenzüberschreitenden Aspekts, definiert werden als ein „bewusste[r] Vorgang der Einprägung von Kenntnissen, der Aneignung und Entwicklung von Wissen, Erkenntnissen, Fertigkeiten, Gewohnheiten und Haltungen" (ebd.: 96). *Lernen als programmatische Konstante*, um etwas zu erreichen (in diesem Fall schnelleres, inhaltsübergreifendes Lernen) verweist auf die notwendige Schaffung von Bedingungen, damit Lernprozesse ausgelöst und über eine (inhaltliche) Grenze hinaus in Gang gesetzt werden. Es geht somit um die bewusste und organisierte Initiierung und Inszenierung von Lernprozessen, weil geplantes Lernen dem lernenden System „Warte- und Reaktionszeit" spart (vgl. ebd.: 96).[187] Lernen als soziale Konstante knüpft so an die soziale Dimension an und verweist auf die Unterscheidung zwischen erfolgreichem und nicht erfolgreichem Lernen, die bisher und allgemein die Verwendung und Bedeutung des Lernbegriffs (negativ wie positiv) prägen, nämlich jener Lernform, die sich auf intendiertes, geplantes und bewusstes Lernen bezieht, „wie wir es vor allem in Form von Unterricht kennengelernt haben – beispielsweise im Lernen von Vokabeln, von mathematischen Formeln, von grammatischen Regeln etc." (ebd.).[188]

Zusammenfassend lässt sich somit konstatieren: *Lernen hat eine anthropologische Konstante*: Leben ist Lernen; *Lernen hat eine ontogenetische Konstante*: Lernen ist Entwicklung; *Lernen hat eine soziale Konstante*: Lernen ist zeitliche und grenzüberschreitende (soziale) Entwicklung. *Lernen als programmatische*

---

186 Treml (1995) unterscheidet hier zwischen einem genetischen Lernen, das auf „bestimmte (äußere) phänotypische und (innere) genotypische Merkmale, die ein Lebewesen vollständig determiniert bei seiner Geburt mit auf die Welt bringt" (ebd.: 94) zielt. Davon unterschieden werden die Merkmale, „die sich nach der Geburt aufgrund der genetischen Vorschriften entwickeln" (ebd.). Diese nicht genetischen Merkmale, allgemein unter den Begriff der „Reifung" (ebd.) subsumiert, werden in der aktuellen Debatte, in der es um Heranwachsende geht, zum Beispiel auf Lernen durch und über körperliche Reifung, nicht thematisiert. Der eigene kindliche oder jugendliche Körper wird damit als Lernort überhaupt nicht in den Blick genommen. Daraus lässt sich folgern, dass die aktuellen Lern- und Bildungsdiskurse körperlos bleiben und nur auf kognitive Reifung zielen.
187 Baumert (2002) verweist auch darauf, dass zum Beispiel Schule stellvertretend Erfahrung vermittelt. Dies stelle bisher ein zentrales Unterscheidungskriterium zwischen Schule und Kinder- und Jugendhilfe dar.
188 Das Problem ist hier, dass jede – für sich und doch gemeinsam – wir eben, durch genau diese Vorstellung geprägt sind: Jede hat eine (eingeschränkte) Vorstellung davon, was schulisches Lernen meint, ermöglicht, verhindert etc.

Konstante hebt Lernen als (soziale) Notwendigkeit hervor, woraus sich *Lernen als pädagogische Konstante* formulieren lässt, die Rationalisierung bedingt, weil es die Pädagogik vor allem mit dieser rationalen und grenzüberschreitenden Art von Lernen zu tun hat, „denn allein schon das Hineinbegeben in einen pädagogischen Kontext signalisiert allen Beteiligten die Absicht bewußten Lernens" (ebd.: 96).

7.3 Lernen als Zugang

Klaus Holzkamp (1995) definiert Lernen als möglichen „Zugang des Lernsubjekts zur sachlich-sozialen Welt gesellschaftlicher Bedeutungszusammenhänge" (ebd.: 181). Mit dieser Definition wird verstärkt das lernende Subjekt in den Blick genommen und in einen sachlich-sozialen Zusammenhang gestellt. Damit verbunden ist die Absicht, traditionelle Lerntheorien ohne Weltbezug zu überwinden und die gesellschaftlichen (Macht-)Interessen an der Einschränkung und Begrenzung des freien Lernens zu thematisieren. Eigenes, freies Lernen verbindet sich mit der (gesellschaftlichen) Notwendigkeit zu lernen, weil es bei Lernen nicht nur um „Fähigkeiten", sondern auch um „generelle Haltungen, Lebensgewohnheiten, Handlungsbereitschaften" und „Urteilskompetenzen" geht, die bei der Einzelnen „dem Vernehmen nach durch Lernen entstanden sind und geändert werden können" (ebd.: 12). Herrschende Instanzen hätten hier „von je her" ein besonderes Interesse daran gehabt, „Lernen zu okkupieren", „zuzuteilen" und über „Kanalisation, Selektion, Einschwörung" so zu beschränken, dass ein „zuviel" an Lernen die „erwünschte[n] Denk- und Sichtweisen" nicht gefährdet (vgl. ebd.). Als Institutionen (objektiv) kontrollierten Lernens werden Familie, Medien und besonders die Schule genannt, als „die offenbar wirkungsvollste Instanz indirekter Herrschaftssicherung durch Lernreglementierung, die demgemäß ein permanentes Kampffeld politischer Vereinnahmungsbemühungen darstellt" (ebd.). Die Theorie des „expansiven Lernens" hinterfragt nicht nur die Manifestation von Einschränkung und Begrenzung des freien Lernens, wie sie sich im schulischen Lernen ergibt, sondern auch die in außerschulischen (Lern-)Arrangements (vgl. ebd.: 255). Die dem zugrunde liegende Denkfigur bezieht sich auf die gesellschaftliche Funktion von Lernen, dem „freies" Lernen, als „expansives und erfahrungsbasiertes Lernen" wie „ein widerstreitendes Moment" bzw. wie ein „Fremdkörper" gegenübersteht: „Wer nämlich in bestimmten Handlungsfeldern seine eigene Lernproblematik ausgliedert und zu bewältigen trachtet, der gewinnt – in dem Grade, wie er dabei Weltzusammenhänge lernend für sich aufschließen kann – in gewisser Weise eine unabhängige Position: „Du meinst dies und Du meinst jenes, *ich* aber habe lernend erfahren, dass die Dinge sich möglicherweise so und so verhalten" (ebd.: 523).[189] Damit wird deutlich, dass sich die Widersprüchlichkeit bzw. der Interessenkonflikt nicht durch den Zugang zum Lernen ergibt, sondern in Kombination mit der damit verbundenen unabhängigen Position. Lernen als freier Entfaltungsprozess stellt hier erst dann einen Unsicherheits- und Risikofaktor dar, wenn Menschen einen freien Zugang zu Wissensbeständen (im weitesten Sinn) haben, den sie für sich unbehindert lernend aufschließen können und daraus eine unabhängige Position gewinnen. Erst dann scheint es möglich, dass sie sich auf unterschiedliche Art und unterschiedlichen Wegen den Bereichen objektiver gesellschaftlicher Kontrolle entziehen. Als Konsequenz daraus leitet Holzkamp ab, dass das freie, unbehinderte Lernen in eine Kontrolle eingebunden werden muss, um gesellschaftlichen bzw. machtökonomischen Interessen zu entsprechen und Interessenkonflikte zu unterbinden. Die dafür konstruierte „entsprechende Denk- und Sprachform" ist die der „Fremdbestimmung" und in Gleichsetzung damit das „fremdkontrollierte Lernen" (vgl. ebd.: 523f.). Nach Holzkamp stellt Kontrolle eine Möglichkeit dar, Lernen so zu „kanalisieren" und „zurückzustutzen", dass widersprüchliche Interessen entweder erst gar nicht entstehen oder nicht thematisierbar sind. Auch im Hinblick auf die Vorstellungen von „autonomen Lernen" stellt sich die Frage, ob Lernen in einer bestimmten Situation entweder wirklich autonom ist oder über den „erreichbaren unabhängigen Weltzugang" außer Kontrolle gerät und von daher „sabotiert" oder auf „anständiges" Lernen zurückgestutzt werden muss (vgl. ebd.: 524). Administrativ perfektioniertes Lernen, wie es in Schule möglich ist, verweist auf die Behinderung freien und autonomen Lernens einerseits, wobei durch die „konzeptionelle Gleichsetzung" es andererseits zu einer „Normalisierung" von defensivem Lernen kommt, sich „aber keinesfalls auf diese beschränkt" (ebd.). Innerhalb einer Gesellschaft, in der es um die Wahrung von (Macht-)Interessen geht, stellt „mein unabhängiger Weltzugang, mein in der Sache gegründetes Wissen, meine authentische Erfahrung, gegen die Wechselbestätigung anerkannter Lesarten zur Geltung gebracht werden kann, eine Bedrohung dar" (ebd.: 525). Wenn aktuell mit Thomas Ziehe (2004) davon ausgegangen werden kann, dass sich der Zugang zu Wissensbeständen für Kinder und Jugendliche quasi von selbst ergibt, dann wird deutlich, dass es nicht um den freien, offenen Zugang zur Welt geht, sondern um die Boykottierung unabhängiger Positionierung. Boykottiert wird diese auch, wenn sie sich an Bedingungen wie Legitimation bzw. Reflexivität und Authentizität knüpft (vgl. Thiersch 2004). Normales bzw. normalisiertes Lernen, wie wir es allgemein mit Schule verbinden, stellt nach Holzkamp bislang den Antagonisten zum freien, der Selbstentfaltung dienenden Lernen dar, wenn es darum ging, den Aufbau einer

---

189 Eine Vielzahl von Beispielen für diese Widersprüchlichkeit findet sich bspw. in dem Band „Bildung von unten Denken. Aufwachsen in erschwerten Lebenssituationen – Provokationen für die Pädagogik" (2006), die Werner Baur, Wolfgang Mack und Joachim Schroeder anlässlich des 60. Geburtstags von Gotthilf Gerhard Hiller herausgebracht haben.

unabhängigen Position zu hemmen. Normales Lernen orientiere sich zum Beispiel an der Einbeziehung von spezifischen „Lerngegenständen", wobei der Begriff hier „nicht vom Außenstandpunkt als subjektlose Objektivität" her verstanden wird, sondern „als Aspekt der widerständigen Welt, wie sie dem Subjekt von seinem Standpunkt aus gegeben ist: Die »Objektivität« der Welt ist, genau genommen, ohne ein Subjekt, für das sie die objektive Welt darstellt, nicht zu erfahren, also auch nicht zu konzeptualisieren. Nur von dem so verstandenen Gegenstandsbezug des Lernsubjekts her können dann später auch die verschiedenen lebenspraktischen Ausprägungen des Lernens als *Differenzierungen des lernenden Weltaufschlusses* konkretisiert werden" (ebd.: 206). Die gegenständliche Bedeutung hier, wird als „Vermittlungsebene zwischen gesellschaftlichen Lebensbedingungen und individuellem Handeln" (ebd.), die zum einen und allgemein von Menschen geschaffen werden, zum anderen stehen sie der Einzelnen „zunächst als auf der Weltseite gegebene Handlungsmöglichkeiten gegenüber" (ebd.), die es als „*seine* subjektiven Möglichkeiten" (ebd.: 207) erst noch umzusetzen hat. Probates Mittel von (macht-sichernden) Instanzen zur Verhinderung einer unabhängigen Position war bislang, den Zugang zu spezifischen Lerngegenständen zu kanalisieren.[190] Damit verbunden war die Ausrichtung an einer spezifischen Inszenierung, in der es um Anerkennung und Demonstration von (Lern-)Ergebnissen ging, die auf Instrumentalverhältnisse zielt.[191] Ein Instrumentalverhältnis zeichnet sich durch seine „bedrohtheitszentrierte Verkürzung von persönlichen Interessen auf miteinander unvereinbare individuelle Partialinteressen" aus (ebd.: 526). Die hier entstehenden interpersonalen Beziehungen strukturieren sich über ein natürliches Konkurrenzverhältnis, da sie sich „gegenseitig für ihre Interessen zu instrumentalisieren suchen". Die unabhängige Position (wenn sie erreicht wurde), steht hier in dem Widerspruch zwischen „eigenem Vorteil" aus dem sich der „Nachteil des Anderen" ergibt und umgekehrt (vgl. ebd.). Die zugrunde liegende Denk- und Praxisfigur dieser „Lernformierung als instrumentelles Lernverhältnis" (ebd.) verweist darauf, dass in dem Moment, in dem die Einzelne einen eigenständigen Weltzugang hat und eine unabhängige Positionierung gegeben ist, sie diesen nicht unter dem Aspekt eines subjektiven (unabhängigen) Verfügungs- bzw. Lebensinteresses begreift. Die Bedrohung ihrer eigenen (sozialen) Handlungsfähigkeit hat sie „natürlicherweise durch ...

---

190 Hier wird die Verknüpfung zu (Bildungs-)Inhalt und Gehalt deutlich. Lesen, Rechnen oder Schreiben lernen wir allgemein (und normalerweise) in der Schule. Diese gelten als die zentralen Kulturtechniken, um überhaupt in einer modernen Gesellschaft überleben zu können. Durch die Betonung *zentral* gewinnen sie ihren Gehalt.
191 Die Gleichstellung von „richtigem, nützlichem, lobenswertem Lernen" mit „fremdkontrolliertem, formiertem Lernen" findet nach Holzkamp (1995) nur öffentliche Akzeptanz, „weil (bzw. soweit) sich in den verschiedenen lokalen Zentren bis ins Privatleben hinein die tendenzielle Gleichsetzung von Lernen mit fremdkontrolliert-formiertem Lernen der administrativ verordneten Lehrlernformierung der Schule aufgrund ähnlicher funktionaler Einbettung entgegenkommt, die Macht also in den Bereich der Betroffenen hinein diffundiert" (ebd.: 525).

[ihren] lernenden Weltzugang" (ebd.) erreicht, aber dem damit verbundenen potenziellen Vorteil hat sie sich möglicherweise „auf Kosten anderer verschafft" (ebd.). Von Seiten des lernenden Subjektes bedeutet dies, dass Lernen „innerhalb unterschiedlicher institutioneller bzw. situativer Kontexte" (ebd.: 529) verläuft, dass über die dort vorfindbaren und unterschiedlichen Bedeutungsanordnungen jedoch spezifische Denk- und Praxisformen instrumentellen Lernens als Form vorliegen, „zu denen ich mich als Lernender auf die eine oder andere Weise verhalten muß" (ebd.). Das Verhalten kann nach Holzkamp dabei zum einen entweder „unmittelbarkeitsverhaftet – bedrohtheitszentriert" (ebd.) sein, was möglicherweise dazu führt, dass die Einzelne sich an die bestehenden (instrumentellen) Verhältnisse anpasst. Die Anpassung der Einzelnen reproduziert sich dann im eigenen Lernen, was wiederum bedeutet, dass sich die Einzelne nicht nur selbst den jeweiligen Formierungen ihrer Lernbemühungen unterwirft, sondern sich „zwangsläufig" auch an der Formierung, Reglementierung und Kanalisierung des Lernens anderer beteiligt (vgl. ebd.; vgl. ausführlich dazu Kap. 5.1). Die Einzelne hat so in und durch instrumentelle Verhältnisse kaum die Chance, ihre unabhängige Position geltend zu machen. Zudem erfährt und beteiligt sie sich an der „selbstschädigenden Beschränkung des freien Weltzugangs" und damit auch der Beschränkung individueller „Verfügungs- und Lebensinteressen" (ebd.).

Vergleichbar argumentiert Hans Thiersch (2004), indem er den Eigensinn informeller Lernprozesse betont und die neuen Aufgaben der Selbstbildung der Moderne im Hinblick auf die Gestaltung und Möglichkeiten individueller Lebensentwürfe hervorhebt. Die Vielzahl an Optionen haben nach Thiersch nicht nur zu einem Ausbau der Lernarrangements für Lebenskompetenz geführt, sondern gleichermaßen „zu einem neuen Selbstbewusstsein der eigenen Möglichkeiten und – von daher – der Abwehr schematisierender, allgemeiner Vorgaben" (ebd.: 251). Das neue Selbstbewusstsein bezieht sich auch hier auf die Bewusstheit über die Zugänge des Lernsubjekts, zielt aber nicht auf die damit verbundene Option, zu einer unabhängigen Position zu gelangen. Nach Thiersch geht es darum, „das Zusammenspiel der unterschiedlichen Bildungszugänge zu problematisieren" (ebd.), weil der geheime Lehrplan der Wissensgesellschaft dazu neige, insgesamt auf verallgemeinerbare Problemlösungen zu zielen, in denen das informelle Lernen tendenziell entweder nicht zur Kenntnis genommen, übergangen oder „als Störfaktor" (ebd.) eingeschätzt und entwertet wird. Lernen als Zugang verweist auch in diesem Zusammenhang auf die nur einseitige Thematisierung des Zugangsproblems und blendet unter der Betonung von individuell, eigeninitiativ und informell aus, dass sich mit dem Zugang an sich eine Option verbindet, nämlich die Möglichkeit, eine unabhängige Position überhaupt zu gewinnen.[192]

---

192 Das Gewicht informeller Bildungsprozesse repräsentiere sich, so Thiersch (2004), in der Kraft

Lernen als Zugang, so lässt sich hier konstatieren, markiert in der sozialen Dimension ein Problemfeld, das sich nicht einfach über die Unterscheidung zwischen selbstbestimmt und fremdbestimmt bzw. informell und formell auflösen lässt. Lernen als Zugang zielt auf die Möglichkeit, eine unabhängige Position zu erlangen und diese in und gegen objektive Mächte und Institutionen auch durchzusetzen (vgl. Kap. 6.1 und 6.4). Da Holzkamp umfassend alle (gesellschaftlichen) Institutionen in den Blick nimmt, es somit gleichermaßen um Familie, Kinder- und Jugendhilfe und Schule geht, stellt sich die Frage, wie auf dieses Problem reagiert wird.

7.4 Quintessenz

In der aktuellen Debatte um informelles Lernen scheinen Fragen nach Kanalisations- und Selektionsmechanismen, wie sie von Klaus Holzkamp aufgezeigt wurden, im Hinblick auf ihre Funktion als Zugangsbeschränkung weitestgehend unangetastet zu bleiben. Mit der allgemeinen Umorientierung in Bezug auf die Funktion des individuellen Lernens wird zwar die „wachsende Bedeutung der Subjekte für das Gelingen sozialer Anpassungsleistungen" (Tully 1994: 21) hervorgehoben, diese kann aber auch als eine Reaktion auf die vielfältigen und zunehmenden Bildungsangebote aufgefasst werden. Die Möglichkeit, offen und individuell zwischen Angeboten zu wählen, begründet insgesamt nur die *Notwendigkeit der individuellen Aneignung* und betont Eigenverantwortung und Eigeninitiative sowie die „individuelle Art des Zugangs zu Wissensbeständen" (ebd.). Fast automatisch ergeben sich daraus erhöhte Anforderungen an *Lernen als Fähigkeit* bei steigenden Angebotsoptionen, zwischen denen die Einzelne dann gezwungen ist zu wählen. Wenn davon ausgegangen wird, dass sich damit auch die möglichen Zugänge des Lernsubjektes zur sachlichen und sozialen Welt gesellschaftlicher Bedeutungszusammenhänge einerseits steigern, kann andererseits davon ausgegangen werden, dass eine unabhängige Positionierung innerhalb des Gesamtgefüges aller (realen und optionalen) Lernmöglichkeiten aber immer weniger erreichbar erscheint: Während es in instrumentellen Verhältnissen, wie sie für den schulischen Bereich thematisiert wurden, zumindest noch möglich schien, zu unterscheiden was geht und was nicht geht, scheint dies unter

---

der sozialen Bewegungen, aus denen informelle Lernprozesse entspringen und aus denen heraus sie „immer wieder neu" (ebd.: 251) bestätigt werden. Hier wäre eine Klärung im Hinblick auf Lernschwierigkeiten und Lernaufwand notwendig, wie sie sich in der Familie oder in Beziehungen ergeben. Auch würde sich so das Gewicht informeller Lernprozesse „in sich selbst" und parallel „zu und neben" schulischem Lernen in Bildungsinstitutionen differenzieren (vgl. ebd.).

der Betonung des informellen Lernens nahezu aussichtslos, wenn sich auch diese als formale Ordnungs- und Orientierungsraster deformalisieren.[193]

Zusammengenommen stellen m.E. die drei dargestellten (Lern-)Kriterien perspektivisch die Zustände bzw. Formen dar, die in einem sozialpädagogisch orientierten Lerndiskurs zu beachten sind. Als solches grenzen sie sich gegen die aktuellen Versuche, Orte bzw. Räume oder Zeiten nur als wissenschaftstheoretische Anwendungsgebiete zu verstehen (vgl. Hamendinger 1998).[194] Für den Autor steht hier außer Frage, dass das bzw. „unser Dasein von den Kategorien Zeit und Raum mitbestimmt wird, und zu akzeptieren, daß wir unseren Raum machen und gleichzeitig von ihm umgeformt werden" (ebd.: 147).[195] Was hier als ontologische Festlegung bezeichnet wird, ist in den (aktuellen) Diskussionen um Lernen zumeist im Hinblick auf die Prozesse präsent, die sich an Orten bzw. in Räumen empirisch beobachten lassen (vgl. Kap. 4.3).[196] Auch im Hinblick auf die zeitliche Verortung, als vor, neben, in oder nach (vgl. BMBF 2004; BMFSFJ 2006) kann als messbare, gezählte Zeit bestimmt werden, als die „Zeit der Uhren und Termine", die pädagogischem Handeln als Organisations- und Ordnungsmodus zugrunde liegt (vgl. Prange 2004: 408). Diese sei jedoch nicht die einzige Zeit: „Ihr steht die Zeit des Lernens gegenüber, in der wir Erwartung und Erinnerung nicht-vergehend präsent haben und die wir gleichsam mit uns herumtragen als Horizont, in dem sich Seiendes zeigt und uns gezeigt wird" (ebd.). Diese Differenz gilt es, als „Differenz innerhalb der Zeiterfahrung" in den Blick zu nehmen, als „Erfahrung von Zeit", die als solche „immer schon" unterschiedlich und individuell ausgelegt wird, so dass sich „neben und in der Welt- und Uhrenzeit" auch eine andere, „ursprüngliche Zeit" zeigt (vgl. ebd.). Lernen als Zielobjekt sachlicher, zeitlicher und sozialer Verortung bleibt an standardisierbare Ver-

---

193 Claus Tully (1994) wertet eigeninitiatives und informelles Handeln als Versuch, fehlende formale Ordnungsraster zu substituieren (vgl. ebd.: 27, vgl. ausführlich dazu Kap. 6.3).
194 In diesem Zusammenhang stellt sich mit Alexander Hamedinger (1998) (nur) die Frage: „Was ist Raum? Ist er wirklich nur eine Vorstellung, eine Form der Anschauung, wie es Kant formuliert und damit eine Bewusstseinskategorie des Subjektes, also ein »mentaler Raum« oder handelt es sich hier schlichtweg um eine Kategorie der Faktizität, um ein empirisches Faktum, das objektiv vorgegeben ist und wie die Gegenstände der Naturwissenschaft zu instrumentalisieren ist" (ebd.: 146)?
195 Mit Verweis auf die Ausführungen von Anthony Giddens (1997) kann vermutet werden, dass diese Orte (»locales«) „als *Bezugsrahmen* für Interaktionen verfügbar" (ebd.: 170) konstruiert werden, „während umgekehrt diese Interaktionsbezugsrahmen für die Spezifizierung der *Kontextualität* des Raumes verantwortlich sind" (ebd.). Giddens macht dies in seinen Untersuchungen durch ein Beispiel deutlich: „Ein »Haus« wird als solches nur erfasst, wenn der Beobachter erkennt, daß es sich um eine »Wohnung« mit einer Reihe anderer Eigenschaften handelt, die sich aus dem jeweiligen spezifischen Gebrauch im menschlichen Handeln ergeben" (ebd.; Menck 1999).
196 Ganztagsbildung, so Prange, sei eben nicht die „ganze Bildung" (vgl. ebd.).

gleichsmomente gebunden und umgeht die Auseinandersetzung mit bspw. Zeitdifferenzen, in dem sie nicht messbare Zeit als Eigenzeit in den Bereich privater, individueller (Lern-)Zuständigkeiten übergibt. Bildung und Lebenslanges Lernen verweisen auf eine Schnittstelle, in der ersteres durch die Betonung der Notwendigkeit des anderen in den Hintergrund rückt. Rund um diese Schnittstelle lassen sich spezifische Modi des Lernens identifizieren, die als solche zentral mit Lernen in Verbindung gebracht werden können. Diese gilt es ebenso zu diskutieren, wie die Grenzen, die innerhalb der sozialpädagogischen Form gezogen werden. Dabei wird davon ausgegangen, dass das, was als *nicht* im Unterschied zu *etwas* in Bezug auf die Form durchaus beobachtet wird. *Als nicht standardisierbarer Bereich markiert das nichts die Zielgröße pädagogischen Handelns. So gilt es hier bspw. darum, nicht Vorhandenes in Bezug auf (persönliche, individuelle oder subjektive) Entwicklung voranzutreiben, damit sie vorhanden erscheint. Hier lässt sich ein distinktionstheoretischer re-entry identifizieren, an dem sich pädagogischer Erfolg bemisst und bemessen lassen kann* (vgl. Kap. 5.2). *Gleichermaßen gilt dies auch für zum Beispiel Lernen als Notwendigkeit, wenn Lernen in eine lebenslange Pflicht überführt wird. Der Aspekt des Zugangs letztlich ergibt sich nicht mehr nur durch räumliche oder zeitliche Fixierung, sondern darüber, ob Lernen freiwillig oder verpflichtend stattfindet.* Das, was Holzkamp noch unter Selbst- und Fremd(-steuerung) thematisiert hat, wird zugunsten einer Unterscheidung zwischen abhängig und nicht abhängig aufgegeben. Dies wiederum lässt sich mit Holzkamp als neue Bedrohung bezeichnen, die pädagogische Settings nachhaltig irritiert, wenn davon ausgegangen wird, dass nicht mehr ein bestimmtes Lebensalter (Kinder, Jugendliche, Erwachsene) über Abhängigkeit entscheidet, weil alle gleichermaßen Lehrerin und Lernerin sind (vgl. Kap. 2.).

8. Lernen unterscheiden

> „Sie kennen mich als Gefahr – meine Möglichkeiten
> sind groß, meine unmittelbare Realität beschissen
> klein"
> (Rudi Dutschke 2003: 233).

> „In früheren Jahrzehnten konnte man den strikten Sitten und Gebräuchen der Gesellschaft die Schuld geben und seine eigene Selbstachtung wahren, indem man sich sagte, was man tue oder nicht tue, habe die Gesellschaft zu verantworten und nicht man selbst. Auf diese Weise gewann man Zeit, in der man entscheiden konnte, was man tun wollte; Zeit quasi, um in eine Entscheidung hineinzuwachsen. Aber wenn die Frage einfach lautet, welche Leistungen man erbringen kann, dann ist mein eigenes Gefühl von Zulänglichkeit und Selbstachtung sofort in Frage gestellt und das ganze Gewicht der Begegnung verlagert sich nach innen auf die Frage, wie man die Prüfung besteht"
> (Rollo May 1988: 39).

Mit Blick auf den Begriff Lernen als Fähigkeit, Notwendigkeit und Zugang wurde bislang versucht, einige zentrale Aspekte herauszuarbeiten, die im Kontext eines lebenslangen Lernkonzeptes besonders für die Phase des Aufwachsens offene Fragen hinterlässt. Verbunden mit den Einflussfaktoren, wie sie im Hinblick auf Rahmenbedingungen über die vier Typen der Unterscheidung dargestellt worden sind (vgl. Kap. 6), ergeben sich viele Fragen: Welches Lernen wird im Hinblick auf welche Unterscheidung thematisiert? Welcher Typ der Unterscheidung liegt im Hinblick auf welche Dimension welche Bedingungen fest? Worauf hin kann überhaupt noch unterschieden werden, wenn die Kindheits- und Jugendphase nicht mehr als separiertes Moratorium gilt, das Heranwachsenden bislang einen Bildungsaufschub verschaffte (vgl. Schröer 2004).[197]

---

[197] Im Kontext des Lebenslangen Lernens geht es scheinbar nur noch um „eine Zielgruppe der bürgerlichen Aktivierung oder der Bildungseinrichtungen im Wettbewerb" (Schröer 2004: 110; Böhnisch/Schröer 2001).

In dem Vorhaben, die Effizienz von Lern- und Bildungsprozessen der lebenslangen Lernerin empirisch nachzuweisen, unterscheiden sich die PISA-Studien und der Zwölfte Kinder- und Jugendbericht nicht wesentlich in ihrer Methodik, Forschungsdidaktik und -rhetorik: Beiden geht es um sichtbare Leistungen und Defizite, um Reform und Neujustierung und um (internationale) Vergleichbarkeit durch Standardisierung. Damit kommt aber den Sozialwissenschaften nicht nur ihre „soziale Gestalt Jugend" (Schröer 2004) als Figur und Figuration abhanden, sie selbst begrenzt ihre Zugänge und verliert so ihr (sozial)kritisches Potenzial. Die Begrenzung von Zugängen zur Figur lässt sich für die Sachdimension durch die Ausrichtung der Kindheits- und Jugendforschung begründen, die sich in Jugendkulturanalysen erschöpft und den analytischen Zusammenhang zwischen Jugendkultur und Strukturwandel der Arbeitsgesellschaft aus dem Blick nimmt, „obwohl sie einst ihren entscheidenden Impuls aus der Alltags- und Arbeiterkulturforschung bekam" (ebd.: 111). Zudem versperrt sie sich den Zugang durch die Umstellung von Entstrukturierung hin zur Entgrenzung von Jugend. In diachroner Perspektive bezeichnete der Jugendbegriff ein Übergangs- bzw. Bildungsmoratorium, mit der sich im 20. Jahrhundert bereits Fragen nach dem, „wie" Bildungsprozesse „möglich" sind auseinandersetzte und damit verstärkt Bildungsinstitutionen im Rahmen eines institutionalisierten Lebenslaufes in den Blick nahm (vgl. ebd. 113). Im Rahmen dieses Modells war eine Orientierung an institutionellem und biografischem Lebenslauf gegeben, wobei diese in einer „strukturellen und konfliktdynamischen Parallelität" verliefen und sich die „Bildungsbedürfnisse" der Jugendlichen an Institutionen ausrichteten (vgl. ebd.). Mit der *These der Entstrukturierung* wurde modernisierungstheoretisch auf Pluralisierungs- und Differenzierungsprozesse verwiesen und auch auf „unterschiedliche Zeit- und Raumdynamiken in der Lebensbewältigung, die sich im engen Corpus der Bildungsinstitutionen nicht entfalten könnten" (ebd.: 114; Olk 1994). Als solche mündeten diese Überlegungen insgesamt in Forschungsfragen zu Jugendkulturen und Lebensstildiskussionen. Wenn aktuell von der *These der Entgrenzung* gesprochen wird, dann bekommt die historische Vorstellung von „Integration durch Separation" (ebd.: 115) in der sozialen Dimension eine neue Konnotation, die durch die terminologische Unterscheidung zwischen Ort und Form fokussiert wird: Integration durch Segregation. D.h. die vertikale Aufspaltung zwischen Lernorten, die die jeweiligen Bereiche nur über den tendenziellen Grad der verortbaren Formalitätsgrade in formal (Schule), weniger formal (Kinder- und Jugendhilfe) und/oder nicht formal (Familie) zu erfassen versucht, spaltet die hier stattfindenden, nicht beobachtbaren (Lern- und Bildungs-)Prozesse solange ab bzw. blendet sie aus, bis sie als beobachtbar in die funktionale Bestimmung des Lernortes integriert werden können (vgl. Kap. 5.2). Wenn Lernen gerade aus Sicht der Kinder und Jugendlichen heißt, sich Zusammenhänge lernend zu erschließen, dann wird mit der aktuellen Debatte die Chance vergeben, Zustände, Inhalte und Themen außerhalb geografischer und zeitlicher Bezugspunkte zu thematisieren. Dies wiederum verweist auf zwei Aspekte: Einerseits enthält die neue Debatte das Potenzial, sich an der „neuen Situation" auszurichten, in der die Einzelne nicht mehr durch die Grenzen traditioneller Ordnungs- und Orientierungsraster eingeengt wird, sondern zur selbstorganisierten Gestalterin ihrer Lebens-, Arbeits- und Lernzeit werden könnte (vgl. Schröer 2004: 115).[198] Andererseits bleibt jedoch die Frage offen, welches Jugendmodell die „neue Arbeitsgesellschaft" bzw. „Wissensgesellschaft" hervorbringt, wenn Institutionen keinen Rahmen für das Jugendmoratorium mehr darstellen (vgl. ebd.). Zudem forciert die Aufhebung des Rahmens, dass in der Wissensgesellschaft niemand mehr lernt, „um etwas zu wissen, sondern um des Lernens selbst willen" (Liessmann 2006: 26).

Das traditionelle Kredo von Schule – in die Schule geht man um zu lernen –, dehnt sich auf alle Orte, alle Zeiten, alle Räume aus: Früher ging man in die Schule um zu lernen, heute lernt man „überall, jederzeit, bei jeder Gelegenheit" (vgl. BMFSJ 2006) ohne Aufschub, ohne Verschiebung, ohne Verzögerung in direkter alltäglicher Konfrontation.

Integration durch Segregation verweist in der sachlichen Dimension darauf, dass offene gesellschaftliche Verhältnisse individuell und selbst erschlossen werden müssen. Verschärfte Anforderungen und Erwartungen sind „eingebettet" in gesellschaftliche Veränderungsprozesse, die mit sozialen Widersprüchen, zunehmender Kapitalisierung und Bedeutung von Wissen einhergehen (vgl. Thiersch 2004: 243) und münden in omnipräsente Aufforderung immer und überall zum Lernen bereit zu sein. Traditionelle Lebensformen lösen sich auf und ziehen Pluralisierung von Lebenslagen und individualisierter Lebensführung nach sich. Sie erzwingen in einem verunsicherten Alltag Lernprozesse, „in denen der Mensch kompetent werden muß in der Zuständigkeit für die Bewältigung seines anspruchsvollen Lebensgeschäftes" (ebd.) und die mehr Ansprüche an Selbstkontrolle formulieren (vgl. Kap. 6.3).

Zusammengenommen bilden Entfremdungserfahrung, Vereinzelung und konkurrierende Lebensentwürfe den (objektiven) Kontext, in dem die Einzelne gezwungen wird, sich kontinuierlich die Frage nach Gestaltung von neuen und stabilen sozialen Bezügen zu stellen und auch die Antworten dazu selbst finden muss. Auch dies kann als eine Form sozialer, kultureller und materieller Produktion und Reproduktion verstanden werden. Da diese nicht mehr selbstverständlich vorausgesetzt werden kann, verweist die gesellschaftliche Koexistenz von Lebensentwürfen und Lebenslagen auf eine neue Matrix in der Orientierung, die sich im Spannungsfeld zwischen „Gegebenem und Möglichen, von Gegebenem und Aufgegebenem" bildet und einen Prozess bedingt, in dem die Einzelne Verantwortung „vor sich und anderen" für ihre Wahl, ihren Lebensweg legitimieren

---

198 Dies provoziert bspw. Auseinandersetzungen um „geeignete" Aneignungskonzepte (vgl. Deinet/Reutlinger 2004).

und aushandeln muss (vgl. Thiersch 2004: 244). Was bedeutet dies für die Phase des Aufwachsens?

8.1 Lernen im Modus von Entscheidung und Begrenzung

> *„Anläßlich unseres Todes verschwindet die Selbst-Grenze. Bevor sie dies tat, schrieben wir dem, was wir unser »Inneres« nannten, großen Wert zu und einen vergleichsweise geringen dem, was wir das »Äußere« nannten"*
> (Spencer-Brown 1999: 189).

Lernen verweist im Modus von Entscheidung und Begrenzung, in dem die Einzelne lernt, sich Zusammenhänge zu erschließen, zwischen relevanten und weniger relevanten Angeboten, zwischen wichtigen und nicht wichtigen Informationen und zwischen Zeit und Ort bzw. Raum zu wählen. Mit der traditionellen Arbeitsteilung moderner Gesellschaften, die Schule und kindliche bzw. jugendliche Lebenswelt im Rahmen des segmentierten Bildungskonzeptes hervorgebracht hat, wird der Lebenswelt eine besondere Bedeutung zugeschrieben, weil hier die Lebenskompetenzen gelernt werden, die die Einzelne zur Bewältigung und Gestaltung ihres Lebensentwurfs benötigt (vgl. Thiersch 2004: 244; Meder 2002). Soziale und kognitive Entwicklung sind ausdrückliches Thema subjektivierender Institutionen (vgl. Kap. 6.2) und richten sich über ihr Angebot nicht nur an Menschen in belasteten Lebenssituationen, sondern an alle Menschen. Im Kontext des Lebenslangen Lernens richtet sich Lernen im Modus von Entscheidung und Begrenzung in der *zeitlichen Dimension* an universalisierte Prozesse aus. Die Einzelne muss kontinuierlich abwägen, ob etwas, sei es ein Thema, eine Information oder eine Situation perspektivisch formelle (wichtig) oder informelle Gültigkeit (nicht wichtig) beansprucht. Dabei kann sie nicht sicher sein, ob das, was sie einmal gelernt hat, auch in der Zukunft noch Bestand hat; sie tritt quasi in einen Aushandlungsprozess mit sich selbst, der ein Höchstmaß an Selbstreflexivität voraussetzt. Im Rahmen dieses Aushandlungsprozesses haben die für Lernen wichtigen Vorerfahrungen nur eine fragmentierte und relationale Bedeutung: Das was vorher war, war nur wichtig im konkreten Zusammenhang. Relevanz ergibt sich nur durch individuelle Entscheidung, dass etwas wichtig war, weil es zu einer (positiven) Veränderung bzw. zu einem Ergebnis geführt hat. Somit betont Lernen im Modus von Entscheidung und Begrenzung in der *sachlichen Dimension* die fortwährende Fähigkeit zur sozialen, kognitiven und emotionalen Weiterentwicklung des sich selbst als permanent unfertig empfindenden Menschen – ohne sich an prägenden, objektiven oder generalisierten Vorgaben orientieren zu können.

Thomas Ziehe (2004) hat dies etwa im Zusammenhang mit Jugendkultur und Sozialisation aufgegriffen und die Bedeutung von Eigenwelten als „Relevanzkorridor" (ebd.: 1) herausgearbeitet. Die ständige Präsenz vieler Möglichkeiten, so Ziehe, ist das, was die Einzelnen noch prägt. Unterschiedliche Richtungen oder Stile werden von Jugendlichen „nicht mehr als Vorgaben für strikte Identitätsverpflichtungen genommen, sondern eher als Ensemble von Anregungssignalen, denen die Einzelne mit wechselnder Identitätsdosierung nachgehen kann – von kurzfristiger »gläubiger« Hingabe bis zur beiläufigen Mitnahme dessen, was zur Zeit alles so »angesagt« ist" (ebd.). Zur bisherigen „Distinktionsfunktion" (ebd.) gesellt sich nach Ziehe ein diskrimativer Aspekt, der umfassend Einfluss darauf nimmt, welche Lebensstilelemente und Geschmacksrichtungen abgelehnt oder rigoros vermieden werden. Prozesse der Ablehnung oder Vermeidung überlagern die Identifikation mit Inhalten, Themen oder Angeboten, an denen sich die Einzelne orientieren könnte: „Am Prinzip der Optionalität wird die Seite des Ablehnen- und Abwählen-Könnens gewichtiger als die Seite der zustimmenden Wahl" (ebd.). Sie nimmt mehr Relevanz ein „als der identifikatorische Gesichtspunkt, an welchen Lebensstilelementen und Geschmacksrichtungen man sich positiv orientiert" (ebd.).

Lernen im Modus von Entscheidung und Begrenzung verweist somit auf keine Wahloption im Sinne von ja oder nein, sondern zwischen (will ich) nicht oder (will ich) nicht mehr. Eine Allgemeinkultur als Orientierungsgröße und Identifikationsform im Sinne von selbst und fremd erfordert so keine besondere Auseinandersetzung mehr, sie wird selbstverständlich vorausgesetzt. Wenn aber diese selbstverständlich gültig ist, dann reduziert sich das damit verbundene Gestaltungspotenzial durch negative Begrenzung und nicht mehr durch positive Entscheidung, die sich auch daran festmacht, wenn sich gegen etwas entschieden wird (vgl. Kap. 6.1). Hier stellt sich jedoch die Frage, wo sich überhaupt noch bei aller Optionenpluralität und „Diffusität" (Meder 2002) Verbindlichkeiten herstellen lassen. Bei der Frage nach Verbindlichkeit betont auch die Metapher der Wissensgesellschaft nur die Neugewichtung „eines anspruchsvollen, abstrakten Wissens", das als „Verständigungs- und Produktionsmittel" für Arbeits- und Lebensverhältnisse gilt und an die sich „Tendenzen der Universalisierung und Globalisierung" anschließen (vgl. Thiersch 2004: 243). Damit werden aber „gewachsene Strukturen" (ebd.) entwertet, die bisher mit ihren jeweiligen Vorgaben Orientierung boten und Planung ermöglichten. Worauf hin lässt sich dann noch, so bleibt zu fragen, Verbindlichkeit in Bezug auf Lerninhalte und -gehalte in der sachlichen Dimension herstellen, wenn sie nicht nur in eine allgemeine und umfassende (Selbst-)Verpflichtung münden und damit quasi einen (Selbst-)Zwang zum Lebenslangen Lernen darstellen. Lernen im Modus von Entscheidung und

Begrenzung findet dann nur noch zweckgebunden statt und hat dann wenig mit dem Bildungsbegriff als Referenzbegriff für bspw. menschliche Entfaltungsprozesse zu tun (vgl. ausführlich Kap. 4.1). Der Frage nach Verbindlichkeit unter den Aspekten Beliebigkeit von (Lern-)Inhalten und Halbwertzeit von Wissensbeständen (vgl. Otto/Rauschenbach 2004: 21; ausführlicher dazu Kap. 3.1.1) wird im Folgenden weiter nachgegangen.

8.2 Lernen im Modus von Verbindlichkeit und Befreiung

> *„Ich hab bemerkt, dass es immer wehtut, wenn etwas Altes aufhört und etwas Neues anfängt, aber bald darauf wird langsam das Neue auch schön. Ich weiß nicht, warum das so ist. Da muss ich einmal meinen Großvater fragen, der kennt sich in diesen Dingen gut aus. Noch besser wäre es, wenn ich von selber dahinter kommen könnte. Aber ich glaub ich bin nicht sehr gescheit. Manchmal hab ich ein Gefühl, wie wenn ich ein Brett vor dem Kopf hätte, dann fällt mir gar nichts ein. Plötzlich ist das Brett dann wieder weg und ich versteh etwas, was mir früher ganz unerklärlich war. Das alles ist sehr komisch und unverständlich"*
> (Marlen Haushofer 2004 : 148f.).

Die verbindliche und verpflichtende Gestaltung von Lernprozessen kam bislang der institutionalisierten Bildung zu, wie sie für die Phase des Aufwachsens in Schule generalisiert konkretisiert wurde. Bildung als nicht institutionalisierte Bildung zielte auf Selbstbestimmung und Befreiung, auf das Herauslösen aus traditionellen Bindungen und Fesseln, definierte sich über die Distanzierung zu institutionalisierter Bildung und die die Überwindung und Bewältigung belasteter Lebenssituationen (vgl. Baur/Mack/Schroeder 2006). Gemeinsam trugen beide Institutionalisierungsformen zur Entbettung aus tradierten Lebensformen bei und verweisen gleichermaßen auf Begrenzung und Expansion von Lernen und Bildung als Gewinn an (erkämpfter) Freiheit: „Wenn es eine Erfolgsgeschichte von Bildung im Sinne von Befreiung gibt, ist sie durch eine Geschichte der Beschränkung dieser Freiheit, der Einengung und des Verfügbarmachens begleitet, wenn nicht sogar davon überlagert" (ebd.: 9). Eben diese Begrenzung und Verfügbarmachung gilt es, nach Meinung der Autoren, verstärkt als Bildungsbeschränkung in den Blick zu nehmen und quasi „von unten denkend" in kritischer

Distanzierung zur „bürgerlichen Kolonialisierung der Lebenswelten von Kindern und Jugendlichen, die in Verhältnissen an den Rändern der Gesellschaft aufwachsen" (ebd.), zu entwickeln. Dabei gelte es, Bildung nicht nur in den Metaphern von „individueller Vervollkommnung" zu denken, sondern über die Grenzen zu thematisieren, an welche die „Verallgemeinerbarkeit kulturbürgerlich-idealistischer Vorstellungen von individueller Selbstverwirklichung und autonomer Lebensführung" stößt (vgl. ebd.). Eine „alltagstaugliche Bildung" zu favorisieren und auch „im Horizont von Durchkommen, Aushalten, Ertragen und Erträglichmachen" (ebd.) zu reflektieren verweist auf andere Steigerungslogiken als bisher. Sie erfordere ein „Nachdenken über Bildung an den Rändern der Gesellschaft, in prekären und riskanten Lebenslagen" (ebd.) und verweise perspektivisch auf ein realitätsnahes und alltagstaugliches Konzept für Heranwachsende in erschwerten Lebenslagen als „Lebenskunst" und nicht bloß als „Überlebenskunst" (ebd.). Dagegen argumentiert Albert Scherr (2002), der als Kernelemente von Bildung das „Bedürfnis und die Fähigkeit" bestimmt, „in Auseinandersetzung mit den je eigenen biografischen und aktuellen Erfahrungen zu einem rational begründeten Selbst- und Weltverständnis zu gelangen und auf dieser Grundlage eine eigenverantwortliche Lebensgestaltung zu realisieren" (ebd.: 96). Die (subjektive) Bildung der Einzelnen bestände darin, „nicht nur auf Lebensbewältigung im Sinne der Erfüllung vorgegebener sozialer Anforderungen und Erwartungen" zu reagieren, „sondern darüber hinaus auf die Entwicklung eines Lebensentwurfs, der sich nicht auf alltägliche Lebensbewältigung reduziert, sondern das aktive Entwerfen und Gestalten einer autonomen Lebenspraxis einschließt" (ebd.). Damit öffnet sich Lernen als Notwendigkeit, die bislang über Schule als (Bildungs-)Institution verpflichtend war und realisiert wurde, einer generalisierten Verpflichtung auch in nicht institutionalisierten Bereichen zu lernen, die sich bisher einer solchen entzogen haben bzw. davon freigestellt waren.[199] Der Ausspruch von Pestalozzi „den Armen zur Armut" erziehen, lässt im Kontext eines alltagstauglichen Bildungskonzeptes keinen Hauch von individueller Vervollkommnung dringen, zum einen, weil die hierfür erforderlichen Horizonte als Orientierungsrahmen zugunsten situativer Kontextualisierung aufgegeben werden, zum anderen, weil Lernen als verpflichtende Notwendigkeit nur noch der Bewältigung dient.[200]

Damit wird jedoch ein weiteres Problem deutlich, nämlich die Unterscheidung zwischen Angeboten zur Bewältigung von Problemen im Hinblick auf marktwirtschaftlich organisierte und um Geltung und Bewährung konkurrierende Angebote (vgl. Meder 2002). Unabhängig davon, ob diese Angebote freiwillig

---

199 Und wie Scherr anmerkt, ist es die Kinder- und Jugendhilfe, die zur „Teilnahme an Bildungsangeboten befähigt" (vgl. ebd.).
200 Thomas Ziehe (2004) hat dies ausgearbeitet in der Abkehr von einer ehemals steuernden Vorstellung einer Hochkultur hin zu einer trivialen Populärkultur, die der primären Welt für Heranwachsende weit mehr Zugangsmöglichkeiten bieten und die sie sich nicht mehr beharrlich erstreiten müssen (vgl. ebd.).

genutzt werden oder nicht, sie erfordern zusätzliche Ressourcen (Nachhilfe ist als marktförmiges Angebot nicht kostenfrei; auch ein Fernseher hat Anschaffungskosten; die Auswahl des richtigen Angebots erfordert zeitliche Investitionen). Zudem konkurrieren sie um Themen und Inhalte; sie verweisen somit in der *sachlichen Dimension* auf den Einflussfaktor Verbindlichkeit und in der *zeitlichen Dimension* (durch Themenkonjunkturen) auf Fortschritt und Verfall. Die Einzelne steht zunehmend vor dem Problem, die Verbindlichkeit bzw. nicht Verbindlichkeit von Inhalten und Themen selbst und für sich selbst herzustellen. Dies wiederum verweist nicht nur wieder auf ein hohes Maß an Selbstreflexivität, weil auch die Unterscheidung zwischen Gegebenem und Möglichem selbst und für sich selbst getroffen werden muss und kann.[201] Der Zugang, mit dem sich perspektivisch der Aufbau einer unabhängigen Position verbindet (vgl. Kap. 7.3), verweist damit einmal mehr auf materielle Ressourcen und erkaufte Mitgliedschaft. Zusammenhänge lernend zu erschließen bedeutet also: Je mehr materielle Ressourcen, desto mehr Zusammenhänge können erschlossen werden. Verbindlichkeiten selbst herzustellen verweist auf materielle Abhängigkeiten und auf Regeln, die nicht mehr objektiv (vor-)gegeben sind, sondern subjektiv hergestellt werden müssen. Sich von Verbindlichkeiten loszusagen bedeutet, sich von ihnen frei zu kaufen oder sie zu ignorieren durch Selbstentzug (im Bild: bspw. die Schule zu schwänzen). Die Grenze zwischen verbindlicher Verpflichtung und unverbindlicher nicht Verbindlichkeit wird markiert durch eine generalisierte Offenheit, in der nur noch Basiskompetenzen als minimalistische Anforderungen bei maximaler Erwartung eingefordert und überprüft werden können. Dieses Spannungsverhältnis zu überwinden ohne zu wissen was als verbindlich gilt und was nicht, reduziert Befreiung auf ein illusorisches Maß, weil es nichts mehr gibt, wovon sich perspektivisch befreit werden müsste. *Der Einzelnen ist es freigestellt, ein minimalistisches Lernkonzept zu entwickeln, individuelles Lernen reduziert sich auf mimetische Anpassung und orientiert sich nur noch situativ an Kontexten wie an beliebigen Inhalten und Themen. Letzteres wird auch durch das Konzept des Lernen des Lernens favorisiert: keine Verbindlichkeiten mehr, nur noch (Selbst-)Technik und Aktivität ist gefragt.* Hier stellt sich die Frage, warum soll überhaupt noch institutionell gelernt werden?[202] Mit Lernen im Modus von Verbindlichkeit und Befreiung verbindet sich zunehmend das Unterfangen, sich selbst als unwissend zu empfinden. Sich vor sich selbst und vor anderen als nicht wissend zu empfinden und zu erleben, verweist im Kontext des Lebenslan-

---

201 Marktförmige Angebote richten sich also an den (formellen) Bedürfnissen des Marktes aus und nicht an subjektiven (formellen und informellen) Notwendigkeiten.
202 Möglicherweise ist dies die Konkretisierung dessen, was Theodor W. Adorno (1979) bereits in seiner „Theorie der Halbbildung" prognostizierte: „Was aus Bildung wurde und nun als eine Art negativen objektiven Geistes ..., sich sedimentiert, wäre selber aus gesellschaftlichen Bewegungsgesetzen, ja aus dem Begriff von Bildung abzuleiten. Sie ist zu sozialisierter Halbbildung geworden, der Allgegenwart des entfremdeten Geistes" (ebd.: 93).

gen Lernens auf permanente Selbstreferenzialität (vgl. Höhne 2003). In der Position eines „kulturellen Selbstversorgers" nehmen Individuen „den Mix aus Symbolen, Zeichen, Deutungsmustern und Verhaltensstilen, die die Populärkultur im Angebot bereit hält, zur Kenntnis, schmelzen diese aber im eigenen alltäglichen Leben und in den eigenen »Szenen« nach subjektiven Vorlieben ein. Sie übernehmen nicht die Fertigteile der Populärkultur, sondern sie verwenden sie. Die Individuen bauen sich ihre mentalen Eigenwelten" (Ziehe 2004: 2).[203] Diese Eigenwelten versteht Ziehe nicht geografisch oder gar örtlich, sie sind auch nicht an die soziale Nahwelt gebunden, sondern sie setzen sich zusammen „aus dem, was ... [die] Einzelne aus dem umfassenden Angebot der Populärkultur und Alltagskultur für sich an Bedeutsamkeit selektiv herausschneidet" (ebd.). Integration durch Segregation erhält damit noch einen weiteren Fokus, den der Selektion durch Unterscheidung zwischen bedeutsam und nicht bedeutsam, verbindet sich somit mit Lernen als Fähigkeit im Modus von Entscheidung und Begrenzung. Ein weiteres Kennzeichen mentaler Eigenwelten ist, dass diese „nicht (nur) dinglich zu verstehen [sind], sondern sie bestehen insbesondere in der Veränderung von Wissens- und Umgangsstilen" (ebd.). In der *sachlichen Dimension* geht es hier dann um „Inhalte der Selbstfestlegung" und damit um die individuelle, subjektive Festlegung von bestimmten Praktiken, Präferenzen, Dinglichkeiten und Weltzugängen (vgl. ebd.). Diese Eigenwelten, so Ziehes Grundthese, sind heutzutage „strukturbildend für die mentale Ausstattung des Individuums" (ebd.). Welche Selbstfestlegung vollzogen, zwischen welchen Praktiken, Präferenzen etc. gewählt wird, die dann bestimmte, individuelle Gültigkeit beanspruchen im Sinne von erfolgreich bzw. nicht erfolgreich, kann jedoch erst zeitlich nachgeordnet und nur von der Einzelnen beurteilt werden. Diese Beurteilung obliegt jedoch, und hier kann auf Peter Kistler (2002) verwiesen werden (vgl. Kapitel 6.4), der subjektiven Einschätzung, ob bestimmte (Selbst-)Techniken in der konkreten Interaktion durchgesetzt wurden und welche Position sich daraus entwickelt hat. Zur mentalen Grundausstattung gehört somit nicht nur die Selbstfestlegung, sondern auch die Verfügungsmacht über Kommunikations-, Interaktions- und Performancetechniken sowie allgemein zu Wissensbeständen. Die von Ziehe angesprochene, alternative Thematisierung von mentaler Eigenwelt führt zu der aktuellen Debatte um Lernen und Bildung zurück und lässt sich mit der Frage nach dem Zugang zu Techniken, Wissen und Praktiken verknüpfen: Lernen als Zugang verweist zum einen auf die Angebotsvielfalt, zum anderen darauf, dass der Zugang als solches primär über Zertifizierung (Zeugnisse, Bildungszertifikate) eine bescheinigte Berechtigung bezeichnet, die unterschiedliche Funktionen er-

---

203 Vergleichbar argumentiert Ulrich Beck (1997) und stellt sich die Frage was heute „Armut" und was „Reichtum" vor dem Hintergrund uneindeutiger sozialstruktureller Voraussetzungen meint, wenn es nur noch um „Selbst-Kultur" geht. Diese verbinde sich mit dem „Zwang" und der „Lust, ein eigenes, unsicheres Leben zu führen und mit andern eigen(artig)en Leben abzustimmen" (ebd.: 183).

füllt. In Bezug auf die oben diskutierte Angebotsvielfalt verweist Lernen auf grundlegende Fragen: Wie wird Kindern und Jugendlichen Zugang zu Weltwissen ermöglicht? Wo ist es möglich, sich Zusammenhänge lernend zu erschließen?

8.3 Lernen im Modus von Freiwilligkeit und Verpflichtung

> *„Den ganzen Tag tat ich nichts anderes, als mit mir Galgenmann zu spielen, ohne irgendetwas von dem aufzuschreiben, was im Unterricht erzählt wurde. Ich war immer ein guter Schüler gewesen, aber jetzt war ich zum totalen Boykott bereit: Ich wollte ein rundes Ungenügend in allen Fächern, damit Mama und Papa nichts anderes übrig blieb, als mich von der Schule zu nehmen. Das mit dem Galgenmann erweckte die Aufmerksamkeit meines Banknachbarn, eines Jungen namens Denucci, oder offensichtlich die Regeln nicht verstand (wie schaffte ich es, falsche Buchstaben bei einem Wort auszuwählen, das ich schon kannte?), aber noch weniger meinen zwanghaften Trieb, mich Spiel für Spiel selbst zu erhängen"*
>
> (Marcelo Figueras 2006: 161).

Lernen im Modus von Ort und Welt verbindet sich an dieser Stelle mit der Möglichkeit, perspektivisch eine unabhängige Position aufzubauen. Damit ist die Intention verbunden, sich gegen den unter Punkt 4.4 vorgestellten Ansatz der terminologischen Unterscheidung abzugrenzen. Dieser hat einen empirischen Bildungsbegriff im Blick, der über unterschiedliche Orte und Welten hinweg schweift, wie sie sich Kindern und Jugendlichen tagtäglich zeigen. Dort geht es (nur) um die empirische Erfassung von (lokal) verorteten und verortbaren Möglichkeiten und Gelegenheiten, so dass davon ausgegangen werden kann, dass hier auch (nur) die formalen Zustände herangezogen werden und (nur) die standardisierbaren, formalen und messbaren Aspekte berücksichtigt werden. D.h. die unter Punkt 6. thematisierten Aspekte und Unterscheidungen bleiben ausgeblendet, obwohl dies genau die Aspekte und Zustände sind, in denen Heranwachsende (unterscheiden) lernen. Schule als verpflichtendes und verbindliches Angebot verbindet sich traditionell mit der Kindheits- und Jugendphase über institutionelles Lernen. Es stellt sich jedoch die Frage, welche Zustände, welche Orte bzw.

Welten im Kontext des Lebenslangen Lernens noch bereitgestellt werden können, die gleichermaßen verbindlich wie offen sind. Damit deuteten sich mindestens zwei Probleme an:

- verbindliche Bereitstellung erfordert Planung und Verpflichtung von Seiten des Anbieters und
- offen und verbindlich sind zwei Aspekte, die bislang in Bezug auf die Sachdimension nicht zusammengedacht wurden.

Die Kinder- und Jugendhilfe hat hier bspw. Angebote entwickelt, die gleichermaßen offen (sie wenden sich potenziell an bspw. alle Kinder und Jugendlichen) wie unverbindlich sind, wenn sie sich an den Bedürfnissen der Zielgruppen ausrichten (vgl. Sturzenhecker 1998). Wenn die Angebote verbindlich sind bspw. in der Jugendberufshilfe, dann sind sie nicht offen, sondern können als freiwillige Selbstverpflichtung bezeichnet werden: Bildungsfernen Schichten, denen der einfache Zugang zum Ausbildungsmarkt nicht möglich ist, müssen notwendigerweise an diesen Angeboten teilnehmen, um (zumindest perspektivisch) eine Chance zu haben. Die hier angebotenen Inhalte richten sich aber an den Bedingungen des Arbeitsmarktes aus, sind somit verbindlich in Bezug auf (objektive) Notwendigkeiten. Ob sich damit jedoch ein subjektiver Nutzen verbindet, muss wiederum die Einzelne als Teilnehmerin selbst entscheiden. Besonders in der offenen Jugendarbeit als Institution ergeben sich eine Vielzahl von Strukturbedingungen die sich mit den Begriffen „Offenheit", „Marginalität" und „Diskursivität" beschreiben lassen (vgl. ebd.: 303f.). Sie geben ein umfassendes und differentes Bild wider, auf das an dieser Stelle nur verwiesen werden kann. *Welcher Zugang zu Weltwissen hier wie möglich ist, wird nicht über die aktuellen Ansätze eines empirisch ausgerichteten Bildungsbegriffs erfasst. Gleichermaßen wird auch nicht der Frage nachgegangen, was hier eine unabhängige Position überhaupt meinen könnte bzw. bezeichnet. Im Zentrum steht hier vielmehr das Gelingen, zum Beispiel sich bewegen, kommunizieren, argumentieren etc. „können" und hebt damit Lernen als Fähigkeit hervor.* Parallel zu den Debatten um Lernen (und Bildung) in der Kinder- und Jugendhilfe kann auch für Schule eine ähnliche Debatte konstatiert werden. Mit der Idee von Schule als „Haus des Lernens" (Menck 1999) ist die Absicht verbunden, Schule als Lern- und Lebensraum zu konzipieren. Damit sollen aktuelle Schwierigkeiten überwunden (Stichwort: Wirksamkeitsverlust) werden und eine Anpassung an aktuelle Bedingungen möglich erscheinen. Schule entwickelt sich zunehmend zu einer „lernenden Organisation" (vgl. ebd.: 148). Lernen bleibt hier als Grundbegriff der Didaktik mit einem Lehr-Lern-Setting verbunden, in dessen Kontext dann Begriffe wie Lernfähigkeit, Lernen als Erwerb von Kompetenzen, Lernarbeit, Arbeits- bzw. Lernform etc. an prominenter Stelle diskutiert werden. Peter Menck geht hier von einer „Inflation des Lernens" (ebd.: 150) aus, einem Lernen als konstitutivem Sachverhalt von Erziehung, dem aktuell jeder Bezug zur Erziehung fehlt. Seiner

Meinung nach ist es Aufgabe der Schule, Menschen „Situationen zur Verfügung zu stellen, in denen sie sich aneignen können, was nach dem im Gemeinwesen herrschenden Verständnis Menschen als Menschen ausmacht" (ebd.: 154). Lernen hätte so über Schule „seinen legitimen Ort im Rahmen der »Bildung«" (ebd.). Dieser Ansatz verbindet sich einerseits nur mit der traditionellen und objektiv gegebenen Vorstellung von Bildung als „Höherbildung" (vgl. ausführlich dazu Kap. 3.). Andererseits ist ein solcher Vorsatz auch nur bedingt tragfähig, wenn er sich auf ein menschliches Lernen bezieht, das, wenn ihm (subjektiv) nicht entsprochen wird, den Menschen als unmenschlich erscheinen lässt.[204]

Mit Lernen im Modus von Freiwilligkeit und Verpflichtung ergeben sich aber noch weitere Aspekte. So orientierte sich das bisherige Bildungsangebot an der Unterscheidung zwischen Bildung für alle (Schule) und besondere Bildung in Not- und Armutssituationen (Kinder- und Jugendhilfe). In diese Unterscheidung sind nach Hans Thiersch die nach dem 19. Jahrhundert zu verzeichnenden Veränderungsprozesse (soziale Widersprüche, Ökonomisierung) nicht mit eingeflossen. Die Zunahme und Präsens von umfassenden, lebenslagenübergreifenden Erfahrungen von Ungerechtigkeit, Fragen nach Gerechtigkeit und Gleichheit und Ausgrenzungs- und Verelendungsphänomenen sowie vorenthaltene Partizipation lassen sich dabei nicht nur auf die durch Armut entstehenden Belastungen zurückführen. Gleichermaßen setzen sich diese auch über Geschlecht, Lebensalter, Ehnie und Region fort (vgl. ebd.: 243). Zudem verweisen Kapitalisierung und Globalisierung mit ihren Imperativen auf Tendenzen, die von der Einzelnen zunehmend mehr Produktivität erwartet und „neue anspruchsvolle, kognitive Kompetenzen und Lebensstrategien zur Bewältigung flexibler, in ihren Profilierungen sich verschiebender Aufgaben" (ebd.) erzwingen. Verbunden mit einer Vielzahl von Angeboten, die suggerieren, dass es immer neue Lernanlässe, -gelegenheiten und -inhalte zu entdecken und zu ergreifen gibt, obwohl „immer mehr ... immer

---

204 Als weiterer Aspekt und unter der Prämisse, dass Schule sich doch nicht in dem Maße verändert, wie es gesellschaftliche Veränderungen erfordern, werden bspw. vom Bundesjugendkuratorium (2004) Vorschläge unterbreitet, die sich mit der Gestaltung neuer Bildungsorte für Kinder- und Jugendliche auseinandersetzen. Hier werden konkrete Anforderungen formuliert, wie zukünftig ein kommunales System integrierter Kinder- und Jugendförderung implementiert werden könnte (vgl. ebd.: 17). Dabei geht es um die Umwandlung von vorhandenen Kinderbetreuungsangeboten, der Umwandlung der Jugendarbeit und Schulbildung in ein integriertes „Haus des Lernens" oder „lokales Zentrum" (ebd.). Begonnen werden soll hier „ein für alle Kinder und Familien zugängliches Angebot" (ebd.), das sich in der konkreten Ausgestaltung wiederum nah an den von Max Fuchs (2006) vorgestellten Typen der Kooperation von Kinder- und Jugendhilfe und Schule liegt (vgl. Kap. 4.2.). Insgesamt wird damit – (bildungs-) politisch motiviert – der Versuch unternommen, wiederum nur raumbezogene Angebote um die Schule herum zu implementieren. Diese wenden sich jedoch nicht mehr nur an Kinder und Jugendliche, sondern sind auf Familien bzw. alle Altersgruppen insgesamt ausgerichtet. Ob sich dies mit den Interessen von Kindern und Jugendlichen deckt und auf ihre Zustimmung stößt, bleibt abzuwarten. Zudem stellt sich hier die Frage, ob sich dies mit der Idee nach rückzugsfreien Räumen „pädagogischer Nichtzuständigkeit" vereinbaren lässt (vgl. Thiersch 2004: 252).

schneller obsolet [wird]" (Baltes 2001: 25), wird auch Kindern und Jugendlichen zugemutet, zu erkennen, dass alles wichtig ist und nichts Bestand hat. Dies wiederum verweist in Bezug auf Freiwilligkeit und Verpflichtung auf weitere Aspekte:

- Die Aufgabe zwischen relevanten und nicht relevanten Angeboten zu unterscheiden, ist in der Kindheits- und Jugendphase zumeist kein freier, individueller Entscheidungsprozess: Kindern und Jugendlichen ist es in der Regel nicht, noch nicht oder immer weniger freigestellt (Stichwort: Ganztagsschule), ob sie lieber schulische, kommerzielle oder Angebote der Kinder- und Jugendhilfe nutzen.
- Mit Ökonomisierung, Informalisierung und wachsenden Angeboten verbindet sich zwar die Idee von entgrenztem Lernen, das Kinder und Jugendliche annehmen, ablehnen oder noch ablehnen können. Konkret werden sie aber über das am Lebensalter orientierten (Bildungs-)Moratorium wieder in die Pflicht genommen, sich objektiven Herrschaftsinteressen zu unterwerfen. Als solches ist dies nicht negativ, wird in der aktuellen Diskussion ob der Thematisierung des informellen Lernens aber zumeist ausgeblendet.
- Zwischen Angeboten und Optionen zu wählen und zu entscheiden, welches Angebot bspw. für die Zukunft mehr Geltung bzw. mehr Verwertbarkeit beansprucht als ein anderes, wird für die Kindheits- und Jugendphase zumeist von (professionellen oder nicht professionellen) Erwachsenen getroffen. Zwischen Wunsch und pädagogischem Anspruch zu vermitteln, verweist mehr denn je auf Aushandlungsprozesse in pädagogischen Settings, in denen anerkannt wird, dass sich Zugänge zu Weltwissen für Kinder und Jugendliche fast automatisch ergeben (vgl. Ziehe 1994, 2004).

8.5 Quintessenz

Zusammenfassend bleibt zu konstatieren, dass die aktuelle Debatte, die nur oberflächlich in Bezug auf Ort und Welt eingeht und sich an empirischen Aspekten ausrichtet, keinen Blick auf Inhalte oder Themen hat. Zudem werden Aspekte von Positionierung ebenso ausgeblendet wie die Frage danach, ob es für Kinder und Jugendliche in den unterschiedlichen Bereichen überhaupt möglich ist, eine unabhängige Position aufzubauen. Dabei geht es weniger um eine Unterscheidung und Grenzziehung zwischen freiwillig versus verpflichtend bzw. nicht freiwillig, sondern um Orientierung an den Lerninteressen der Einzelnen und deren Stabilisierung. Möglicherweise geht es darum, wie Hans Thiersch (2004) vorgeschlagen hat, in der „Widersprüchlichkeit der Erwartungen gekonnt und verantwortlich zu agieren" (ebd.: 43) und ein Angebot zu schaffen, das auf Verlässlichkeit und Perspektiven setzt und „in aller Offenheit heutiger Lebensaufgaben, einen Vertrauen stabilisierenden, geschützten Raum" (ebd.) zu schaffen.

Mit Verweis auf die Kinder- und Jugendhilfe kann hier die Frage gestellt werden, ob sie sich an den Lerninteressen von Kindern und Jugendlichen orientiert und verlässlich dazu beiträgt, perspektivisch lernend eine eigene Position zu entwickeln. Des Weiteren lässt sich fragen, ob sie Zugänge zu Weltwissen über das Verständnis von Lernen als einem verbindlichen Angebot ordnet. Dann aber ist ihr Angebot nicht flexibel bzw. offen, sondern ausgerichtet an den Interessen und Bedürfnissen der Einzelnen:

- In der *Sachdimension* könnte es um die Generalisierung von Lernbedürfnissen gehen, verbunden werden mit der Aushandlung von Verbindlichkeit zwischen Personen und der Aushandlung von verbindlichen Inhalten und Themen. Hier liegt für die Kinder- und Jugendhilfe wohl die größte Herausforderung, weil sie damit ein flexibles und doch verpflichtendes Themenspektrum ermöglicht, wie im Kontext von schulischen Angeboten kaum möglich erscheint. So kann bspw. (Vor-)Erfahrung ein Inhalt von Thematisierung sein, das sich nur schwerlich in den schulischen Lehrplan integrieren lässt.
- In der *Zeitdimension* geht es um die Universalisierung von Zeiträumen bzw. Zeitfenstern, die sich auf unterschiedliche Lebensalter bezieht und sich über gemeinsame Interessen auszeichnen (bspw. ist Sexualität oder „dress-code" heute nicht mehr zwangsläufig eine Frage des Alters). Ihren konkreten Ausdruck findet die Generalisierung bspw. über spezifische Öffnungszeiten. Den Jugendtreff am Vormittag zu öffnen scheint gegenwärtig nutzlos, weil in diesem Zeitfenster Schule stattfindet. Solange sich biografisch relevante Bildungszertifikate nur mit Schule verbinden, wird sich dieser Umstand wohl auch nicht ändern. Auch die Kindergartenöffnungszeiten orientieren sich an den (Lebens-)Umständen der Familien und damit an objektiven Bedingungen.
- In der *sozialen Dimension* gelten Einzel- und Gruppenarbeit als zentrale soziale (pädagogische) Methoden, denen eine formale Organisation zugrunde liegt, weil Angebote nicht einfach willkürlich sind, sondern Vorgaben und Regeln folgen. Die Potenzialisierung von Themen durch Optionenvielfalt und wie die Einzelne damit umgeht, ob sie sie annimmt, ablehnt oder noch nicht annimmt, wird auch in der aktuellen Debatte nicht hinterfragt. Besonders hier entsteht eine Lücke zum Beispiel in Bezug auf die Thematisierung verbindlicher Inhalte, die nicht unabhängig von der Phase des Aufwachsens gedacht werden können. Wenn der Anspruch an das auf Ganzheitlichkeit zielende „Projekt Bildung"

(Thiersch 2004) wieder zurück genommen und die Aufgaben der Unterstützung in Lebenskompetenzen wieder in die private Alltagszuständigkeit zugewiesen wird, sich zudem die Kinder- und Jugendhilfe nur darauf beschränkt, in bedrohlichen durch besondere Notlagen oder Exklusionen Angebote zu unterbreiten, dann verpasst sie die Chance, sich im Kontext des Lebenslangen Lernens mit ihren Angeboten zu behaupten.

Lernen als Fähigkeit, Notwendigkeit und Zugang insgesamt in den Blick zu nehmen und im Zusammenhang mit den dargestellten Lernmodi Entscheidung und Begrenzung, Verbindlichkeit und Befreiung sowie Freiwilligkeit und Verpflichtung zu thematisieren, ermöglicht andere Perspektiven auf Bildung als Weltbezug. Hier wird Lernen nicht über das Erreichen von Kompetenzzielen gefasst, sondern in und über unterschiedliche pädagogische Realitäten.[205] Davon ausgehend, dass sich pädagogische Realitäten über Kommunikation und durch Intersubjektivität konstituieren, wird auf ein bestimmtes Verhältnis verwiesen, das unterscheidet zwischen einer Lehrenden und einer Lernenden, zwischen Expertin und Novizin, zwischen Pädagogin und Educandus, zwischen Erwachsenen und Heranwachsenden. Konkret bedeutet dies, dass sich pädagogische Realität(en) entlang eines bestimmten asymmetrischen, formalen und organisierten Rahmens ausrichtet. Dieses Verhältnis gilt es einerseits im Hinblick auf die Ermöglichung und Verhinderung von Lernprozessen zu bilanzieren und andererseits darüber nachzudenken, ob dieses Verhältnis im lebenslangen Lernprozess, in dem jede gleichermaßen Lehrerin wie Lernerin ist, überhaupt noch Bestand hat.

Sozialpädagogik und Schulpädagogik verweisen, wenn es um Lernen geht, auf den Modus der konditionierten Koproduktion (vgl. ausführlich Kap. 5.2.2). Dieses Verhältnis im Hinblick auf ein öffentlich verantwortetes Aufwachsen in den Mittelpunkt zu stellen, verweist besonders für die Kinder- und Jugendhilfe darauf, ihren Anspruch mehr als Normalisierungsarbeit zu leisten, zu revidieren. Den damit verbundenen, widersprüchlichen Anspruch „Sozialpädagogik als einer Form institutionalisierter Bildung" (Sünker 2001: 168) zu überwinden, könnte dazu beitragen, die vorfindbaren, realen wie virtuellen, konkreten wie abstrakten, beobachtbaren wie nicht beobachtbaren, bislang ungleich gewichteten Möglichkeiten und Potenziale anzugleichen und in ihrer Gesamtheit anzuerkennen. Dies jedoch scheint nur möglich, wenn es bei den neueren Ansätzen auch darum geht, sich theoretisch mit Lernen im Kontext der Kinder- und Jugendhilfe bspw. im Rahmen einer sozialpädagogischen Didaktik auseinanderzusetzen. Das

---

205 Aus Sicht der Kinder- und Jugendhilfe verweist „Bildung als Weltbezug" gleichermaßen auch auf die Notwendigkeit, möglichst alle Kinder und Jugendlichen so zu fördern, dass „die Wirkungen öffentlicher Bildung im Schnitt" (BMFSFJ 2006: 118) erhöht werden kann. Zudem geht es darum, „an den beiden Enden, also bei den »Bildungseliten« wie den »bildungsfernen Risikogruppen« durch zusätzliche Anstrengungen die Wirksamkeit ebenfalls zu erhöhen" (BMFSFJ 2006: 118).

heißt nicht, sich vom Bildungsdiskurs abzukoppeln, sondern sich im Gegenteil konkreter als bisher mit eigenen Leistungsbeschreibungen zu positionieren.
Und: Immer noch prägen Anspruch und Institutionalisierung den dominanten Gebrauch von Bildung und bestimmt das Verständnis von „Bildung als scholarisiertes Lernen, als Bildungsgehalt und Bildungsstoff" (Thiersch 2004: 242). Im segmentierten Bildungskonzept sind am Ort Schule Fragen nach Lebenskompetenzen und Gerechtigkeitsansprüche nicht institutionalisiert und werden als „unausgesprochene Selbstverständlichkeit ... den Prozessen des informellen Lernens und damit den gegebenen Ordnungen überlassen" (ebd.).[206] Diese Segmentierung als einer „widersprüchlich gebrochene[n] Struktur von Bildungsinstitutionen" (ebd.) provozierten die Ausdifferenzierung zum einen als Bereich der scholarisierten Institutionalisierung „für alle" (ebd.), welche an einem Ort konkretisiert wird und mit einem segmentierenden und „segmentierten Programm" (ebd.) die thematische Engführung nach sich zog. Zum anderen ergab sich daraus der Bereich, der den „Gruppen besonders belasteter Menschen" (ebd.) offen stand und denen sich „ganzheitliche Bildungsaufgaben nur gleichsam coupiert repräsentieren" (ebd.). Wenn sich Lernen und Bildung, wie es tendenziell den Anschein hat, nur noch mit durchhalten, auskommen und bewältigen verbindet und nicht mehr mit personaler Autonomie, Höherbildung oder Befreiung, dann muss die Frage danach, was Bildung – heute – meint, neu gestellt werden.

---

206 Die Anerkennung des segmentierten Bildungskonzeptes ist dabei kein Umstand der aktuellen Debatte um Lernen und Bildung, sondern führte bereits im 19. Jahrhundert im Rahmen des Wandels von der Agrar- zur Industriegesellschaft zur Institutionalisierung von Erziehungs- und Unterstützungsmaßnahmen (vgl. Thiersch 2004): „Kinderbetreuung und Kindergarten wurden ... vor allem genutzt, um Kindern aus verarmten und verelendeten Familien offenere Bildungschancen zu ermöglichen und – zugleich – die Mütter zu entlasten und in ihren Erziehungsaufgaben zu unterstützen" (ebd.: 242).

9. Lernen zu unterscheiden: Konsequenzen für die Kinder- und Jugendhilfe

> *„Ich habe mit niemandem über diese Entdeckung gesprochen. Ich habe das Buch wieder ins Regal gestellt, genau in die Lücke, die es hinterlassen hatte, damit niemand eine Veränderung bemerkt. Und doch hatte sich alles verändert. Zum ersten Mal verstand ich, dass, auf der Seite des Guten zu stehen, einem nicht unbedingt ein glückliches Ende garantierte. Es war, als hätte jemand die Schwerkraft aufgehoben, ich war nicht mehr an die Erde gebunden, das Oben wurde zu einem unendlichen Unten; fallen war ein Satz ohne abschließenden Punkt"*
>
> (Marcelo Figueras 2006: 276).

Es ist schwer, sich der terminologischen Unterscheidung zwischen formell, nonformell und informell zu entziehen. Der damit in diachroner und synchroner Perspektive explizit verbundene Vergleich zwischen Schule, Kinder- und Jugendhilfe und Familie hat viele Diskussionen sachlich, zeitlich und sozial in Anspruch genommen. Von Schule hat jede eine Vorstellung; zur Schule jede eine Meinung; hat mit ihr gute oder schlechte Erfahrungen gemacht; sieht sich selbst im Rückblick auf vergangene Zeiten als gute, mittelmäßige oder schlechte Schülerin; sieht, was aus den eigenen Kindern wird, wenn sie in die Schule gehen: Nicht nur Bildung, sondern auch Schule ist ein fortwährendes, generationenübergreifendes Thema. Anknüpfend an dieses Thema sollen hier exemplarisch einige Probleme benannt werden:

- Ein erstes Problem stellt sich durch die sozialpädagogische Thematisierung von Schule als einer homogenen Institution, die ebenso homogen beschrieben wird. Aus schulpädagogischer Sicht ist dem nicht so. Auch in Schule erscheint alles und nichts möglich: das strikte Festhalten an vorgegebenen Lehrplänen ebenso wie radikale Abweichung davon; offene Gestaltungsspielräume für Unterricht, nicht zertifizierte Angebote, die freiwillig genutzt werden können, ebenso Projekttage und –wochen, Schulausflüge etc. Als subjektivierende Institution steht Schule, genauso wie Familie und Kinder- und Jugendhilfe, im Fokus externer (gesellschaftlicher, ökonomischer, sozialer und kultureller) Interessen. Was, so stellt sich die Frage, ist dann (noch) das zentrale, formelle Unterschei-

dungskriterium zwischen Schule und Kinder- und Jugendhilfe? Schule, so kann eine Antwort lauten, wirkt sich nicht nur durch ihren Zertifizierungsauftrag nachhaltig auf biografische (Lern- und Bildungs-) Möglichkeiten aus. Die Klärung der mit der Kinder- und Jugendhilfe erzielten biografisch bedeutsamen Lern- und Bildungserfahrungen, steht noch aus, besonders wenn es um ihre formellen und informellen Zustände und nachweisbaren Prozesse geht.
- Ein zweites Problem ergibt sich mit der Thematisierung von Lernen und Bildung durch die Art und Weise der hergestellten Bezüge zur historischen Konzeptualisierung von Bildung. Über die im Rahmen dieser Arbeit herangezogenen Überlegungen (vgl. Kap. 3. und 4.) lässt sich auf Deformalisierungstendenzen verweisen, die sich besonders in Verbindung mit dem Konzept des Lebenslangen Lernens ergeben: Der Bildungsbegriff wird zum Schlagwort gesellschaftlicher Notwendigkeit, und distanziert sich vom empathischen Bildungsmoment und humanistschem Bildungsideal als einem emanzipativen, selbsttätigen und auf Autonomie zielenden Prozess. Bildung verstanden als „Fähigkeit zur Selbstregulierung" (BMFSFJ 2006) bezeichnet dann nichts anderes als Selbstbegrenzung über Lebensbewältigung: Gesellschaftliche Anforderungen und lebensweltliche Probleme müssen in Eigenregie, privat (möglichst)gelingend ausbalanciert werden.
- Ein drittes Problem entsteht durch die Postulierung »entgrenzten Lernens«, das eingebettet in das Lebenslange Lernen, zu einer Bedeutungsverschiebung der Lern- und Bildungsinstitutionen führt, die sich traditionell am Bildungsmoratorium für die Kindheits- und Jugendphase orientieren. Mit dem »Verlust des Pädagogischen« bzw. Bedeutungsverlust pädagogischer Institutionen, reduziert sich ihr gesellschaftlicher Gestaltungsauftrag. Mit dem »Metakonzept des Lernen des Lernens« geht es dann (nur noch) um formelle Lernstrategien und Lernmotivation und nicht mehr um Lerninhalte. Daraus lässt sich mit Philip Wexler (1999) eine „Abwesenheit des Sozialen im Wissen oder der formalen Kultur" (ebd.: 41) konstatieren, die „angesichts der ... Veränderungen des Charakters der informellen Kultur sozialer Interaktion, besonders gravierend [erscheint]" (ebd.; vgl. Otto/Rauschenbach 2004; ausführlich dazu Kap. 3.1.1). Damit scheint eine Abkehr vom »Lernen im Sozialen« prognostizierbar.
- Ein viertes Problem ergibt sich mit der Betonung des Informellen als einer vernachlässigten Dimension der Bildungsdebatte. Damit wird ein Bereich in den Blick genommen, in dem (theoretisch) jede »sich lernend selbst zu bilden« hat. Die für dieses Lernen primär thematisierten Modelle wie Eigenzeit oder Selbstbestimmung bzw. -steuerung richten sich dabei an zunehmenden gesellschaftlichen Erwartungen und Anfor-

derungen aus. Aber: Diese sind in hohem Maße selbst dynamisch, so dass niemand weiß, ob das, was heute gilt auch morgen noch gültig ist. Mit der Halbwertszeit des Wissens wird darauf hingewiesen, dass es gilt, sich kontinuierlich an die veränderten Bedingungen anzupassen, um mithalten zu können. Die Thematisierung Lebenslangen Lernens zielt hier auf die Differenzierung bezüglich individueller Motivation, verstanden als „Anstrengung oder Faulheit" und „permanenter Re-Adressierung" (Kaufmann 2006), als kontinuierliche Selbstzuschreibung und Ansprache für Erwartungen, Aufforderungen und Anforderungen der Einzelnen. Als unspezifische Lernaktivitäten werden diese jedoch nicht als (Selbst-)Bildung verstanden, sondern als selbstbestimmtes Lernen für überprüfungswürdig und kontrollbedürftig gehalten.

Wenn, so wurde gefragt, der Bildungsdiskurs nicht (mehr) geeignet erscheint, um die aktuelle Situation von Kindern und Jugendlichen und die Bedingungen heute adäquat zu beschreiben, dann braucht es einen anderen Blick.[207] Dieser wurde ermöglicht durch die Vergewisserung über die Form als Orientierungs- und Ordnungsmodus (sozial-)pädagogischen Handelns. Ihm liegt eine (gemeinsame) Vorstellung von Lehren und Lernen zugrunde, wenn auch in den ausdifferenzierten Bereichen (Kinder- und Jugendhilfe/Schule) mit unterschiedlichen Methoden und eigenen Unterscheidungen agiert wird (vgl. Kap. 5.). Im Kontext des Lebenslangen Lernens scheint eine Revision des segmentierten Bildungskonzepts, das auf einem Bildungsmoratorium aus vergangenen Zeiten basiert, nicht mehr tragfähig. Die Idee des entgrenzten Lernens erfordert ob seiner radikalen Durchsetzung gleichermaßen neue Anerkennungsformen wie auch Überlegungen, wo und wie neue Grenzen gezogen werden. Möglicherweise ist die Inflation, die für Bildungsabschlüsse konstatiert wird, eine Chance in diese Richtung. Das Problem, das sich dann aber wiederum stellt, ist, dass die charakterliche Determination (vgl. Kap. 3.3) zum zentralen Bewertungs- und Beurteilungskriterium wird. Diese ist aber als solche weder vergleichbar noch standardisierbar. Zwar wird aktuell der Versuch unternommen, über so genannte »Kopfnoten« in schulischen Settings, eben diese als Entwicklungsfortschritt zu dokumentieren und zu benoten, doch mehr als mimetische Anpassungsleistungen an diesen Bereich werden sich wohl kaum darüber abbilden lassen.

Egal wie man sich mit Bildung als Begriff und Konzept auseinandersetzt, es führt kein Weg an seiner historischen Bedingtheit vorbei. Bildung verknüpft sich für die Kindheits- und Jugendphase nun mal mit Schule. Wenn aber allem Anschein nach Schule von einem zuviel an Lernen befreit werden muss, während es

---

207 Zugespitzt lässt sich auch fragen, ob die Bildungstheorie überhaupt die Phase des Aufwachsens als einem Entwicklungsprozess unter sich dynamisierenden gesellschaftlichen Bedingungen konsequent in den Blick genommen hat.

in außerschulischen Bereichen wieder eingeführt wird, wie Max Fuchs (2006) konstatiert, was heißt dies dann für den Bereich der Kinder- und Jugendhilfe? Davon ausgehend, dass die Kinder- und Jugendhilfe im bildungspolitischen Diskurs durch die vergleichende Positionierung und Charakterisierung als non- bzw. nicht formell ihre eigene Formalität ignoriert, verweist die Aufforderung »Lernen zu unterscheiden« in diesem Zusammenhang auf die Markierung bisher unmarkierter Räume als unhintergehbare Reflexionsbedingung.

Dabei ist die Formalität von Kinder- und Jugendhilfe in der terminologischen Unterscheidung nicht in der Verortung von Lernen und Bildung zu sehen, sondern in der Sichtbarmachung von Lernen. Die Unterscheidung beobachtbar versus nicht beobachtbar, eröffnet das »Potenzial des Singulären« für Lernmodi und Lernformen. Der empirische Bildungsdiskurs (vgl. Kap. 4.), der versucht diese Singularität messbar zu machen, stößt jedoch an Grenzen, da sich das Singuläre als solches zwar beobachten, aber nicht vergleichen lässt. Daraus lässt sich für die Kinder- und Jugendhilfe die problematische Konsequenz ableiten, dass es um (Lern-)Aktivierung und (Lern-)Kontrolle geht, die als »neue Funktionen« thematisch werden und sich vom bildungstheoretischen Diskurs abkoppeln.

Zudem konnte aufgezeigt werden, dass die »selbstgewählte Verortung nonformell« in der terminologischen Unterscheidung analytisch wie sachlich nicht tragfähig ist. Mit den vier Typen der Unterscheidung wurden beispielhaft verschiedene Theoriekonzepte aufgegriffen, um zu veranschaulichen, dass in unterschiedlichen Bereichen (Organisation, Institution, Generation und Interaktion) nur zwischen formell – informell differenziert wird und sich an eben dieser Differenzierung ausrichten (vgl. Kap. 6.).[208] Zudem verbindet sich damit auch die Idee, nach den »Transfermöglichkeiten von Gelerntem« zu fragen.[209] Transfermöglichkeiten können hier als individuelle (Übersetzungs-)Leistung verstanden werden: Kinder und Jugendliche müssen den Balanceakt zwischen dem *was geht* und dem *was nicht geht* ebenso (erst) lernen, wie sie für sich lernen müssen zu unterscheiden zwischen bspw. wichtig und nicht wichtig.[210] Wenn es darum geht, Kinder und Jugendliche auf ein lebenslanges Lernen vorzubereiten, so stellt sich mit der Frage nach dem Transfer gleichermaßen die Frage nach Lernen als Fähigkeit, Notwendigkeit und als Zugang in Bezug auf das, was allgemein als Weltwissen bezeichnet wurde (vgl. Kap. 7.). Lernen in der anthropologischen Konstante markiert nicht »selbst lernen« als pädagogisches Problem, das Problem liegt in der »Betonung von Selbststeuerung in der Ontogenese« (Lernen als

---

208 Als Unterscheidungsmodus bietet sich somit nur »nichts« oder »etwas« an. Und, dass die Kinder- und Jugendhilfe nicht nichts ist, muss wohl kaum erläutert werden.
209 Dieses Feld, das bislang (nur) von der pädagogischen Psychologie besetzt wird, scheint für die Sozialpädagogik eine weitere Herausforderung zu begründen.
210 Dass diese Entscheidung, diese Wahl nicht immer auch dem Willen bzw. der Vorstellung der (kompetenten, wissenden) erwachsenen Lernerin entspricht, kann auch als Lernprozess für beide Seiten formuliert werden.

Fähigkeit). Als solches erfordert es eine (notwendige) Rationalisierung und Institutionalisierung von Handlungsfeldern im Hinblick auf Inhalte, Zeit und Ort, damit bestimmte Prozesse schneller erwartbar sind und mit dem individuelle Grenzen überschritten werden (Lernen als Notwendigkeit). Eine Vielzahl von Grenzen überschreiten Heranwachsende heute, indem sich die Zugänge zu Weltwissen fast automatisch über die informationsverarbeitenden Medien ergeben. Als solches stellen sich hier keine wirklichen Grenzen mehr ein: die Fremdkontrolle weicht der Selbstkontrolle, die Fremdsteuerung der Selbststeuerung (Lernen als Zugang). Dass auf diese Umstellung aktuell mit zunehmender Verrechtlichung reagiert wird (bspw. mit der Einschränkung des Verkaufs »aggressionsfördernder« Computerspiele ist ein Punkt, der hier nur angedeutet werden kann. Lässt sich dies als Votum für mehr Grenzziehung deuten? Nein. Vielmehr geht es darum zu fragen, wie es Kindern und Jugendlichen ermöglicht wird, Selbstkontrolle zu lernen und zu stabilisieren, wenn alles der Beliebigkeit überlassen bleibt – Hauptsache lernen, kompetent werden, sich qualifizieren, sich ständig weiterentwickeln, »sich ständig neu erfinden« und das möglichst freiwillig und hoch motiviert. Aber, was heißt im Kontext Lebenslangen Lernens überhaupt noch freiwillig?[211] Wird nicht auch das »freiwillige« Engagement zunehmend als zivilgesellschaftliches Lernen verpflichtend?

Lern- und Bildungsziele unterliegen zunehmend einem Aushandlungsprozess, in dem Inhalte ebenso wie institutionelle Settings im Hinblick auf Bedeutung bzw. -gehalt hin hinterfragt werden können. Die sachliche, zeitliche und soziale Dimension, in denen das Reden von Bildung eigene Kontingenzen produziert, verweist in der synchronen Perspektive auf unterschiedliche Einflussfaktoren, die als konjunkturelle Schwankungen bilanziert werden können. Hier stellt sich die Frage, ob die aktuell geführten Debatten die Kraft besitzen, dem Begriff und seiner Bedeutung eine andere Konnotation zu verleihen oder ob sie sich weiter an den mit ihm vorgegebenen Konventionen orientieren. Formell und Informell als das Ergebnis von Unterscheidung kann dabei als das zentrale Moment verstanden werden, das sich durch alle Ebenen der Gesellschaft zieht und sich in jeder der Bildungsdimensionen verorten lässt. Mit dem Verweis auf informelles Lernen oder informelle Bildung als »gesetzte« Ergebnisse, in der sich soziale und sachliche Aspekte verknüpfen, wird die interaktive Konstruktion von Formalität und Informalität gänzlich ausgeblendet. Hier vermischen sich Fragen danach, »wie Bildung möglich ist« mit aktuellen Programmatiken, die auf reduzierte Selbstverständlichkeiten für Bildung verweisen. Fragen nach dem subjektiven Anspruch werden zugunsten eines universellen Anspruches aufgegeben und hinterfragen nicht mehr bspw. personale Autonomie und Höherbildung für die Pha-

---

211 Armin Bernhard (2006) geht diesem Aspekt ausführlich unter der Frage nach der „Modularisierung des Menschen" (ebd.: 381) nach.

se des Aufwachsens. Die hier hervorzuhebenden Formen von Verrechtlichung (Schulpflicht) und Institutionalisierung (Schule als Schule institutionalisieren wie Hans Thiersch 2004 herausgearbeitet hat) münden in die Unterscheidung zwischen Formalitätsgraden. Der Hauptaugenmerk der Kinder- und Jugendhilfe lag hier bislang auf Aspekten von Erziehung und Unterstützung in gegebenen, unzulänglichen Lebensstrukturen und wendete sich mit ihren Angeboten an Heranwachsende aus bildungsfernen Schichten. Ein ganzheitlicher Ansatz für Bildung setzt hier auf Bildung als Lebenskompetenz, um Leben zu bewältigen und widersprüchliche, offene Verhältnisse ausbalancieren zu können. Dazu wurde im Rahmen des segmentierten und separierten Bildungskonzepts ein umfassendes Angebot institutionalisiert, das auf Zugangsoptionen wie Freiwilligkeit, freiwillige (Selbst-)Verpflichtung oder Verpflichtung setzt. Als solches sind diese Optionen formell und nicht »nicht formell«. Die Kinder- und Jugendhilfe hat ihre eigenen formellen Voraussetzungen, die die Bedingungen und Formen ihrer je spezifischen Strukturen und Zugänge bislang (nur) in eigenen Diskursen thematisiert und weiterentwickelt. Die hier entstehenden Spielräume gilt es, zusammenhängend auf die veränderte gesellschaftliche Situation hin zu überdenken und anzupassen: »Lernen zu unterscheiden« verweist hier darauf, die eigenen formellen und informellen Zustände genauer in den Blick zu nehmen. Eine Möglichkeit dazu ist, die eigenen Spielräume als Zwischenräume, als »black boundaries«, zu hinterfragen. Welche Konsequenzen lassen sich daraus ableiten?

- Eine Konsequenz könnte es sein, dass es in der Kinder- und Jugendhilfe funktional um ein »Lernen der Bewegung« in spezifischen, gesellschaftlichen Räumen geht. Sich »bewegen können« ist eine Inklusionsbedingung für gesellschaftliche Teilhabe. In der Wissensgesellschaft wird diese derzeit einzig als Teilnahmebedingung des »Lernen können« als »Lernen wollen« fokussiert. Eine Kinder- und Jugendhilfe, die ausschließlich auf »Lernen können« setzt, orientiert sich an der Kompetenzentwicklung der Einzelnen und nicht an der gesellschaftlichen Chancenstruktur für die Einzelne.
- Eine weitere Konsequenz ist, dass für die Kinder- und Jugendhilfe ein neuer gesellschaftlicher Bezug notwendig wird. Gerade mit der Voranstellung der »Leitbildformel Wissensgesellschaft«, gilt es neue Verantwortlichkeiten auszuhandeln und zu stabilisieren. Dafür ist es erforderlich, sich mit der Zielgruppe, ihren Lebenslagen, -formen und -problemen neu auseinanderzusetzen. Eine verbindliche und erwartbare Gestaltung sollte nicht einfach nur der Schule als Ganztagsschule überlassen bleiben. Davon ausgehend, dass Schule und Kinder- und Jugendhilfe in einem Verhältnis konditionierter Koproduktion zueinander stehen (vgl. Kap. 5.2.2), wirft gleichermaßen die Frage danach auf, wie sich die Kinder- und Jugendhilfe positioniert, wenn sich die Ganztagsschule eta-

bliert hat. Auch hier sind die ersten Versuche nicht wirklich zukunftsweisend, weil Schule sich primär an schulischen Notwendigkeiten ausrichtet und nicht automatisch an gesellschaftlichen Zumutungen. Eben diese gilt es in den Blick zu nehmen, weil sie zunehmend fluider und differenzierter werden. Auch hier wiederum kann die Frage angeschlossen werden, ob sich die Kinder- und Jugendhilfe auf ihren »traditionellen Blick« überhaupt noch verlassen kann, wenn sie sich weiterhin gemeinsam mit Schule im segmentierten und separierten Bildungskonzept verortet.

- Als letzte Konsequenz lässt sich als Notwendigkeit formulieren, eine eigene »Bildungsgrammatik« für die Kinder- und Jugendhilfe zu entwickeln, in der Lernen als Fähigkeit, Notwendigkeit und Zugang gemeinsam mit den dargestellten (Lern-)Modi (vgl. Kap. 8.) einen eigenen Referenzrahmen begründet, der sich an den konkreten Bedingungen für Lernen ausrichtet: »Lernen zu unterscheiden«, *was geht* und *was nicht geht* und damit die eigenen institutionellen Bedingungen genauer bilanzieren. Im Hinblick auf Zugangsformen, wie sie thematisiert worden sind, geht es darum, Entwicklungs- und Fortschrittsperspektiven anders als bisher in den Blick zu nehmen und Zugangsfragen zu den eigenen Angeboten aufzuwerfen. Zudem verbinden sich bislang mit der Akteurinnenperspektive, wie sie eigentlich mit dem Zwölften Kinder- und Jugendbericht (2006) eingenommen werden sollte, keine Fragen nach widersprüchlichen Zusammenhängen, wie sie alltäglich von Heranwachsenden ausbalanciert werden müssen. Auch bleiben Fragen offen, welche Gestaltungsspielräume eingeräumt werden, um Regeln, Grenzen und Verbindlichkeiten auszuhandeln. Als nicht standardisierbare Ergebnisse können diese schwerlich durch empirische Methoden festgestellt werden. Dies wiederum heißt jedoch nicht, dass nur alles Beobachtbare formale Gültigkeit beansprucht, sondern, wie mit den Typen der Unterscheidung versucht wurde aufzuzeigen, dass sich das Informelle immer darüber konstituiert, was als Formell bestimmt wird.

Eine Kinder- und Jugendhilfe, die sich theoretisch wie konzeptionell mit einem eigenen Bildungsverständnis verorten will, benötigt mehr als nur die (selbst-)gewählte Verortung »nonformell« zu benötigen und darf sich nicht nur mit einem Vergleich zufrieden geben. Ob eine aus der terminologischen Unterscheidung zwischen formell, nonformell und informell heraus entwickelte Vergleichstudie, wie sie mit dem Zwölften Kinder- und Jugendbericht vorgelegt wurde, für den nicht schulischen Bereich hilfreich ist, bleibt abzuwarten. An der realen Situation von Kindern und Jugendlichen wird sie vermutlich nichts ändern.

Lernen zwischen Formalität und Informalität verweist gerade für die Phase des Aufwachsens auf umfangreiche Lernprozesse, deren Thema und Inhalt zunehmend die Einzelne bzw. die Person selbst ist. Perspektivisch könnte es zum Beispiel für die Kinder- und Jugendhilfe darum gehen, ihre institutionellen Möglichkeiten und Potenziale für die Selbstthematisierung der lebenslangen Lernanfängerin genauer in den Blick zu nehmen. Hier gilt es, angemessene sachliche, zeitliche und soziale Relevanzkorridore zu schaffen und anzubieten, in denen sich Heranwachsende lernend bewegen können. In diesen Korridoren geht es nicht um Beliebigkeit und/oder Trivialisierung von Inhalten, sondern um Verbindlichkeiten, mit und in denen das Aushandeln von Spielräumen ebenso gelernt werden kann wie bspw. die Anwendung von (Selbst-)Technologien, die für eine kontextualisierte und situative Positionierung der Einzelnen erforderlich ist (vgl. Kap. 6.4 und Kap. 7.3). Kinder und Jugendliche auf ihrem Weg zu begleiten, sich Zusammenhänge lernend zu erschließen, stellt gerade vor dem Hintergrund reduzierter Selbstverständlichkeit eine zentrale Herausforderung dar. Aber: Eigentlich macht die Kinder- und Jugendhilfe das ja schon, sie hat es vielleicht nur noch nicht »gelernt«.

Literatur

Adorno, T. W. (1979): Theorie der Halbbildung. In: Tiedemann, R. (Hrsg.): Soziologische Schriften I, Frankfurt a. M. S. 93-121.
Angilletta, S. P. (2002): Individualisierung, Globalisierung und die Folgen für die Pädagogik. Opladen.
Arbeitsgruppe „Bildung ist Menschenrecht" (1999): Falkensteiner Erklärung. In: Widersprüche, 19. Jg., Heft 73. S.11-15.
Arntz, R., Picht, H. (1989): Einführung in die Terminologiearbeit. In: Arntz, R., Picht, H. (Hrsg.): Studien zu Sprache und Technik. Band 2. Hildesheim, Zürich, New York.
Baecker, D., Kluge, A. (2003): Vom Nutzen ungelöster Probleme. Berlin.
Baethge, M., Buss, K.-P., Laufer, C. (2003): Berufliche Bildung und Weiterbildung, Lebenslanges Lernen. In: Bundesministerium für Bildung und Forschung. Konzeptionelle Grundlagen für einen Nationalen Bildungsbericht. Band 7. Berlin.
Baltes, P. B. (2001): Das Zeitalter des permanent unfertigen Menschen: Lebenslanges Lernen nonstop? In: Bundeszentrale für politische Bildung: Aus Politik und Zeitgeschichte. Heft 36. S. 24-32.
Baltes, P. B. (2000): Der unfertige Mensch. In: Der Spiegel, 13.11.2000, Heft 46. S.176
[Quelle: www.mpib-berlin.mpg.de/en/institut/deo/full/Baltes/derunfer/index.htm. Stand: Januar 2004]
Barnard, C. I. (1970): Die Führung großer Organisationen. Essen.
Bauer, R. (1995): Wohlfahrtsverbände und Soziale Arbeit: Das „dreifache Mandat". In: Sünker, H. (Hrsg.): Theorie, Politik und Praxis Sozialer Arbeit. Bielefeld. S. 122-137.
Baumert, J. (2002): Deutschland im internationalen Bildungsvergleich. In: Killius, N., Kluge, J., Reisch, L. (Hrsg.): Die Zukunft der Bildung. Frankfurt a. M. S.100-150.
Baumert, J. et al. (Hrsg.) (2003) : PISA 2000 – Ein differenzierter Blick auf die Länder der Bundesrepublik Deutschland. Opladen. [Quelle: www.mpib-berlin.mpg.de, pisa, PISA-E_Vertief_Zusammenfassung.pdf. Stand Februar 2004]
Baumert, J. et al. (Hrsg.) (2001): PISA 2000. Basiskompetenzen von Schülerinnen und Schülern im internationalen Vergleich. Opladen.
Baur, W., Mack, W., Schroeder, J. (Hrsg.) (2006): Bildung von unten denken. Aufwachsen in erschwerten Lebenssituationen – Provokationen für die

Pädagogik. 2. Auflage. Bad Heilbrunn/ Obb.
Beck, U. (1997): Die uneindeutige Sozialstruktur: Was heißt Armut, was Reichtum in der 'Selbst-Kultur'? In: Beck, U., Sopp, P. (Hrsg.): Individualisierung und Integration. Neue Konfliktlinien und neuer Integrationsmodus? Opladen. S. 183-197.
Beck, U. (1993): Die Erfindung des Politischen. Frankfurt a. M.
Beck, U. (1986): Risikogesellschaft. Auf dem Weg in eine andere Moderne. Frankfurt a. M.
Beck, U., Sopp, P. (Hrsg.) (1997): Individualisierung und Integration. Neue Konfliktlinien und neuer Integrationsmodus? Opladen.
Belgin, T. (Hrsg.) (1997): Kunst des Informel. Malerei und Skulptur nach 1952. Köln.
Benner, D. (Hrsg.) (2004): Historisches Wörterbuch der Pädagogik. Weinheim.
Benner, D. (1990): Wissenschaft und Bildung. Überlegungen zu einem problematischen Verhältnis und zur Aufgabe einer bildenden Interpretation neuzeitlicher Wissenschaft. In: Zeitschrift für Pädagogik, 36. Jg., Heft 4. S. 597-620.
Bergmann, J. R. (1987): Klatsch: zur Sozialform der diskreten Indiskretion. Berlin.
Bernfeld, S. (1925/1973): Sisyphos oder die Grenzen der Erziehung. Frankfurt a. M.
Bernhard, A. (2006): Modularisierung des Menschen? Zur Korrosion von Identität und den Perspektiven einer emanzipativen Bildung. In: neue praxis, 36. Jg., Heft 4. S. 381-392.
Bildungskommission NRW (1995): Zukunft der Bildung – Schule der Zukunft. Neuwied.
Bittlingmayer, U., Bauer, U. (Hrsg.) (2006): Die „Wissensgesellschaft". Mythos, Ideologie oder Realität? Wiesbaden.
Bloch, M. (1975): Introduction. In: Bloch, M. (Hrsg.): Political Language and Oratory in Traditional Society. London. S. 1-28.
Blumenberg, H. (2001): Ästhetische und metaphorologische Schriften. Auswahl und Nachwort von Anselm Haverkamp. Frankfurt a. M.
Böhm, W. (1994): Wörterbuch der Pädagogik. 14., überarbeitete Auflage. Stuttgart.
Böhnisch, L. (1996): Pädagogische Soziologie. Eine Einführung. Weinheim und München.
Böhnisch, L., Arnold, H., Schröer, W. (1999): Sozialpolitik. Eine sozialwissenschaftliche Einführung. Weinheim und München.
Böhnisch, L., Schröer, W. (2001): Pädagogik und Arbeitsgesellschaft. Weinheim und München.

Bollenbeck, G. (1994): Bildung und Kultur: Glanz und Elend eines deutschen Deutungsmusters. 2. Aufl. Frankfurt a. M.

Böllert, K. (2004): Aufwachsen in öffentlicher Verantwortung. Zur Bildungsidee des 11. Kinder- und Jugendberichts. In: Otto, H.-U., Rauschenbach, T. (Hrsg.): Die andere Seite der Bildung. Zum Verhältnis von formellen und informellen Bildungsprozessen. Wiesbaden. S. 209-222.

Bourdieu, P. (1995): Sozialer Raum und >Klassen<. Leçon sur la leçon. Zwei Vorlesungen. Frankfurt a. M.

Breidenstein, G. (2006): Teilnahme am Unterricht: Ethnographische Studien zum Schülerjob. Wiesbaden.

Bröckling, U., Krasmann, S., Lemke, T. (Hrsg.) (2006): Glossar der Gegenwart. Frankfurt a. M.

Brumlik, M. (2002): Bildung und Glück. Versuch einer Theorie der Tugenden. Berlin, Wien.

Büchner, P., Krah, K. (2006): Der Lernort Familie und die Bildungsbedeutsamkeit der Familie im Kindes- und Jugendalter. In: Rauschenbach, T., Düx, W., Sass, E. (Hrsg.): Informelles Lernen im Jugendalter. Vernachlässigte Dimensionen der Bildungsdebatte. Weinheim und München. S.123-154.

Büchner, P., Wahl, K. (2005): Die Familie als informeller Bildungsort. Über die Bedeutung familialer Bildungsleistungen im Kontext der Entstehung und Vermeidung von Bildungsarmut. In: Zeitschrift für Erziehungswissenschaft, 8. Jg., Heft 5. S. 356-373.

Bundesjugendkuratorium (2005): Neue Bildungsorte für Kinder und Jugendliche. [Quelle: www.dji.de/bjk/BJK_Neue%20Bildungsorte_Broschuere.pdf. Stand Februar 2006]

Bundesjugendkuratorium (2002): Zukunftsfähigkeit sichern! Für ein neues Verhältnis von Bildung und Jugendhilfe. In: neue praxis, 32. Jg., Heft 1. S. 3-9.

Bundesministerium für Bildung und Forschung (Hrsg.) (2004): Konzeptionelle Grundlagen für einen Nationalen Bildungsbericht – Non-formale und informelle Bildung im Kindes- und Jugendalter. Berlin.

Bundesministerium für Familie, Senioren, Frauen und Jugend (Hrsg.) (2006): Zwölfter Kinder- und Jugendbericht. Bericht über die Lebenssituation junger Menschen und die Leistungen der Kinder- und Jugendhilfe in Deutschland. Berlin.

Bundesministerium für Familie, Senioren, Frauen und Jugend (Hrsg.) (2002): Elfter Kinder- und Jugendbericht. Bericht über die Lebenssituation junger Menschen und die Leistungen der Kinder- und Jugendhilfe in Deutschland. Berlin.

Butler, J. (2005): Gefährdetes Leben. Politische Essays. Frankfurt a. M.

Butler, J. (2001): Psyche der Macht. Das Subjekt der Unterwerfung. Frankfurt a. M.

Cleppien, G. (2007): Bildung, Zeit und Pädagogik. In: neue praxis, 37. Jg., Heft 1. S. 29-41.

Coelen, T. (2006): Ausbildung und Identitätsbildung. Theoretische Überlegungen zu ganztägigen Bildungseinrichtungen in konzeptioneller Absicht. In: Otto, H.-U., Oelkers, J. (Hrsg.): Zeitgemäße Bildung. Herausforderung für Erziehungswissenschaft und Bildungspolitik. München. S. 131-148.

Coelen, T. (2005): Synopse ganztägiger Bildungssysteme. Zwischenschritt auf dem Weg zu einer Typologie. In: Otto, H.-U., Coelen, T. (Hrsg.): Ganztägige Bildungssysteme. Innovation durch Vergleich. New York, München, Berlin. S. 191-218.

Coelen, T. (2004): „Ganztagsbildung" – Integration von Aus- und Identitätsbildung durch die Kooperation zwischen Schulen und Jugendeinrichtungen. In: Otto, H.-U., Coelen, T. (Hrsg.): Grundbegriffe der Ganztagsbildung. Beiträge zu einem neuen Bildungsverständnis in der Wissensgesellschaft. Wiesbaden. S. 247-267.

Coelen, T. (2002): „Ganztagsbildung" – Ausbildung und Identitätsbildung von Kindern und Jugendlichen durch die Zusammenarbeit von Schulen und Jugendeinrichtungen. In: neue praxis, 32. Jg., Heft 1. S. 53-66.

Combe, A., Helsper, W. (Hrsg.) (1999): Pädagogische Professionalität. 3. Aufl. Frankfurt a. M.

Deinet, U., Reutlinger, C. (Hrsg.) (2004): „Aneignung" als Bildungskonzept der Sozialpädagogik. Beiträge zur Pädagogik des Kindes- und Jugendalters in Zeiten entgrenzter Lernorte. Wiesbaden.

Deinet, U., Sturzenhecker, B. (Hrsg.) (1998): Handbuch offene Jugendarbeit. 2. Auflage. Münster.

Der Spiegel (2006): Titelthema: Wie neue Nervenzellen entstehen. Laufen, Lieben, Lesen. Das Fitnessprogramm fürs Gehirn. 60. Jg. 15.05.2006, Heft 20. S. 164-178.

Deutsche UNESCO-Kommission (Hrsg.) (1997): Lernfähigkeit: Unser verborgener Reichtum – UNESCO-Bericht zur Bildung für das 21. Jahrhundert. Neuwied, Kriftel, Berlin.

Dewe, B., Otto, H.-U. (1996): Zugänge zur Sozialpädagogik. Reflexive Wissenschaftstheorie und kognitive Identität. Weinheim und München.

Diehm, I. (2004): Ganztagseinrichtungen als Inklusionshilfe für ethnische Minderheiten: Nicht-formelles und informelles Lernen in der Einwanderungsgesellschaft. In: Otto, H.-U., Coelen, T. (Hrsg.): Grundbegriffe der Ganztagsbildung. Beiträge zu einem neuen Bildungsverständnis in der Wissensgesellschaft. Wiesbaden. S. 179-189.

Dimbath, O. (2005): Alles aus Spaß an der `Freud`? Ein Versuch über die Bedeutung von >Spaß< in der Jugendarbeit. In: neue praxis, 35. Jg., Heft 4. S. 389-403.

Dohmen, G. (2002): Informelles Lernen in der Freizeit: In: SPEKTRUM FREIZEIT, 24. Jg., Heft 1. S. 28-43.

Dohmen, G. (2001): Das informelle Lernen. Die internationale Erschließung einer bisher vernachlässigten Grundform menschlichen Lernens für das lebenslange Lernen aller. Hrsg. vom Bundesministerium für Bildung und Forschung. Bonn.

Dollinger, B., Raithel, J. (Hrsg.) (2006): Aktivierende Sozialpädagogik. Ein kritisches Glossar. Wiesbaden.

Dornes, M. (1999): Der kompetente Säugling. Die präverbale Entwicklung des Menschen. Frankfurt a. M.

Du Bois-Reymond, M. (2005): Formelle und nicht-formelle Bildung in den Niederlanden. In: Otto, H.-U., Coelen, T. (Hrsg.): Ganztägige Bildungssysteme. Innovation durch Vergleich. New York, München, Berlin. S. 93-104.

Dutschke, R. (2003): Jeder hat sein Leben ganz zu leben. Köln.

Dzierzbicka, A. (2006): Vereinbarungskultur. In: Dzierzbicka, A., Schirlbauer, A. (Hrsg.): Pädagogisches Glossar der Gegenwart. Von Autonomie bis Wissensmanagement. Wien. S. 279-287.

Dzierzbicka, A., Schirlbauer, A. (Hrsg.) (2006): Pädagogisches Glossar der Gegenwart. Von Autonomie bis Wissensmanagement. Wien.

Eco, U. (1977): Das offene Kunstwerk. Frankfurt a. M.

Ehrenspeck, Y., Rustemeyer, D. (1999): Bestimmt unbestimmt. In: Combe, A., Helsper, W. (Hrsg.): Pädagogische Professionalität. 3. Aufl., Frankfurt a. M. S. 368-390.

Elias, N. (1992): Studien über die Deutschen. Machtkämpfe und Habitusentwicklung im 19. und 20. Jahrhundert. Herausgegeben von Michael Schröter. Baden-Baden.

Elias, N. (1939/1997): Über den Prozess der Zivilisation. Soziogenetische und Psychogenetische Untersuchungen. Band 3.1 und 3.2 der Ausgabe Norbert Elias, Gesammelte Schriften. Herausgegeben im Auftrag der Norbert Elias Stichting von Heike Hammer, Johann Heilbron, Peter-Ulrich Merz-Benz, Annette Treibel, Nico Wilterdink. Amsterdam.

Esping-Andersen, G. (2003): Aus reichen Kindern werden reiche Eltern. [Quelle: www.fr-aktuell.de/ressorts/nachrichten_und-politik/dokumentation/cnt. Stand Dezember 2003]

Faulstich, P., Zeuner, C. (1999): Erwachsenenbildung. Eine handlungsorientierte Einführung in Theorie, Didaktik und Adressaten. Weinheim und München.

Faure, E. et al. (1973): Wie wir leben lernen. Der Unesco-Bericht über Ziele und

Zukunft unserer Erziehungsprogramme. Reinbek bei Hamburg.
Fend, H. (2004): Was stimmt mit den deutschen Bildungssystemen nicht? Wege zur Erklärung von Leistungsunterschieden zwischen Bildungssystemen. In: Schümer, G., Tillmann, K.J., Weiß, M. (Hrsg.): Die Institution Schule und die Lebenswelt der Schüler. Vertiefende Analysen der PISA-2000-Daten zum Kontext von Schülerleistungen. Wiesbaden. S. 15-37.
Fend, H. (1981): Theorie der Schule. 2., durchgesehene Auflage. München, Wien, Baltimore.
Fiege, J. (1997): Politisch-kulturelle Jugendbildung. In: Hafeneger, Benno (Hrsg.): Handbuch Politische Jugendbildung. Schwalbach/ Ts. S. 243-257.
Figueras, M. (2006): Kamtschatka. München, Wien.
Fischer, H. R. (1996): Vorwort zur deutschen Ausgabe. In: Spencer-Brown, G.: Wahrscheinlichkeit und Wissenschaft. Heidelberg. S. 7-11.
Fischer, T. (2003): Informelle Pädagogik. Systematische Einführung in die Theorie und Praxis informeller Lernprozesse. Hamburg.
FOCUS (2003): Manieren & Stil: Wissen Sie wirklich alles über richtiges Benehmen? Der Knigge für Tisch, Karriere, Liebe und Small Talk. 29.12.2003. Heft 1. S. 102-114.
Frey, L. (2001): Bericht über das 14. CEIES-Seminar: Messung des lebenslangen Lernens. [Quelle: www.forum.europa.eu.int/.../plenary_2001_brussels/-deutsche_dokumente/2_3_de_pdf/_DE_1.0_&a=d. Stand Februar 2007]
Fromme, J. (2002): Mediensozialisation und Medienpädagogik. Zum Verhältnis von informellem und organisiertem Lernen mit Computer und Internet: In: SPEKTRUM FREIZEIT, 24. Jg., Heft 1. S. 70-83.
Fuchs, M. (2006): Ganztagsschule und neoliberaler Umbau des Sozialstaates als Herausforderungen für Schule und Jugend(kultur)arbeit. Ein Vergleich zwischen Sozial- und Kulturpädagogik. In: Otto, H.-U., Oelkers, J. (Hrsg.): Zeitgemäße Bildung. Herausforderung für Erziehungswissenschaft und Bildungspolitik. München. S. 206-222.
Fuchs, W., Klima, R., Lautmann, R., Rammstedt, O., Wienold, H. (Hrsg.) (1988): Lexikon zur Soziologie. 2. verbesserte und erweiterte Auflage. Opladen.
Fuhr, T., Schultheis, K. (Hrsg.) (1999): Zur Sache der Pädagogik. Untersuchungen zum Gegenstand der allgemeinen Erziehungswissenschaften. Bad Heilbrunn/ Obb.
Gaschke, S. (2003): Die Erziehungskatastrophe. Kinder brauchen starke Eltern. München.
Generaldirektion Bildung und Kultur (2002): Neuer Schwung für die Jugend Europas. Weißbuch. Luxemburg.
Gerster, P., Nürnberger, C. (2004): Der Erziehungsnotstand. Wie wir die Zukunft

unserer Kinder retten. Berlin.
Giddens, A. (1997): Die Konstitution der Gesellschaft. Grundzüge einer Theorie der Strukturierung. Frankfurt, New York.
Gintzel, U. et al. (Hrsg.) (2000): Jahrbuch der Sozialen Arbeit 2000. Münster.
Gloger-Tippelt, G. (2002): Kindheit und Bildung. In: Tippelt, R. (Hrsg.): Handbuch Bildungsforschung. Opladen. S. 477-494.
Goffman, E. (1981): Frames of Talk. Philadelphia.
Goffman, E. (1976): Wir alle spielen Theater. Die Selbstdarstellung im Alltag. 3. Auflage. München.
Graduiertenzentrum für Qualitative Bildungs- und Sozialforschung Sachsen-Anhalt (Universität Magdeburg 2003): Erstes Rahmenprogramm 2003 – 2006: „Bildung und Biographie in Schulen und sozialen Arenen". [Quelle: www.uni-magdeburg.de/iew/zbbs/graduiertenzentrum/forschungsthemen+-diss2004.pdf. Stand Februar 2006]
Gruschka, A. (2001): Bildung: Unvermeidbar und überholt, ohnmächtig und rettend. In: Zeitschrift für Pädagogik, 47 Jg., Heft 5. S. 621-639.
Gukenbiel, H. L. (1994): Formelle und informelle Gruppe als Grundformen sozialer Strukturbildung. In: Schäfers, B.(Hrsg.): Einführung in die Gruppensoziologie. 2. erweiterte und aktualisierte Auflage. Heidelberg, Wiesbaden. S. 80-96.
Gumperz, J. J. (1982): Discourse Strategies. Cambridge.
Habermas, J. (1981/1999): Theorie des kommunikativen Handelns. Band 1. Handlungsrationalität und gesellschaftliche Rationalisierung. Frankfurt a. M.
Habermas, J. (1981/1999): Theorie des kommunikativen Handelns. Band 2. Zur Kritik der funktionalistischen Vernunft. Frankfurt a. M.
Haefner, K. (2002): Multimedia im 21. Jahrhundert – Konsequenzen für das Bildungswesen. In: Issing, L. J., Klimsa, P. (Hrsg.): Information und Lernen mit Multimedia und Internet. Lehrbuch für Studium und Praxis. 3., vollständig überarbeitete Auflage. Weinheim. S. 481-492.
Hafeneger, B. (2004): Neurowissenschaften – Erziehung, Lernen und Pädagogik. In: neue praxis, 34. Jg., Heft 1. S. 3-5.
Hafeneger, B. (Hrsg.) (1997): Handbuch Politische Bildung. Schwalbach/ Ts.
Hamedinger, A. (1998): Raum, Struktur und Handlung als Kategorien der Entwicklungstheorie. Eine Auseinandersetzung mit Giddens, Foucault und Lefebvre. Frankfurt a. M., New York.
Hart t`, M. (2005): Das Wüten der ganzen Welt. München.
Haug, F. (2003): Lernverhältnisse. Selbstbewegung und Selbstblockierung. Hamburg.
Haushofer, M. (2004): Brav sein ist schwer. Schlimm sein ist auch kein Vergnügen. 4. Auflage. Wien.

Heid, H. (1993): Lernfähigkeit – eine Voraussetzung erfolgreichen Lernens? Implikationen des pädagogischen Interesses an Lernfähigkeit. In: Die Deutsche Schule. Zeitschrift für Erziehungswissenschaft, Bildungspolitik und pädagogische Praxis, 85. Jg., Heft 1. S.52-62.
Helsper, W. (Hrsg.) (2004): Handbuch der Schulforschung. Wiesbaden.
Helsper, W., Keuffer, J. (1995): Unterricht. In: Krüger, H.-H., Helsper, W. (Hrsg.): Einführung in Grundbegriffe und Grundfragen der Erziehungswissenschaft. Band 1. Opladen. S. 81-91.
Hentig v., H. (2004): Die überschätzte Schule. In: Frankfurter Rundschau. 13/3/2006 [Quelle: www.fr-aktuell.de/ressorts/nachrichten_und_politik/-dokumentation/?=434924. Stand Mai 2005]
Hentig v., H. (1996): Bildung. Ein Essay. München, Wien.
Hentig v., H. (1993): Schule neu denken. München, Wien.
Herbart, J. F. (1965): Allgemeine Pädagogik, aus dem Zweck der Erziehung abgeleitet. In: Herbart, J. F.: Pädagogische Schriften. Band 3. Pädagogische Grundschriften. Herausgegeben von W. Assmus. Düsseldorf, München. S. 9-159.
Herbart, J. F. (1964): Über die ästhetische Darstellung der Welt als Hauptgeschäft der Erziehung. In: Herbart, J. F.: Pädagogische Schriften. Band 1. Kleine pädagogische Schriften. Herausgegeben von W. Assmus. Düsseldorf, München. S. 105-121.
Herzberg, H. (2006): >Wider benefits of learning< im Kontext zivilgesellschaftlichen Handelns: Eine Untersuchung individueller und kollektiver Lernprozesse. In: neue praxis, 36. Jg., Heft 6. S. 595-608.
Höhne, T. (2003): Pädagogik der Wissensgesellschaft. Bielefeld.
Hölscher, T. (2004): Niklas Luhmanns Systemtheorie. In: Schönwälder, T., Wille, K., Hölscher, T.: George-Spencer Brown. Eine Einführung in die „LAWS OF FORM". Wiesbaden. S. 245-256.
Holt, J. (1999): Kinder lernen selbständig oder gar nicht(s). Weinheim und Basel.
Holzkamp, K. (1995): Lernen. Subjektwissenschaftliche Grundlegung. Frankfurt a. M., New York.
Homfeldt, H. G., Schulze-Krüdener, J. (Hrsg.) (2000): Wissen und Nichtwissen. Herausforderung für Soziale Arbeit in der Wissensgesellschaft. Weinheim und München.
Homfeldt, H. G., Schulze-Krüdener, J. (2000): Wissensgesellschaft als Herausforderung für die Soziale Arbeit. Eine einführende Problemskizze. In: Homfeldt, H. G., Schulze-Krüdener, J. (Hrsg.): Wissen und Nichtwissen. Herausforderung für Soziale Arbeit in der Wissensgesellschaft. Weinheim und München. S. 9-20.

Hörster, R. (1995): Pädagogisches Handeln. In: Krüger, H.-H., Helsper, W. (Hrsg.): Einführung in Grundbegriffe und Grundfragen der Erziehungswissenschaft. Band 1. Opladen. S. 35-52.
Huber, G. L. (2001): Lernfähigkeit. In: Otto, H.-U., Thiersch, H. (Hrsg.): Handbuch der Sozialarbeit, Sozialpädagogik. 2., völlig neu überarb. und aktualisierte Auflage. Kriftel, Neuwied. S. 1149-1154.
Humboldt v., W. (1964): Bildung des Menschen in Schule und Universität. Heidelberg.
Illich, I. (1972/1995): Entschulung der Gesellschaft. Eine Streitschrift. 4. überarbeitete und erweiterte Auflage. München.
Irvine, J. (1979/2001): Formality and Informality in communicative events. In: American Anthropologist, Vol. 81, Heft 4. S. 779-790.
Issing, L. J., Klimsa, P. (Hrsg.) (2002): Information und Lernen mit Multimedia und Internet. Lehrbuch für Studium und Praxis. 3. vollständig überarbeitete Auflage. Weinheim.
Jelich, F.-K., Kemnitz, H. (Hrsg.) (2003): Die pädagogische Gestaltung des Raums. Geschichte und Modernität. Bad Heilbrunn/ Obb.
Jordan, E., Sengling, D. (1992): Jugendhilfe. Einführung in Geschichte und Handlungsfelder, Organisationsformen und gesellschaftliche Problemlagen. Weinheim und München.
Kade, J. (1997): Vermittelbar/nicht-vermittelbar: Vermitteln: Aneignen. Im Prozess der Systembildung des Pädagogischen. In: Lenzen, D., Luhmann, N. (Hrsg.): Bildung und Weiterbildung im Erziehungssystem. Lebenslauf und Humanontogenese als Medium und Form. Frankfurt a. M. S. 30-70.
Kaufmann, S. (2006): Netzwerk. In: Bröckling, U., Krasmann, S., Lemke, T. (Hrsg.): Glossar der Gegenwart. Frankfurt a. M. S. 182-189.
Keuffer, J., Krüger, H.-H., Reinhardt, S., Weise, E., Wenzel, H. (Hrsg.) (1998): Schulkultur als Gestaltungsaufgabe. Partizipation – Management – Lebensweltgestaltung. Weinheim.
Killius, N., Kluge, J., Reisch, L.(Hrsg.) (2002): Die Zukunft der Bildung. Frankfurt a. M.
Kirchhöfer, D. (2002): Informelles Lernen in der Freizeit der Kinder. In: SPEKTRUM FREIZEIT, 24. Jg., Heft 1. S. 28-43.
Kirchhöfer, D. (2000): Informelles Lernen in der alltäglichen Lebensführung. Chance für berufliche Kompetenzentwicklung. Berlin.
Kistler, P. (2002): Die interaktive Produktion von Formalität und Informalität. München.
Klafki, W. (1963): Studien zur Bildungstheorie und Didaktik. Weinheim.
Kleinschmidt-Bräutigam, G. (1998): Lehrer lernen mit und von ihren Schülern. In: LOG IN, 18. Jg., Heft 1. S. 27.

Klemm, U. (1999): Schule als Auslaufmodell? Notate zur Entstaatlichung und Entschulung von Bildung im Horizont des aktuellen gesellschaftlichen Wandels. In: Widersprüche, 19. Jg.; Heft 73. S 17-24.

Kluge, A. (2003): Die Kunst, Unterschiede zu machen. Frankfurt a. M.

Kluge, F. (1999): Etymologisches Wörterbuch der deutschen Sprache. 23., erweiterte Auflage. Berlin, New York.

Kraft, S. (2002): Selbstgesteuertes Lernen – kritische Anmerkungen zu einem scheinbar unstrittigen Konzept. In: Wingens, M., Sackmann, R. (Hrsg.): Bildung und Beruf. Ausbildung und berufsstruktureller Wandel in der Wissensgesellschaft. Weinheim und München. S. 195-228.

Krüger, H.-H., Helsper, W. (Hrsg.) (1995): Einführung in Grundbegriffe und Grundfragen der Erziehungswissenschaft. Band 1. Opladen.

Krüger, H.-H., Rauschenbach, T. (2005): Editorial. In: Zeitschrift für Erziehungswissenschaft, 8. Jg., Heft 5. S. 337-338.

Laatz, W., Klima, R. (1988): formell – informell. In: Fuchs, W., Klima, R., Lautmann, R., Rammstedt, O., Wienold, H. (Hrsg.): Lexikon zur Soziologie. 2. verbesserte und erweiterte Auflage. Opladen. S. 237-238.

Langewand, A. (1994): Bildung. In: Lenzen, D. (Hrsg.): Erziehungswissenschaft. Ein Grundkurs. Reinbek bei Hamburg. S. 69-98.

Lenzen, D. (1997): Lösen die Begriffe Selbstorganisation, Autopoiesis und Emergenz den Bildungsbegriff ab? Niklas Luhmann zum 70. Geburtstag. In: Zeitschrift für Pädagogik, 43 Jg., Heft 6, S. 949-967.

Lenzen, D. (Hrsg.) (1994): Erziehungswissenschaft. Ein Grundkurs. Reinbek bei Hamburg.

Lenzen, D., Luhmann, N. (Hrsg.) (1997): Bildung und Weiterbildung im Erziehungssystem. Lebenslauf und Humanontogenese als Medium und Form. Frankfurt a. M.

Liessmann, K. P. (2006): Theorie der Unbildung. Wien.

Lindgren, A. (1945/1999): Pippi Langstrumpf. Hamburg.

Livingstone, D. W. (1999): Lifelong Learning and Underemployment in the Knowledge Society: A North American Perspective. In: Comparative Education, Vol. 55, Heft 2. S.163-172.

Loch, W. (1999): Phänomenologische Grundprobleme einer allgemeinen Pädagogik. In: Fuhr, T., Schultheis, K. (Hrsg.): Zur Sache der Pädagogik. Untersuchungen zum Gegenstand der allgemeinen Erziehungswissenschaften. Bad Heilbrunn/ Obb. S. 290-302.

LØvlie, L., Mortensen, P., Nordenbo, S. E. (Hrsg.) (2003): Educating Humanity. Bildung in Postmodernity. Malden, Oxford, Melbourne, Berlin.

Luhmann, N. (2000): Organisation und Entscheidung. Opladen, Wiesbaden.

Luhmann, N. (1997): Erziehung als Formung des Lebenslaufs. In: Lenzen, D.,

Luhmann, N. (Hrsg.): Bildung und Weiterbildung im Erziehungssystem. Lebenslauf und Humanontogenese als Medium und Form. Frankfurt a. M. S.11-29.
Luhmann, N. (1991/2006): Das Kind als Medium der Erziehung. Frankfurt a. M. [erstmals erschienen in: Zeitschrift für Pädagogik. 37. Jg., Heft 37. S. 19-40]
Luhmann, N. (1987): Soziale Systeme. Grundriß einer allgemeinen Theorie. 1. Auflage. Frankfurt a. M.
Luhmann, N. (1964/1999): Funktionen und Folgen formaler Organisationen, 5. Auflage. Berlin.
Luhmann, N., Schorr, K. E. (1979/1999): Reflexionsprobleme im Erziehungssystem. Frankfurt a. M.
Lutz, H., Wenning, N.(Hrsg.) (2001): Unterschiedlich verschieden. Differenz in der Erziehungswissenschaft. Opladen.
Mack, W. (2006): „Hatte keinen Nerv zum Lernen. Mein Stiefvater spinnt wieder." Eine sozialpädagogische Perspektive auf Bildung und Bildungsforschung. In: Otto, H.-U., Oelkers, J. (Hrsg.): Zeitgemäße Bildung. Herausforderung für Erziehungswissenschaft und Bildungspolitik. München. S. 223-236.
Marotzki, W., Meister, D. M., Sander, U. (Hrsg.) (2000): Zum Bildungswert des Internet. Opladen.
Matejovski, D. (Hrsg.) (2000): Neue, schöne Welt? Lebensformen der Informationsgesellschaft. Frankfurt a. M., New York.
May, R. (1988): Liebe und Wille. Köln.
Meder, N. (2002): Editorial. In: SPEKTRUM FREIZEIT, 24. Jg., Heft 1. S. 3-4.
Meder, N. (2002): Nicht informelles Lernen, sondern informelle Bildung ist das gesellschaftliche Problem: In: SPEKTRUM FREIZEIT, 24. Jg., Heft 1. S. 8-17.
Meder, N. (2000): Wissen und Bildung im Internet – in der Tiefe des semantischen Raumes. In: Marotzki, W., Meister, D. M., Sander, U. (Hrsg.): Zum Bildungswert des Internet. Opladen. S. 33-56.
Meid, V. (Hrsg.) (2000): Sachlexikon Literatur. Deutscher Taschenbuch Verlag. München.
Menck, P. (1999): Lernen – Ein Grundbegriff der Erziehungswissenschaft? In: Fuhr, T., Schultheis, K. (Hrsg.): Zur Sache der Pädagogik. Untersuchungen zum Gegenstand der allgemeinen Erziehungswissenschaften. Bad Heilbrunn/ Obb. S. 147-155.
Mennicke, C. (2001): Sozialpädagogik. Grundlagen, Formen und Mittel der Gemeinschaftserziehung. Weinheim.
Merten, R. (Hrsg.) (1998): Sozialarbeit. Sozialpädagogik. Soziale Arbeit. Begriffsbestimmungen in einem unübersichtlichen Feld. Freiburg im Breis-

gau.
Meyer, M. A. (2005): Stichwort: Alte oder neue Lernkultur? In: Zeitschrift für Erziehungswissenschaft, 8 Jg., Heft 1. S. 5-27.
Meyer, M. A., Sander, U. (2005): Editorial. In: Zeitschrift für Erziehungswissenschaft, 8 Jg., Heft 1. S. 3-4.
Mielenz, I. (2002): Vorwort. In: Münchmeier, R., Otto, H.-U., Rabe-Kleberg, U. (Hrsg.): Bildung und Lebenskompetenz. Kinder- und Jugendhilfe vor neuen Aufgaben. Herausgegeben im Auftrag des Bundesjugendkuratoriums. Opladen. S.11-13.
Mittelstraß, J. (2002): Bildung und ethische Maße. In: Killius, N., Kluge, J., Reisch, L. (Hrsg.): Die Zukunft der Bildung. Frankfurt a. M. S.151-170.
Mollenhauer, K. (1998 a): Erziehungswissenschaft und Sozialpädagogik, Sozialarbeit oder: „Das Pädagogische" in der Sozialarbeit, Sozialpädagogik: In: Merten, R. (Hrsg.): Sozialarbeit. Sozialpädagogik. Soziale Arbeit. Begriffsbestimmungen in einem unübersichtlichen Feld. Freiburg im Breisgau. S. 131-143.
Mollenhauer, K. (1998 b): Soziale Arbeit heute. Gedanken über ihre sozialen und ideologischen Voraussetzungen. In: Merten, R.(Hrsg.): Sozialarbeit. Sozialpädagogik. Soziale Arbeit. Begriffsbestimmungen in einem unübersichtlichen Feld. Freiburg im Breisgau. S. 79-112.
Mollenhauer, K. (1998 c): Was heißt »Sozialpädagogik«? In: neue praxis, 28. Jg., Heft 5. S. 427-435.
Mollenhauer, K. (1996/2000): Kinder- und Jugendhilfe. Theorie der Sozialpädagogik – ein thematisch-kritischer Grundriß. In: Gintzel, U. et al. (Hrsg.): Jahrbuch der Sozialen Arbeit 2000. Münster. S. 275-293. [Erstveröffentlichung (1996): Zeitschrift für Pädagogik. 42. Jg., Heft 6. S. 869-886]
Mollenhauer, K. (1993): Einführung in die Sozialpädagogik. Probleme und Begriffe der Jugendhilfe. 10., unveränderte Auflage. Weinheim und Basel.
Mollenhauer, K. (1987): Die Ursprünge der Sozialpädagogik in der industriellen Gesellschaft. Eine Untersuchung zur Struktur sozialpädagogischen Denkens und Handelns. [1. Auflage 1957, Reprint der Originalausgabe 1959]. Weinheim und Basel.
Mollenhauer, K. (1985): Zwischen Geselligkeit, Scham und Zweifel: Bildungstheoretische Notizen zum frühromantischen Schleiermacher. In: Neue Sammlung, 25. Jg., Heft 1. S. 16-32.
Müller, B., Schmidt, S., Schulz, M. (2005): Wahrnehmen können. Jugendarbeit und informelle Bildung. Freiburg im Breisgau.
Münchmeier, R., Otto, H.-U., Rabe-Kleberg, U. (Hrsg.) (2002): Bildung und Lebenskompetenz. Kinder- und Jugendhilfe vor neuen Aufgaben. Herausgegeben im Auftrag des Bundesjugendkuratoriums. Opladen.

Muschg, A. (2004): Von einem, der auszog, leben zu lernen. Goethes Reisen in die Schweiz. Frankfurt a. M.
Nahrstedt, W., Brinkmann, D., Roecken, G., Theile, H. (2002): Freizeiterlebniswelten als Lernwelten. Eine Herausforderung für die Erziehungswissenschaft. In: SPEKTRUM FREIZEIT, 24. Jg., Heft 1. S. 44-69.
Negt, O. (1999): Kindheit und Schule in einer Welt der Umbrüche. Göttingen.
Negt, O. (Hrsg.) (1994): Die zweite Gesellschaftsreform. 27 Plädoyers. Göttingen.
Niemeyer, C. (2005): Klassiker der Sozialpädagogik. Eine Einführung in die Theoriegeschichte einer Wissenschaft. 2., überarbeitete und erweiterte Auflage. Weinheim und München.
OECD (Hrsg.) (2001): Lernen für das Leben. Erste Ergebnisse der internationalen Schulleistungsstudie PISA 2000. Paris.
OECD/ Deutsches PISA-Konsortium (Hrsg.) (2000): Schülerleistungen im internationalen Vergleich. Eine neue Rahmenkonzeption für die Erfassung von Wissen und Fähigkeiten. Berlin.
Olk, T. (2004): Jugendhilfe und Ganztagsbildung. In: neue praxis, 34. Jg., Heft 6. S. 532-542.
Olk, T. (1985): Jugend und gesellschaftliche Differenzierung – Zur Entstrukturierung der Jugendphase. In: Heid, Helmut, Klafki, Wolfgang (Hrsg.): Arbeit – Bildung – Arbeitslosigkeit. Beiträge zum 9. Kongreß der Deutschen Gesellschaft für Erziehungswissenschaft. 19. Beiheft der Zeitschrift für Pädagogik. Weinheim und Basel. S. 290-307.
Olk, T., Bathge, G.-W., Hartnuß, B. (2000): Jugendhilfe und Schule. Empirische Befunde und theoretische Reflexionen zur Schulsozialarbeit. Weinheim und München.
Otto, H.-U., Coelen, T. (Hrsg.) (2005): Ganztägige Bildungssysteme. Innovation durch Vergleich. New York, München, Berlin.
Otto, H.-U., Coelen, T. (Hrsg.) (2004): Grundbegriffe der Ganztagsbildung. Beiträge zu einem neuen Bildungsverständnis in der Wissensgesellschaft. Wiesbaden.
Otto, H.-U., Oelkers, J. (Hrsg.) (2006): Zeitgemäße Bildung. Herausforderung für Erziehungswissenschaft und Bildungspolitik. München.
Otto, H.-U., Rauschenbach, T. (Hrsg.) (2004): Die andere Seite der Bildung. Zum Verhältnis von formellen und informellen Bildungsprozessen. Wiesbaden.
Otto, H.-U., Schrödter, M. (Hrsg.) (2006): Soziale Arbeit in der Migrationsgesellschaft. Multikulturalismus – Neo-Assimilation – Transnationalität. In: neue praxis, Sonderheft 8.
Otto, H.-U., Thiersch, H. (Hrsg.) (2001): Handbuch Sozialarbeit/ Sozialpäda-

gogik. 2. völlig neu überarbeitete Auflage. Neuwied, Kriftel.

Overwien, B. (2005): Stichwort: Informelles Lernen. In: Zeitschrift für Erziehungswissenschaft, 8. Jg., Heft 5. S. 339-335.

Overwien, B. (2004): Internationale Sichtweisen auf „informelles Lernen" am Übergang zum 21. Jahrhundert. In: Otto, H.-U., Coelen, T. (Hrsg.): Grundbegriffe der Ganztagsbildung. Beiträge zu einem neuen Bildungsverständnis in der Wissensgesellschaft. Wiesbaden. S. 51-73.

Overwien, B. (2001): Informelles Lernen, theoretische Diskussionen und Forschungsansätze. Kumulative Habilitation. Oldenburg.

Paschen, H. (1979): Logik der Erziehungswissenschaft. Düsseldorf.

Popp, U. (2006): Argumente für eine zeitgemäße Ganztagsschule aus schulpädagogischer Sicht. In: Otto, H.-U., Oelkers, J. (Hrsg.): Zeitgemäße Bildung. Herausforderung für Erziehungswissenschaft und Bildungspolitik. München. S. 149-160.

Prange, K. (2005): Die Zeigestruktur der Erziehung. Grundriss einer Operativen Pädagogik. Paderborn, München, Wien, Zürich.

Prange, K. (2004): Form. In: Benner, D. (Hrsg.): Historisches Wörterbuch der Pädagogik. Weinheim. S. 393-408.

Prange, K. (2003): Die Form erzieht. In: Tenorth, H.-E. (Hrsg.): Form der Bildung – Bildung der Form. Weinheim, Basel, Berlin. S. 23-34.

Prenzel, M. et al. (2004): PISA 2004. Der Bildungsstand der Jugendlichen in Deutschland. Ergebnisse des zweiten internationalen Vergleichs. Münster.

Rauschenbach, T. (2006): Der 12. Kinder- und Jugendbericht. Ausgangsannahmen und Konzeptionen des Berichts. In: FORUM Jugendhilfe, Heft 2. S. 75-82.

Rauschenbach, T. (2002): Außerschulische Bildung – ein vergessenes Thema der PISA-Debatte. In: neue praxis, 32 Jg., Heft 5. S. 499-504.

Rauschenbach, T., Düx, W., Sass, E. (Hrsg.) (2006): Informelles Lernen im Jugendalter. Vernachlässigte Dimensionen der Bildungsdebatte. Weinheim und München.

Redaktion Widersprüche (1999): Editorial. In: Widersprüche, 19. Jg., Heft 73. S.3-10.

Richter, H. (1998): Sozialpädagogik – Pädagogik des Sozialen. Grundlegungen – Institutionen – Perspektiven der Jugendbildung. Frankfurt a. M.

Schäfers, B. (Hrsg.) (1994): Einführung in die Gruppensoziologie. 2., erweiterte und aktualisierte Auflage. Heidelberg, Wiesbaden.

Schavan, A. (Hrsg.) (2004): Bildung und Erziehung. Perspektiven auf die Lebenswelten von Kindern und Jugendlichen. Frankfurt a. M.

Scherr, A. (2002): Der Bildungsauftrag der Jugendarbeit: Aufgaben und Selbstverständnis im Spannungsfeld von sozialpolitischer Indienstnahme und

aktueller Bildungsdebatte. In: Münchmeier, R., Otto, H.-U., Rabe-Kleberg, U. (Hrsg.): Bildung und Lebenskompetenz. Kinder- und Jugendhilfe vor neuen Aufgaben. Herausgegeben im Auftrag des Bundesjugendkuratoriums. Opladen. S. 93-106.
Schleiermacher, F. D. (1835): Sämtliche Werke. Berlin.
Schönwälder, T. (2004): Bemerkungen zur Architektur der Laws of form. In: Schönwälder, T., Wille, K., Hölscher, T.: George Spencer Brown. Eine Einführung in die „LAWS OF FORM", Wiesbaden. S. 43-60.
Schönwälder, T., Wille, K. (2004): Das erste Kapitel: THE FORM. In: Schönwälder, T., Wille, K., Hölscher, T.: George Spencer Brown. Eine Einführung in die „LAWS OF FORM". Wiesbaden. S. 36-84.
Schönwälder, T., Wille, K., Hölscher, T. (2004): George Spencer Brown. Eine Einführung in die „LAWS OF FORM". Wiesbaden.
Schröer, W. (2004): Aneignung in der entgrenzten Arbeitsgesellschaft – die Entgrenzung von Jugend. In: Deinet, U., Reutlinger, C. (Hrsg.): „Aneignung" als Bildungskonzept der Sozialpädagogik. Beiträge zur Pädagogik des Kindes- und Jugendalters in Zeiten entgrenzter Lernorte. Wiesbaden. S. 109-120.
Schröer, W., Struck, N., Wolf, M. (Hrsg.) (2002): Handbuch Kinder- und Jugendhilfe. Weinheim und München.
Schülein, J. A. (1987): Theorie der Institution. Eine Dogmengeschichtliche und Konzeptionelle Analyse. Opladen.
Schümer, G., Tillmann, K. J., Weiß, M. (Hrsg.) (2004): Die Institution Schule und die Lebenswelt der Schüler. Vertiefende Analysen der PISA-2000-Daten zum Kontext von Schülerleistungen. Wiesbaden. S. 203-218.
Schwanitz, D. (2002): Bildung. Alles, was man wissen muß. München.
Shell Deutschland Holding (Hrsg.) (2006): Jugend 2006. Eine pragmatische Generation unter Druck. Frankfurt a. M.
Spaemann, Robert (1994): Wer ist ein gebildeter Mensch? In: Scheidewege. Jahresschrift für skeptisches Denken, 24. Jg. S. 34-37.
Spencer-Brown, G. (1999): Gesetze der Form. Internationale Ausgabe, 2. Auflage, Lübeck. [Limitierte Neuauflage, Portland 1994, erste Ausgabe London 1969, erste amerik. Ausgabe 1972, neu aufgelegt 1977, 1979]
Spencer-Brown, G. (1996): Wahrscheinlichkeit und Wissenschaft. Heidelberg.
Spencer-Brown, G. (1995): A LION'S TEETH. LÖWENZÄHNE. Deutsche Ausgabe. Lübeck.
Spencer-Brown, G. (1994): Dieses Spiel geht nur zu zweit. [Cambridge 1971] Soltendiek.
Spitzer, M. (2004): Gehirnforschung und lebenslanges Lernen. In: Schavan, A.(Hrsg.): Bildung und Erziehung. Perspektiven auf die Lebenswelten von

Kindern und Jugendlichen. Frankfurt a. M. S. 64-89.
Spitzer, M. (2002): Lernen. Gehirnforschung und die Schule des Lebens. Heidelberg, Berlin.
Stanitzek, G. (2000): Bildungs- und Entwicklungsroman. In: Meid, V. (Hrsg.): Sachlexikon Literatur. Deutscher Taschenbuch Verlag. München. S. 117-122.
Stegmaier, W. (Hrsg.) (2005): Orientierung. Philosophische Perspektiven. Frankfurt a. M.
Stehr, N. (2001): Moderne Wissensgesellschaften. In: Aus Politik und Zeitgeschichte. Heft 36. S.7-14.
Stehr, N. (2000): Die Zerbrechlichkeit moderner Gesellschaften. Die Stagnation der Macht und die Chancen des Individuums. Weilerswist.
Sting, S. (2002): Bildung. In: Schröer, W., Struck, N., Wolf, M. (Hrsg.): Handbuch Kinder- und Jugendhilfe. Weinheim und München. S. 377-392.
Stolz, H.-J. (2006): Dezentrierte Ganztagsbildung: Diskurstheoretische Anmerkungen zu einer aktuellen Debatte. In: Otto, H.-U., Oelkers, J. (Hrsg.): Zeitgemäße Bildung. Herausforderung für Erziehungswissenschaft und Bildungspolitik. München, S.114-130.
Stroß, A. M. (2001): Die „Wissensgesellschaft" als bildungspolitische Norm? In: Sozialwissenschaftliche Literaturrundschau, 24 Jg., Heft 42. S. 84-100.
Sturzenhecker, B. (1998): Institutionelle Bedingungen der Offenen Jugendarbeit. In: Deinet, U., Sturzenhecker, B. (Hrsg.): Handbuch Offene Jugendarbeit. 2. Auflage. Münster. S. 303-309.
Sünker, H.(2006): Bildung und Zukunft. Vermittlung individueller und gesellschaftlicher Bildungsprozesse. In: Otto, H.-U., Oelkers, J.: Zeitgemäße Bildung. Herausforderung für Erziehungswissenschaft und Bildungspolitik. München. S. 90-112.
Sünker, H. (2004): Bildungspolitik, Bildung und soziale Gerechtigkeit. PISA und die Folgen. In: Otto, H.-U., Rauschenbach, T. (Hrsg.): Die andere Seite der Bildung. Zum Verhältnis von formellen und informellen Bildungsprozessen. Wiesbaden. S. 223-236.
Sünker, H. (2003): Politik, Bildung und Gerechtigkeit. Perspektiven für eine demokratische Gesellschaft. Frankfurt a. M.
Sünker, H. (2001): Bildung. In: Otto, H.-U., Thiersch, H. (Hrsg.): Handbuch Sozialarbeit/ Sozialpädagogik. 2. völlig neu überarb. und aktualisierte Auflage. Neuwied, Kriftel. S. 162-168.
Sünker, H. (1999): Kritische Bildungstheorie und Gesellschaftsanalyse: Bildung, Arbeit und Emanzipation. In: Sünker, H.; Krüger, H.-H. (Hrsg.): Kritische Erziehungswissenschaft am Neubeginn?! Frankfurt a. M. S. 327-348.
Sünker, H. (Hrsg.) (1995): Theorie, Politik und Praxis Sozialer Arbeit. Bielefeld.

Sünker, H., Krüger, H.-H. (1999) (Hrsg.): Kritische Erziehungswissenschaft am Neubeginn?! Frankfurt a. M.
Tenorth, H.-E. (Hrsg.) (2003): Form der Bildung – Bildung der Form. Weinheim, Basel, Berlin.
Thiersch, H. (2006): Leben Lernen, Bildungskonzepte und sozialpädagogische Aufgaben. In: Otto, H.-U., Oelkers, J. (Hrsg.): Zeitgemäße Bildung. Herausforderung für Erziehungswissenschaft und Bildungspolitik. München. S. 21-36.
Thiersch, H. (2004): Bildung und Soziale Arbeit. In: Otto, H.-U., Rauschenbach, T. (Hrsg.): Die andere Seite der Bildung. Zum Verhältnis von formellen und informellen Bildungsprozessen. Wiesbaden. S. 237-252.
Thiersch, H. (2002): Bildung – alte und neue Aufgaben der Sozialen Arbeit. In: Münchmeier, R., Otto, H.-U., Rabe-Kleberg, U. (Hrsg.): Bildung und Lebenskompetenz. Kinder- und Jugendhilfe vor neuen Aufgaben. Herausgegeben im Auftrag des Bundesjugendkuratoriums. Opladen. S. 57-71.
Thole, W. (Hrsg.) (2002): Grundriss Soziale Arbeit. Ein einführendes Handbuch. Opladen.
Thole, W., Witt, D. (2006): Zur »Wiederentdeckung« der Kindheit. Kinder und Kindheit im Kontext sozialpädagogischer Diskussionen. In: neue praxis, 36. Jg., Heft 1. S. 9-25.
Thomä, D. (2005): Selbstbestimmung und Desorientierung des Individuums in der Moderne. In: Stegmaier, W. (Hrsg.): Orientierung. Philosophische Perspektiven. Frankfurt a. M. S. 289-308.
Tillmann, K.-J. (2004): Die homogene Lerngruppe – oder: System jagt Fiktion. In: Otto, H.-U., Rauschenbach, T. (Hrsg.): Die andere Seite der Bildung. Zum Verhältnis von formellen und informellen Bildungsprozessen. Wiesbaden. S. 33-39.
Tillmann, K.-J. (2001): Sozialisationstheorien. Eine Einführung in den Zusammenhang von Gesellschaft, Institution und Subjektwerdung. 12. Auflage. Reinbeck bei Hamburg.
Tippelt, R. (Hrsg.) (2002): Handbuch Bildungsforschung. Opladen.
Treml, A. K. (1995): Lernen. In: Krüger, H.-H., Helsper, W. (Hrsg.): Einführung in Grundbegriffe und Grundfragen der Erziehungswissenschaft. Band 1. Opladen. S. 93-117.
Treptow, R. (2004): Verpasste Chancen, neue Chancen? Konsequenzen für die Jugendhilfe im Blick auf OECD. In: Otto, H.-U., Rauschenbach, T. (Hrsg.): Die andere Seite der Bildung. Zum Verhältnis von formellen und informellen Bildungsprozessen. Wiesbaden, S.107-114.
Tully, C. J. (2006 a): Informelles Lernen: Eine Folge dynamisierter sozialer Differenzierung. In: Otto, H.-U., Oelkers, J. (Hrsg.): Zeitgemäße Bildung.

Herausforderung für Erziehungswissenschaft und Bildungspolitik. München. S. 72-89.

Tully, C. J. (Hrsg.) (2006 b): Lernen in flexibilisierten Welten. Wie sich das Lernen der Jugend verändert. Weinheim, München.

Tully, C. J. (2004): Der Nebenjob – Alltagslernen jenseits der Schule. In: Wahler, P., Tully, C., Preiß, C. (Hrsg.): Jugendliche in neuen Lernwelten – Selbstgesteuerte Bildung jenseits institutionalisierter Qualifizierung. Wiesbaden. S. 71-111.

Tully, C. J. (1994): Lernen in der Informationsgesellschaft, informelle Bildung durch Computer und Medien. Opladen.

Tuschling, A. (2006): Lebenslanges Lernen. In: Bröckling, U., Krasmann, S., Lemke, T. (Hrsg.): Glossar der Gegenwart. Frankfurt a. M. S.152-158.

UNESCO (1996): Manual for Statistics on Non-formal Education. Paris.

UNICEF (2007): Deutschland nur Mittelmaß. Internationaler UNICEF-Bericht zur Situation der Kinder in Industrieländern. [Quelle: www.unicef.de. Stand Februar 2007]

Vogel, P. (2006): Bildungstheoretische Optionen zum Problem der Ganztagsbildung. In: Otto, H.-U., Oelkers, J. (Hrsg.): Zeitgemäße Bildung. Herausforderung für Erziehungswissenschaft und Bildungspolitik. München. S.14-20.

Vogel, P. (2004): Zum Gebrauch des neuhumanistischen Wortes „Bildung". In: Otto, H.-U., Coelen, T. (Hrsg.): Grundbegriffe der Ganztagsbildung. Beiträge zu einem neuen Bildungsverständnis in der Wissensgesellschaft. Wiesbaden. S. 33-50.

Vonderach, G. (2001): Probleme industrieller Arbeitsbedingungen. In: Oesterdiekhoff, G. W. (Hrsg.): Lexikon der soziologischen Werke. Wiesbaden. S. 457-458.

Wagner-Willi, M. (2005): Kinder- Rituale zwischen Vorder- und Hinterbühne: Der Übergang von der Pause zum Unterricht. Wiesbaden.

Wahler, P., Tully, C., Preiß, C. (Hrsg.) (2004): Jugendliche in neuen Lernwelten – Selbstgesteuerte Bildung jenseits institutionalisierter Qualifizierung. Wiesbaden.

Weick, E. (1999): Über Utopie und Utopieverlust in der Erwachsenenbildung. In: Widersprüche, 19. Jg.; Heft 73. S 27-32.

Weniger, E. (1975): Theorie der Bildungsinhalte und des Lehrplans. In: Schoning, B. (Hrsg.): Erich Weniger. Ausgewählte Schriften zur geisteswissenschaftlichen Pädagogik. Weinheim, Basel. S. 199-295.

Wexler, P. (1999): Die Toyota-Schule. Ökonomisierung von Bildung und postmodernes Selbst. In: Sünker, H., Krüger, H.-H. (Hrsg.): Kritische Erziehungswissenschaft am Neubeginn?! Frankfurt a. M. S. 35-57.

Wille, K. (2004): Praxis der Unterscheidung. In: Schönwälder, T., Wille, K.,

Hölscher, T.: George Spencer Brown. Eine Einführung in die „LAWS OF FORM". Wiesbaden. S. 257-269.
Wille, K., Hölscher, T. (2004): Kontexte der Laws of form. In: Schönwälder, T., Wille, K., Hölscher, T.: George Spencer Brown. Eine Einführung in die „LAWS OF FORM". Wiesbaden. S. 21-41.
Wilker, K. (1921): Der Lindenhof. Werden und Wollen. Heilbronn.
Wingens, M., Sackmann, R. (Hrsg.) (2002): Bildung und Beruf. Ausbildung und berufsstruktureller Wandel in der Wissensgesellschaft. Weinheim und München.
Winkler, M. (2006): Kritik der Pädagogik. Der Sinn der Erziehung. Stuttgart.
Wittgenstein, L. (1922): Tractatus logico-philosophicus. London.
Wouters, C. (1999): Informalisierung. Norbert Elias´ Zivilisationstheorie und Zivilisationsprozesse im 20. Jahrhundert. Opladen, Wiesbaden.
Wouters, C. (1986): Informalisierung und Formalisierung der Geschlechterbeziehungen in den Niederlanden von 1930 bis 1985. In: Kölner Zeitschrift für Soziologie und Sozialpsychologie, 38. Jg., Heft 3. S. 510-528.
Wouters, C. (1977): Informalisierung und der Prozeß der Zivilisation. In: Gleichmann, P., Goudsblom, J., Korte, H. (Hrsg.): Macht und Zivilisation. Materialien zu Elias´ Zivilisationstheorie. Frankfurt a. M. S. 279-298.
Ziehe, T. (2004): Pädagogische Professionalität und zeittypische Mentalitätsrisiken. [Ouelle: www.hio.no/content/download/45088/341000/file/Ziehe+-+CSP+Conference+2004.pdf. Stand Januar 2007]
Ziehe, T. (1994): Jugend, Alltagskultur und Fremdheiten. Zur Reform der Lernkultur. In: Negt, O. (Hrsg.): Die zweite Gesellschaftsreform. 27 Plädoyers. Göttingen. S. 258-275.

Lehrbücher Erziehungswissenschaft

Helmut Fend
Neue Theorie der Schule
Einführung in das Verstehen von Bildungssystemen
2005. 205 S. Br. EUR 19,90
ISBN 978-3-531-14717-8

Bildungssysteme als ein Ganzes zu begreifen ist eine wichtige Voraussetzung, um im Handlungsfeld Bildung, Erziehung und Pädagogik zu arbeiten.
Die Einführung in die Theorie der Schule bereitet die sozialwissenschaftlichen Grundlagen auf, um Bildungssysteme, deren Funktionsweisen und Zusammenhänge zu verstehen. Im Rückgriff auf die Beschreibung des Bildungswesens als gesellschaftliche Realität in Funktion und Struktur wird die erweiterte Schultheorie umfassend und nachvollziehbar dargestellt. Die neue Schultheorie betont das Wechselspiel von institutionellen Regelungen und Handlungen von Akteuren im Aufgabenbereich der „Menschengestaltung".

Helmut Fend
Geschichte des Bildungswesens
Der Sonderweg im europäischen Kulturraum
2006. 264 S. Br. EUR 24,90
ISBN 978-3-531-14733-8

Die Einführung in die Geschichte des okzidentalen Bildungswesens macht in Grundzügen die Bewegungen und ‚Sattelzeiten' sichtbar, die zum ‚Wunderwerk' eines modernen Bildungssystems beigetragen haben.
Geleitet von der These Max Webers vom abendländischen Sonderweg werden die großen Linien der Entstehung des Bildungswesens als institutionellem Akteur der ‚Menschengestaltung' aufgezeigt. Dabei erkennt man eine faszinierende Geschichte von Wirkungskräften zwischen weltlichen und religiösen Ideen der Vervollkommnung des Menschen über Bildungs- und Lernprozesse.

Helmut Fend
Schule gestalten
Systemsteuerung, Schulentwicklung und Unterrichtsqualität
2008. 395 S. Br. EUR 24,90
ISBN 978-3-531-15597-5

Im Zentrum steht das Konzept, die drei entscheidenden Gestaltungsebenen des Bildungswesens zusammen zu denken: die Ebenen der Systemsteuerung, der Schulentwicklung und der Unterrichtsgestaltung. Damit bietet das Buch einen Überblick dazu, „wie man Schule macht", der für eine neue Lehrerbildung die lang erwartete professionelle Grundlage bietet – und so auch als moderne Einführung in die Schulpädagogik gelesen werden kann.

Erhältlich im Buchhandel oder beim Verlag.
Änderungen vorbehalten. Stand: Januar 2008.

www.vs-verlag.de

Abraham-Lincoln-Straße 46
65189 Wiesbaden
Tel. 0611.7878-722
Fax 0611.7878-400

VS VERLAG FÜR SOZIALWISSENSCHAFTEN

Handbücher Soziale Arbeit

Thomas Coelen / Hans-Uwe Otto (Hrsg.)
Grundbegriffe Ganztagsbildung
Das Handbuch.
2008. ca. 1.000 S. Geb. ca. EUR 59,90
ISBN 978-3-531-15367-4

Ganztagsbildung ist zu einem Schlüsselbegriff in der gegenwärtigen Bildungsdebatte geworden, der neue Perspektiven auf ein Bildungsverständnis in der Wissensgesellschaft eröffnet. Das Handbuch bietet pädagogischen Leitungs- und Fachkräften sowie WissenschaftlerInnen und Studierenden erstmalig einen umfassenden Überblick, in dem das Handlungsfeld terminologisch systematisiert wird.

Barbara Kavemann /
Ulrike Kreyssig (Hrsg.)
Handbuch Kinder und häusliche Gewalt
2., überarb. Aufl. 2007. 475 S.
Br. EUR 39,90
ISBN 978-3-531-15377-3

"Dieses Buch war überfällig, seitdem in breiteren Kreisen bewusst geworden ist, dass Gewalt gegen Frauen auch die Kinder belastet und schädigt. Hier wird der gegenwärtige Erkenntnisstand aus Forschung und Praxis auf international höchstem Niveau verfügbar gemacht. Versammelt in diesem Band sind die herausragenden ExpertInnen aus allen relevanten Fachgebieten. Dies wird ein unentbehrliches Handbuch für Ausbildung, Praxis,

Politik und weitere Forschung in den kommenden Jahren."
Prof. Dr. Carol Hagemann-White,
Universität Osnabrück

Werner Thole (Hrsg.)
Grundriss Soziale Arbeit
2., überarb. und akt. Aufl. 2005. 983 S.
Br. EUR 44,90
ISBN 978-3-531-14832-8

Der „Grundriss Soziale Arbeit" ist ein sozialpädagogisches Lehrbuch mit der Funktionalität eines Nachschlagewerks und das sozialpädagogisches Nachschlagewerk mit ausgesprochenem Lehrbuchcharakter.

Ulrich Deinet /
Benedikt Sturzenhecker (Hrsg.)
**Handbuch Offene
Kinder- und Jugendarbeit**
3., völlig überarb. Aufl. 2005. 662 S.
Geb. EUR 59,90
ISBN 978-3-8100-4077-0

"Den Herausgebern, beide ausgewiesene Kenner der Materie, ist es gelungen, fast eine Enzyklopädie, jedenfalls ein Produkt vorzulegen, welches den Charakter eines Standardwerks der Offenen Kinder- und Jugendarbeit (OKJA) für sich beanspruchen darf, das die ganze Breite des Arbeitsfeldes repräsentiert."
Forum für Kinder- und Jugendarbeit,
03/2005

Erhältlich im Buchhandel oder beim Verlag.
Änderungen vorbehalten. Stand: Juli 2008.

www.vs-verlag.de

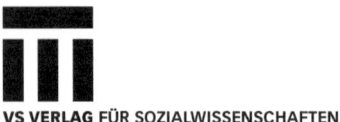

VS VERLAG FÜR SOZIALWISSENSCHAFTEN

Abraham-Lincoln-Straße 46
65189 Wiesbaden
Tel. 0611.7878 - 722
Fax 0611.7878 - 400

MIX
Papier aus verantwortungsvollen Quellen
Paper from responsible sources
FSC® C105338

If you have any concerns about our products,
you can contact us on
ProductSafety@springernature.com

In case Publisher is established outside the EU,
the EU authorized representative is:
**Springer Nature Customer Service Center GmbH
Europaplatz 3, 69115 Heidelberg, Germany**

Printed by Libri Plureos GmbH
in Hamburg, Germany